8° M 17337 2

I0112329

1915

Mercier, Désiré, Joseph (Cardinal)

Extraits de la lettre pastorale

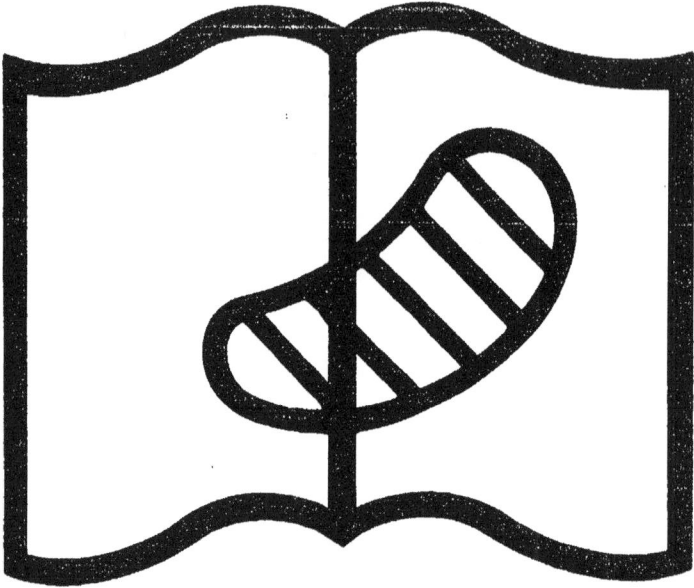

Symbole applicable
pour tout, ou partie
des documents microfilmés

Original illisible

NF Z 43-120-10

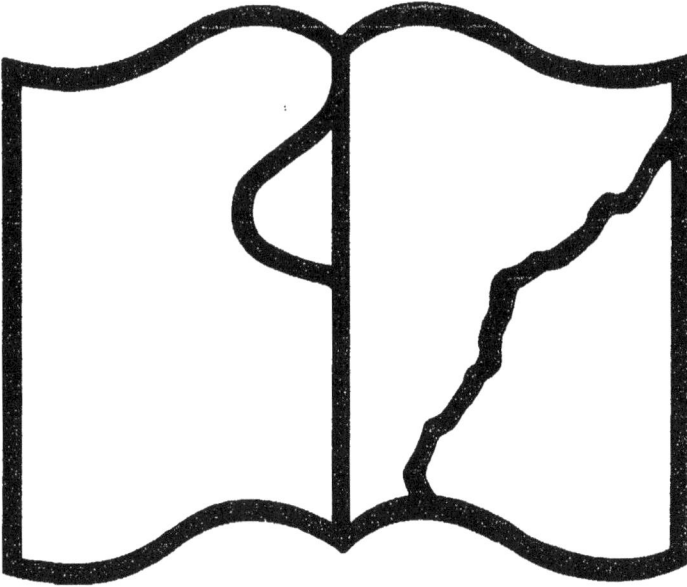

**Symbole applicable
pour tout, ou partie
des documents microfilmés**

Texte détérioré — reliure défectueuse

NF Z 43-120-11

PUBLICATION OFFICIELLE DU GOUVERNEMENT BELGE

RAPPORTS

SUR LA

VIOLATION DU DROIT DES GENS

EN BELGIQUE

DEUXIEME VOLUME

Rapports 13 à 22 de la Commission d'Enquête

Fac-similés de carnets de soldats allemands

Correspondance échangée entre Son Éminence le Cardinal Mercier
et l'autorité allemande

Protestation solennelle de Mgr Heylen, évêque de Namur

BERGER-LEVRAULT, LIBRAIRES-ÉDITEURS

PARIS | NANCY
5-7, RUE DES BEAUX-ARTS | RUE DES GLACIS, 18

1915

RAPPORTS

SUR

LA VIOLATION DU DROIT DES GENS

EN BELGIQUE

DEUXIÈME VOLUME

8° M

17337

(2)

CHEZ LES MÊMES ÉDITEURS

PUBLICATIONS OFFICIELLES DU GOUVERNEMENT BELGE

ÉDITION FRANÇAISE

Rapports sur la Violation du Droit des gens en Belgique. Préface de J. VAN DEN HEUVEL, ministre d'État. Avec des extraits de la lettre pastorale de S. Em. le cardinal MERCIER, archevêque de Malines. 1915. 5ᵉ mille. Un volume grand in-8 de 168 pages, avec 5 planches hors texte, broché . . . **1 fr. 25**

ÉDITION ALLEMANDE

Berichte über die Verletzung des Völkerrechts in Belgien. *Nebst Auszügen aus dem Pastoralbriefe Ihrer Eminenz des Kardinal* MERCIER, Erzbischof von Mecheln. Un volume in-8 de XXXVIII-140 pages, avec 5 planches hors texte, broché . . . . **2 fr.**

ÉDITION FLAMANDE

Verslagen over de Schending van het Volkenrecht in België. Voorwoord van J. VAN DEN HEUVEL, Staatsminister. Un volume in-8 de 160 pages, avec 5 planches hors texte, broché . . . . **1 fr. 50**

ÉDITION ITALIENNE

Relazioni sulla Violazione del Diritto delle genti in Belgio. Prefazione di J. VAN DEN HEUVEL, ministro di Stato. Un volume in-8 de 160 pages, avec 5 planches hors texte, broché . . . . **1 fr. 50**

ÉDITION ESPAGNOLE

Informes acerca de la Violacion del Derecho de gentes en Bélgica. Prólogo de J. VAN DEN HEUVEL, ministro del Estado. Un volume in-8 de 164 pages, avec 5 planches hors texte, broché . . . . **1 fr. 50**

ÉDITION FRANÇAISE

La Neutralité de la Belgique. Préface de Paul HYMANS, ministre d'État. 1915. Un volume in-12 de 168 pages, broché . . . . **1 fr.**

ÉDITION ITALIENNE

Corrispondenza Diplomatica relativa alla guerra del 1914. Prefazione di Paolo HYMANS, ministro dello Stato belga. Un volume in-8 de XX-100 pages, broché . . . . **1 fr. 50**

ÉDITION ESPAGNOLE

Correspondencia Diplomatica relativa a la guerra de 1914. Prólogo de Paul HYMANS, ministro del Estado. Vol. in-8 de XX-100 pages, br. **1 fr. 50**

Les Allemands en Belgique. Louvain et Aerschot, par L.-H. GRONDIJS, ancien professeur à l'Institut technique de Dordrecht. 1915. 17ᵉ mille. Un volume in-8 de 124 pages, broché . . . . **60 c.**

Les Pages de Gloire de l'Armée belge, par le commandant Willy BRETON, de l'armée belge. 1914. 12ᵉ mille. Vol. in-12, avec cartes. **60 c.**

L'Allemagne devant l'Humanité, par le Dʳ AGERMOC. Préface de Pierre NOTHOMB. 1915. Brochure in-8 . . . . **60 c.**

La Belgique industrielle et commerciale de demain, par Robert BILLIARD, industriel, ingénieur des constructions civiles. Préface de M. Henri LA FONTAINE, sénateur de Belgique. 1915. Un volume grand in-8 de XXII-278 pages. **4 fr.**

Un pays qui ne veut pas mourir. La Belgique pendant la Guerre, par le commandant DE GERLACHE. 1915. Un volume grand in-8, avec 150 gravures. *(Sous presse.)*

PUBLICATION OFFICIELLE DU GOUVERNEMENT BELGE

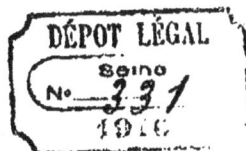

DÉPOT LÉGAL
N° 331
1916

RAPPORTS

SUR LA

VIOLATION DU DROIT DES GENS

EN BELGIQUE

DEUXIÈME VOLUME

Rapports 13 à 22 de la Commission d'Enquête

Fac-similés de carnets de soldats allemands

Correspondance échangée entre Son Éminence le Cardinal Mercier
et l'autorité allemande

Protestation solennelle de Msr Heylen, évêque de Namur

BERGER-LEVRAULT, LIBRAIRES-ÉDITEURS

PARIS | NANCY
5-7, RUE DES BEAUX-ARTS | RUE DES GLACIS, 18

1915

LA COMMISSION D'ENQUÊTE

La Commission d'enquête a été constituée, le 7 août 1914, dans les termes suivants, par M. CARTON DE WIART, ministre de la Justice :

De nombreuses violations des règles du droit des gens et des devoirs de l'humanité sont commises par les envahisseurs.

Elles ne peuvent rester sans protestation. Elles doivent être signalées à la réprobation du monde civilisé.

Un comité vient de se constituer à cette fin.

Il se propose de recueillir, de concentrer et d'examiner de la manière la plus impartiale et la plus attentive tous les faits dont il aura connaissance.

Les autorités civiles et militaires, les particuliers sont invités à lui signaler, avec tous les éléments qui peuvent en établir l'authenticité, les atteintes au droit des gens (*Moniteur belge* du 8 août 1914).

Une *première section* de la Commission a été nommée à Bruxelles.

Elle est composée comme suit :

Président.

M. VAN ISEGHEM, président de la Cour de cassation.

Membres.

MM. CATTIER, professeur à l'Université de Bruxelles ;
Nys, conseiller à la Cour d'appel de Bruxelles, professeur de droit international public à l'Université de Bruxelles ;
VERHAEGEN, conseiller à la Cour d'appel de Bruxelles ;
WODON, professeur à l'Université de Bruxelles.

Secrétaire.

M. GILLARD, directeur au ministère de la Justice.

Une *seconde section* a été nommée à Anvers, à la suite du

transfert du Gouvernement belge en cette ville (*Moniteur belge du 23 août 1914*).

Elle est constituée comme suit :

Président.

M. COOREMAN, ministre d'État, ancien président de la Chambre des représentants.

Membres.

MM. le comte GOBLET D'ALVIELLA, ministre d'État, vice-président du Sénat ;

RYCKMANS, sénateur ;

STRAUSS, échevin de la ville d'Anvers ;

VAN CUTSEM, président honoraire du tribunal de première instance d'Anvers.

Secrétaires.

MM. le chevalier ERNST DE BUNSWYCK, chef du cabinet du ministre de la Justice ;

ORTS, conseiller de légation de S. M. le roi des Belges.

La 2ᵉ section de la Commission a nommé une Délégation chargée d'enquêter à Londres auprès des nombreux réfugiés belges en Angleterre.

Cette Délégation se compose de :

Sir MACKENZIE CHALMERS, K. C. B., ancien sous-secrétaire d'État pour le Home Department, ancien membre du Conseil des Indes, *président ;*

MM. DE CARTIER DE MARCHIENNE, envoyé extraordinaire et ministre plénipotentiaire de S. M. le roi des Belges ;

Henri LAFONTAINE, sénateur ;

Henri DAVIGNON, docteur en droit, *secrétaire.*

Les dépositions sur lesquelles la Commission d'enquête s'est basée pour rédiger ses rapports seront publiées dès que les noms pourront être livrés à la publicité sans inconvénient pour les témoins.

RAPPORTS

DE LA

COMMISSION D'ENQUÊTE

SUR LA

VIOLATION DES RÈGLES DU DROIT DES GENS

DES LOIS ET DES COUTUMES DE LA GUERRE

TREIZIÈME RAPPORT [1]

Réquisition illégale de chevaux reproducteurs. — Saisie de matières premières et de produits fabriqués. — Réquisition d'usines et enlèvement de machines. — Abatage d'arbres.

Le Havre, le 10 avril 1915.

A Monsieur CARTON de WIART, Ministre de la Justice.

Monsieur le Ministre,

Nos rapports précédents vous ont signalé les attentats aux personnes et aux propriétés auxquels se sont livrées les armées allemandes dès leur entrée en Belgique.

Il est manifeste que les vols et les pillages n'ont pu se commettre que grâce à la complicité des autorités allemandes. Il est de notoriété publique qu'à Louvain, à Aerschot, à Dinant, à Malines, à Termonde, pour ne citer que ces villes, les meubles enlevés aux particuliers ont été chargés sur des fourgons militaires et expédiés en Allemagne.

A cette expropriation violente de la propriété privée a succédé,

---

[1] Les douze rapports précédents ont été publiés en un premier volume. Berger-Levrault, éditeurs, Paris-Nancy. 1 fr. 25.

dans toute la partie occupée du territoire belge, une politique de spoliation organisée par les autorités allemandes et dont le communiqué officiel du grand Quartier général allemand annonçait, dès le 27 août 1914, la mise en application :

« Le landsturm sera appelé pour assurer la sécurité des lignes d'étapes et pour la surveillance de la Belgique. Ce pays, placé sous l'administration allemande, devra fournir aux besoins militaires de toute nature, *afin de soulager les territoires allemands.* »

Déguisée sous le couvert de réquisitions, cette expropriation n'est pas moins contraire aux règles du droit des gens que les attentats commis par les armées allemandes contre les propriétés. Elle constitue une violation flagrante des articles 23, litt. g, 46 et 52 du règlement concernant les lois et coutumes de la guerre sur terre, annexé à la 4ᵉ Convention de La Haye. Elle méconnaît de plus les engagements pris en Belgique par les autorités allemandes elles-mêmes. Celles-ci, au moment où elles ont imposé aux provinces belges une lourde contribution de guerre de 40 millions de francs par mois, après les énormes réquisitions, impositions et amendes de toute nature, dont furent frappés les communes et les citoyens belges, s'étaient obligées à mettre fin au système suivi jusqu'alors.

L'agriculture, l'industrie et le commerce belges sont également atteints. Les produits de l'élevage national, les matières premières, les produits fabriqués, les machines-outils ont été enlevés et emportés en Allemagne au mépris de tout droit.

I. — Réquisition illégale de chevaux reproducteurs, de juments, de poulains.

La race belge des chevaux de trait a toujours été fameuse. Dans les vingt dernières années, les cultivateurs, encouragés et soutenus par le Gouvernement, ont réussi à porter l'élevage de ces chevaux à un tel degré de perfection que cette branche de l'activité nationale était devenue une importante source de richesses. La plupart des pays continentaux venaient s'approvisionner de chevaux de trait en Belgique. L'Allemagne était un des meilleurs clients de l'élevage belge. Elle importait chaque année de Belgique pour plus de 24 millions de francs de chevaux.

A peine la guerre avait-elle éclaté, que les autorités impériales, poursuivant l'exécution d'un plan mûrement étudié et arrêté depuis longtemps, se sont efforcées de ruiner l'élevage belge au profit de l'Allemagne. Les meilleurs reproducteurs belges sont enlevés de force, sans paiement ou contre des paiements absolument insuffisants et sont vendus aux agriculteurs allemands par les soins du ministère de l'Agriculture et des sociétés agricoles. Les méthodes suivies par les autorités allemandes dans la lutte contre l'élevage belge se sont plusieurs fois transformées dans l'espace des sept mois qui se sont écoulés depuis l'invasion du pays.

Période de l'invasion.

Pendant la période de l'invasion qui comprend le mois d'août et le commencement de septembre, les troupes, sur leur passage, ont enlevé une énorme quantité de chevaux de reproduction. Dans l'immense majorité des cas, elles n'ont délivré aucun bon de réquisition. Dans certains cas, elles ont remis des bons pour une partie minime du nombre des chevaux enlevés. Souvent, les bons délivrés sont irréguliers : d'aucuns ne portent ni cachets ni signatures ; ils ne portent ni description du cheval ni fixation du prix. Quand un prix est fixé, il est inférieur à la valeur des chevaux enlevés. Dans certains cas, les soldats et les officiers, profitant de ce que la population ignore l'allemand, ont ajouté l'injure et la moquerie à la spoliation : un agriculteur à qui l'on prend deux chevaux reçoit un bon pour deux lapins ; un autre reçoit un bon pour des coups de fouet ; d'autres bons portent qu'ils sont payables à Paris ou par la République française.

Pendant cette même période, la rage de destruction et la joie de faire couler le sang et de faire souffrir se sont étendues jusqu'aux animaux. Dans une localité du Limbourg, les Allemands brûlent dans son écurie un étalon de 50.000 francs et forcent le chef de culture, sa femme et ses enfants à assister à genoux et les bras levés à ce spectacle. Ailleurs, des officiers et des soldats s'amusent à abattre des chevaux en prairie à coups de fusil ou de revolver. Ailleurs encore on abat des poulains précieux à coups de lance et de baïonnette.

Les soldats étaient souvent assistés dans leurs razzias par des spécialistes qui leur indiquaient les meilleurs chevaux. Dans certaines fermes, les officiers indiquaient par leurs noms les chevaux qu'ils voulaient emmener ; ils utilisaient des extraits du *herd-book*.

Les chevaux volés pendant cette première période ont, dans certains cas, été immédiatement employés comme bêtes de somme. Les juments pleines et les poulains ont généralement été dirigés sur l'Allemagne.

Période des réquisitions illégales.

Vers le commencement d'octobre, le ministère de l'Agriculture de Berlin envoie en Belgique des fonctionnaires compétents qui, avec l'aide des autorités militaires, ont institué un système savamment organisé de spoliation des chevaux reproducteurs.

Des affiches sont apposées dans les villages (annexe I), annonçant que la commission pour l'achat des chevaux siégera à un jour nommé dans une localité désignée. Tous les chevaux d'attelage, de selle, ainsi que les poulains d'un an doivent être présentés à la commission. L'affiche se termine par une menace aux agriculteurs récalcitrants. Leurs chevaux seront confisqués. Certaines affiches portent que, dans le même cas, les communes seront frappées d'une amende de 10.000 francs et l'agriculteur d'une amende de 500 francs.

Des réquisitions de cette espèce ont eu lieu notamment : à Lessines, le 5 octobre 1914; Binche, 9 octobre; Lens, 13 octobre; Chièvres, 16 octobre; Gembloux, 27 octobre; Thuillies, 9 novembre; Nivelles, 27 novembre.

Cette énumération n'est nullement limitative. Le système a été appliqué aussi bien en pays flamand qu'en pays wallon.

Les meilleurs chevaux d'élevage, surtout les juments et les poulains, ont été retenus par les fonctionnaires allemands sans que les agriculteurs fussent admis à discuter le prix ; on leur remettait un bon portant une somme équivalente à la moitié, au tiers, en certains cas au quart de la valeur du cheval enlevé. Dans beaucoup de cas, le bon ne porte aucune mention de somme. Les bons sont souvent délivrés au nom du ministre de l'Agriculture à Berlin. Tel est le système de spoliation que les autorités allemandes déguisent sous le nom d'opération de vente au comptant.

Les chevaux sont emmenés en Allemagne et vendus soit par les soins du ministère de l'Agriculture (annexe II), soit par les chambres d'agriculture (annexe III), soit par des particuliers (annexe 4). Les ventes sont annoncées par des publications dans les journaux.

Il est à peine nécessaire de montrer que ces procédés constituent autant de violations des principes les plus fermes du droit des gens. Non seulement les agriculteurs sont lésés dans leur intérêt privé, puisque les chevaux ne leur sont pas payés en argent, que l'expropriation se fait à des prix ridicules, qu'il n'est tenu compte ni des besoins de culture ni de l'élevage, mais encore les réquisitions ne sont pas destinées à l'armée et elles se font sur l'ordre et par les soins de fonctionnaires civils du ministère de l'Agriculture.

Dans le cas actuel, les procédés de l'Allemagne assument l'aspect d'actes de concurrence déloyale basée sur la force. Si cette politique doit être poursuivie, non seulement l'Allemagne sera libérée de sa dépendance vis-à-vis de l'élevage belge, mais encore ce sera la Belgique qui devra dorénavant aller acheter ses chevaux en Allemagne.

Période de pression.

Dans ces derniers temps, les Allemands, poursuivant sans relâche l'exécution de leurs plans, ont recours, pour obtenir les chevaux belges de reproduction qu'ils convoitent, à un troisième moyen, moins violent, mais tout aussi incorrect. Les autorités ont décidé la tenue de certaines foires aux chevaux. Un marchand allemand, grand acheteur de chevaux belges, écrit aux éleveurs, les suppliant d'amener des animaux de choix, promettant qu'aucun d'entre eux ne sera contraint de vendre et que chacun reste libre de refuser les prix offerts s'ils ne sont pas trouvés suffisants. Il ajoute le conseil final qu'il serait prudent de profiter de cette chance pour échapper à d'autres éventualités que l'avenir peut réserver.

On remarquera que seuls les acheteurs étrangers qui puissent suivre les foires sont Allemands, qu'ils y échappent aux hausses de prix dues à la concurrence, que les cultivateurs ruinés par la guerre ont de pressants besoins d'argent et que les procédés d'intimidation employés et la crainte de violences les entravent dans la défense de leurs intérêts et de leurs droits. Les foires organisées par les autorités, loin d'être destinées à servir les intérêts des éleveurs, n'ont d'autre but que de les spolier en douceur.

DOCUMENTS

ANNEXE I

Dépôt central des chevaux.

La commission pour l'achat des chevaux siégera le lundi 9 novembre à 15 heures, 16 heures (heure allemande), sur la Grand'Place de Thuillies.

Tous les chevaux d'attelage, de selle, ainsi que les poulains de plus d'un an, devront être présentés à la dite commission.

Les chevaux d'attelage doivent être, si possible, munis de leurs harnais de travail.

La vente se fait en espèces, au comptant et sans déduction aucune.

Pour le Gouvernement général allemand,
Le Commandant du dépôt central des chevaux.

Ceux qui négligeraient de présenter tous leurs chevaux à la commission d'achat, s'exposeraient à voir tous leurs animaux réquisitionnés sans aucune indemnité.

ANNEXE II

Deutsche Tageszeitung (N° 57, 2 février 1915).

POULAINS BELGES

Plus de 60 têtes directement importées de Belgique, âgées de deux à trois ans, dont 6 étalons, seront vendues au plus offrant le mardi 2 février, à 10 heures du matin, sur le Magervichhof, à la demande du ministère de l'Agriculture, des Domaines et des Forêts.

Ne peuvent faire des acquisitions que des agriculteurs de toutes les parties du pays qui peuvent prouver cette qualité par une pièce officielle.

La vente aura lieu en plein air.

Les chevaux pourront être visités dès les premières heures de la matinée.

On est prié d'amener des hommes pour prendre livraison immédiate des chevaux achetés.

Viehcentrale Magervichhof,
Friedrichsfelde, Berlin.

ANNEXE III

Kölnische Zeitung, numéro du 13 octobre 1914, reproduit du journal hollandais *Het Paard,* n° 47, du vendredi 20 septembre 1914 :

VENTE DE CHEVAUX ET JUMENTS BELGES, BUTIN DE GUERRE

Vente à tenir le jeudi 15 octobre, le matin, à 10 heures, et vendredi 16 octobre, le matin, à 9 heures, sur les terrains de l'abattoir de Cologne, de la part de la Chambre d'agriculture, avec la collaboration de la Société chevaline centrale du Rhin.

Il est mis en vente un butin de guerre de 260 chevaux et 54 juments de quatre à cinq ans, la plupart pleines (vendredi après midi, une heure).

Les chevaux pris comme butin de guerre ne peuvent être achetés que pour l'agriculture de la province rhénane ou d'une province limitrophe. Les acheteurs doivent produire un certificat officiel établissant cette condition et signer un contrat par lequel ils s'engagent à employer leurs chevaux exclusivement pour leur exploitation agricole. Les juments d'élevage qui ont été reprises pour le compte de la Chambre d'agriculture ne peuvent être achetées exclusivement que par les agriculteurs de la province rhénane, qui doivent s'engager, par écrit, à les employer au moins trois ans à l'élevage.

Les clauses de vente seront lues à l'ouverture de la vente. La vente a lieu sans garantie et au comptant. L'accès de la plaine de vente est réservé exclusivement aux personnes munies d'un certificat officiel établissant qu'elles sont des agriculteurs.

ANNEXE IV

Extrait du *Berliner Tageblatt* :

Plus de 100 étalons de monte, chevaux de trait d'origine belge, sont attendus chez Joseph Wallaert, rue de la Station, 2, où ils seront mis en vente.

La *Deutsche Tageszeitung* du 21 février 1915 annonce enfin à la Centrale du Bétail de Friedrichsfelde, près Berlin, une vente d'un envoi de poulains belges de toute première qualité.

Seuls les agriculteurs de toutes les parties de l'Empire qui peuvent démontrer par une déclaration officielle qu'ils sont agriculteurs peuvent participer à cette enchère.

II. — Saisie de matières premières et de produits fabriqués.

Dans toute l'étendue du pays, sans autre souci, semble-t-il, que celui de favoriser l'industrie allemande, les matières premières, les produits fabriqués ont été saisis et transportés en Allemagne.

M. Castelein, faisant fonctions de président de la Chambre de commerce d'Anvers, expose, dans un rapport adressé le 18 mars à la Commission intercommunale, la gravité de la situation dans la seule ville d'Anvers :

L'importance de ces réquisitions, écrit-il, mène manifestement à atteindre tous les stocks et approvisionnements de notre place, en créant le vide dans nos magasins et entrepôts en même temps que la stagnation forcée de nombreuses industries. Nous sommes ainsi bien loin de la reprise économique que l'on a voulu nous faire entrevoir, notamment dans l'intérêt des classes laborieuses et en vue du rétablissement des salaires.

Des versions de caractère plus ou moins officieux, mises en circulation depuis déjà plusieurs mois, ont exprimé, par des chiffres énormes, soit plusieurs centaines de millions, l'importance qu'allaient atteindre les réquisitions en masse à Anvers. Ces chiffres paraissaient alors invraisemblables à la plupart d'entre nous. On oserait moins aujourd'hui en affirmer le caractère improbable.

En tout cas, j'ai cru de mon devoir de prendre l'initiative d'une enquête aux fins d'établir à cet égard des précisions au moins relatives. Or, cette tentative m'est apparue bientôt devoir rester forcément superficielle et incomplète, par l'extension même qu'ont prise les réquisitions dans tous les domaines, notamment dans tous les genres d'industries où elles ont atteint les matières premières aussi bien que les produits fabriqués, sans parler de telles usines réquisitionnées dans leur outillage même, de telles autres dont l'outillage a été enlevé et expédié à l'étranger, de tels chantiers réquisitionnés en bloc. Ainsi, l'importance des réquisitions en masse, dans leur diversité et leur étendue, échappe fatalement à tout contrôle ne disposant pas des moyens d'investigation d'un organisme officiel. J'ajoute que les recherches sont rendues particulièrement difficiles, voire souvent impossibles, par le nombre toujours considérable des intéressés encore absents d'Anvers et dont le témoignage serait indispensable pour fixer des données exactes.

Ainsi, Messieurs, pour conclure au caractère formidable du chiffre des réquisitions en masse effectuées à Anvers, peut-on se fonder moins sur une statistique mathématiquement complète, en ce moment irréalisable, que sur le fait immédiat et patent que ces réquisitions se sont étendues presque à l'universalité des marchandises, matières et produits qui occupent notre activité commerciale et industrielle.

Il convient d'ailleurs de remarquer que des stocks relativement importants, qui n'ont pas été absorbés par les réquisitions, se trouvent bloqués par l'interdiction absolue à leurs détenteurs d'en disposer sous une forme quelconque, soit de les réaliser, soit de les délivrer même s'ils ont fait l'objet de ventes antérieures.

Sous le bénéfice de ces observations, M. le président de la Chambre de commerce dresse le relevé d'un certain nombre de marchandises saisies à Anvers :

Céréales	18.000.000 fr.
Graines de lin	2.450.000
Tourteaux	5.000.000

Nitrates. . . . .••	4.000.000 fr.
Huiles animales et végétales	6.000.000
Pétrole et huiles minérales.	3.000.000
Cotons	1.300.000
Caoutchouc	10.000.000
Cuirs exotiques.	20.000.000
Crins	1.150.000
Ivoires	451.000
Bois	500.000
Cacaos	2.000.000
Vins	1.100.000
Riz	2.000.000
Cafés	275.000

De plus, tout le stock de cafés, représentant une valeur de 50 à 65 millions de francs, est « bloqué » par l'autorité allemande.

La plupart des marchandises saisies ont été enlevées et transportées en Allemagne sans aucune fixation de prix. Certaines d'entre elles ont été emportées sur des chariots automobiles, sans bons de réquisition. Ce n'est qu'après de nombreuses démarches que les négociants victimes de ces procédés sont parvenus à obtenir une reconnaissance des quantités enlevées.

Le total des sommes citées dans la nomenclature qui précède, conclut M. Castelein, représente un chiffre global de 85 millions, dont 20 millions au maximum auraient été payés. Il resterait donc au bas mot 65 millions à régler, soit quelque 80 %, dont 60 millions représentent des marchandises pour lesquelles aucun prix n'a même été fixé.

Je ne puis cependant assez insister encore sur le fait que les chiffres rapportés ci-dessus doivent être considérés comme relevés dans le domaine restreint des marchandises brutes formant surtout l'objet de notre trafic d'importation. Ils sont bien inférieurs à la réalité, même pour la plupart des articles cités dans le rapport.

Il y a eu, par exemple, un genre de réquisitions d'une importance considérable, mais dont l'extrême diversité rend toute évaluation, même superficielle, impossible. Je veux parler de celles qui ont atteint les maisons maritimes et d'expédition, en frappant les nombreuses marchandises déposées pour leur compte ou sous leur sauvegarde dans les hangars, magasins et entrepôts. Ces listes de réquisitions apparaissent, en effet, comme une série de véritables inventaires qui vont des caisses d'allumettes, des machines à écrire et des jouets d'enfants aux automobiles, aux masses métalliques, à d'importants lots de coton, de laine, de jute, à toutes les variétés de produits coloniaux et exotiques. Tout cela a été réquisitionné, en grande partie enlevé et expédié depuis les mois d'octobre et novembre, prix à convenir et règlements à effectuer à Berlin. J'y relève en passant un lot de peaux de mouton

d'une valeur de 2.400.000 francs, une partie de balles de coton de
1.100.000 francs, divers groupements de marchandises non de moindre importance, mais dont la valeur n'est pas désignée. Je relate en
passant l'incident savoureux rapporté par une de nos plus grandes
firmes maritimes qui avait insisté sur l'opportunité de disposer d'un
lot de marchandises réquisitionnées, mais en voie de détérioration par
vice propre. L'autorisation lui fut concédée de le réaliser, mais sous
la condition de le remplacer par une même quantité de marchandises
en état sain.

Aussi bien, dans d'autres ordres d'idées encore, il faudrait pouvoir supputer ce qui a été réquisitionné en masse dans nos usines ali-
mentaires, chimiques, métallurgiques, en matières premières et produits
fabriqués, ce qui a été réquisitionné et expédié en fait de métaux, notamment en poutrelles et en cuivre, ce que représentent les usines et
chantiers réquisitionnés en bloc, voire partiellement démontés.

Je signale ces diverses directions d'investigation, Messieurs, pour
justifier les chiffres de centaines de millions attribués à tort ou à raison
à des autorités allemandes elles-mêmes et que certains journaux étrangers ont repris pour affirmer préventivement, comme un fait dont nous
aurions à nous féliciter, la liquidation totale et sans précédent de tous
les stocks anversois. Au reste, il est entendu que la plupart des marchandises non réquisitionnées sont « bloquées », c'est-à-dire qu'elles
sont étroitement contrôlées par l'autorité allemande, qu'elles ne peuvent donner lieu à aucune transaction ou livraison sans une autorisation rarement accordée. Et ainsi le « rétablissement d'une situation
économique normale », qu'on nous laissait entrevoir et dont la presse
étrangère a fait état, se traduit en réalité par une stagnation absolue
de toutes transactions, par la disparition successive de la plupart de
nos stocks quelconques, sans paiement, voire sans fixation d'un prix
de facture, par l'immobilisation, sous un contrôle rigoureux, des sol-
des restés à Anvers et engagés successivement dans des réquisitions
nouvelles, enfin par un régime d'ensemble qui nous coupe de plus en
plus sévèrement tout trafic ou même toute communication avec l'étranger, en même temps que nous nous trouvons privés de téléphone, de
télégraphe, de relations postales régulières et que nos moyens de
déplacement restent inférieurs, comme on le répète couramment et
justement, à ceux d'il y a trois siècles.

Depuis, la situation s'est encore aggravée par la saisie des
stocks de bois entreposés à Anvers.

L'autorité allemande vient d'adresser aux négociants en bois
l'avis suivant :

Ce que vous avez pour votre compte ou pour compte d'autres :
madriers sapin 5-9 centimètres aussi larges que possible et d'au moins
4 mètres de longueur, planches de sapin aussi larges que possible et
au moins de 4 mètres de long sur 2^{cm} 1/8 d'épaisseur environ sont

saisis ou réquisitionnés par le bureau de l'armée allemande et seront sous peu expédiés en Allemagne.

Vous êtes responsables pour la conservation, garantie ou l'assurance de la marchandise. Le prix sera fixé dans la suite par le ministère de la Guerre à Berlin.

Des saisies du même genre ont été faites dans tous les centres industriels du pays. Partout les matières premières destinées à alimenter l'industrie allemande ont été enlevées ou se trouvent bloquées.

Il y a plus : dans certaines localités, les Allemands contraignent, sous menace de confiscation, les industriels à préparer les matières premières réquisitionnées. C'est ainsi que MM. Cornesse, frères, tanneurs à Stavelot, ont été avisés que l'autorité allemande faisait enlever les cuirs de leur fabrication et les obligeait à sécher trois cents cuirs par mois pour être expédiés à Berlin.

Le 17 mars, MM. Cornesse ont adressé la protestation suivante à M. le gouverneur général allemand à Bruxelles et à M. le ministre de la Guerre à Berlin :

L'autorité militaire allemande vient de décider que les cuirs tannés provenant de notre fabrication seraient enlevés pour elle, pour être expédiés à Berlin où la valeur en serait définitivement fixée par une commission nommée par le ministre de la Guerre.

Nous ne pouvons que protester contre cet enlèvement qui est absolument contraire à la Convention internationale conclue à La Haye, d'autant plus que ces cuirs nous sont enlevés pour être exportés et travaillés en Allemagne.

III. — Réquisition d'usines et enlèvement de machines.

Les Allemands se sont mis en possession d'un grand nombre d'usines ou de chantiers, appartenant à des particuliers.

Ils ont saisi et emporté en Allemagne les machines-outils garnissant de nombreuses usines, sans que souvent aucune pièce fût remise aux propriétaires constatant la nature, le nombre et la valeur de l'outillage enlevé. Le 22 janvier 1915, la Fédération des constructeurs de Belgique adressait, à ce propos, la lettre suivante au gouverneur allemand à Bruxelles :

Dès l'origine des événements qui désolent leur pays, les industriels belges n'ont reculé devant aucun sacrifice pour atténuer autant qu'il leur était possible les souffrances de leurs ouvriers et leur permettre d'échapper à la misère et à toutes ses dangereuses excitations.

Presque partout sans moyens de correspondance et de transport, sans débouchés et malgré l'insuffisance des matières premières approvisionnées, les uns ont maintenu leurs usines en activité relative en mettant en fabrication des produits dont le placement ultérieur est plus que problématique ; les autres, usant de toutes leurs influences pour se procurer de rares commandes et les ouvertures de crédit indispensables à leur exécution, s'attachent à réveiller au plus tôt le travail dans leurs établissements.

Ils étaient ainsi d'accord avec les exhortations de l'autorité allemande, soucieuse de voir la vie civile renaître dans les régions soumises à son action, et la population retrouver les moyens de subvenir à son existence.

C'est au milieu de ces persévérants efforts que nombre d'entre nous se sont vus frappés par une mesure à laquelle ils étaient loin de s'attendre. Des civils, accompagnés et aidés de détachements militaires, ont pénétré dans leurs usines et ont déclaré s'emparer des machines-outils qui les garnissent. Ces machines ont été démontées, beaucoup ont été enlevées et expédiées en Allemagne. Elles l'ont été très souvent sans qu'aucune pièce fût remise aux propriétaires, constatant la nature, le nombre et la valeur de l'outillage saisi.

Si l'on nous objectait que l'autorité allemande se propose de régulariser tout cela par la suite et de faire accorder une indemnisation aux propriétaires, sous forme de location, nous serions en droit de répondre que l'on ne peut préjuger de la sorte des intentions de ces propriétaires ni leur imposer les obligations de contrats passés entre des tiers et disposer de leur bien à leur insu.

Ce régime serait plus arbitraire encore que celui auquel sont soumises toutes les autres réquisitions imposées par la force, et qui comporte du moins le règlement immédiat des choses saisies en échange de la contribution mensuelle extraordinaire de 40 millions de francs versée à l'autorité allemande.

Nous ne voulons pas discuter ici la légalité de ces mesures, quoiqu'il nous serait facile de prouver à quel point elles sont en contradiction avec les règles internationales que l'Empire d'Allemagne a revêtues de sa signature.

Nous préférons rester exclusivement sur le terrain des faits et nous croyons pouvoir demander à Votre Excellence si, comme on nous l'a fait espérer, les réquisitions ont pris fin et s'il nous est donc possible d'atténuer leurs effets déplorables par une organisation relativement régulière du travail, qui ne contraigne pas les établissements jusqu'à présent ouverts ou qui allaient l'être, à jeter sur le pavé des malheureux auxquels il deviendrait matériellement impossible de donner une occupation et des salaires.

Il s'agit là, Votre Excellence ne peut l'ignorer, de milliers d'ouvriers qui, avec leurs familles, se trouveraient sans pain, réduits bientôt aux pires extrémités. Nous ne parlons pas des contre-coups de cette détresse sur la situation du pays entier : ils sautent aux yeux.

L'autorité allemande répugnera, nous aimons à en être convaincus, à créer une semblable situation. La charité publique, la générosité des pays neutres, qui s'est exercée d'une façon si émouvante en faveur de nos populations, seraient impuissantes à y parer, et ces pays neutres seraient amenés à se demander, comme nous, si l'intérêt même de l'occupant ne s'unit pas à tous les sentiments d'équité et d'humanité pour l'engager à ne point ajouter inutilement des souffrances nouvelles à toutes les horreurs de la guerre.

P.-S. — L'importance des saisies dépasse 16 millions de francs. Et le pire est que la privation de ces machines se fera surtout sentir après la guerre, à la reprise des affaires.

IV. — Abatage d'arbres.

Dans diverses régions du pays, les Allemands ont fait procéder à l'abatage des plus beaux arbres de nos forêts, de nos bois et de nos parcs, et notamment des noyers. Ces arbres ont été transportés en Allemagne.

Un journal hollandais, le *Telegraaf*, nous indique, dans son numéro du 22 mars 1915, comment s'effectuent les transports :

Neerpelt, 21 mars 1915. (De notre correspondant particulier.) — Pendant la dernière semaine, les troupes du génie allemand ont enlevé beaucoup de bois dans les forêts du Limbourg belge. On a abattu les plus grands et les plus beaux arbres ; surtout les forêts de l'État et de la commune ont été pillées ; des parties entières ont été abattues et le bois a été transporté en Allemagne.

Depuis Houthaelen jusqu'à Hechtel, sur une distance de 11 kilomètres, il y avait vendredi au moins 200 paysans avec charrettes et chevaux, pour porter les arbres à Zonhoven, pour le compte des Allemands, d'où le tram les porterait plus loin. Les paysans reçoivent 2 marks par jour pour ce travail. Différents bois appartenant à des particuliers sont aussi endommagés. Les propriétaires se trouvent presque tous à l'étranger.

La Commission d'enquête a cru, Monsieur le Ministre, devoir vous signaler ces saisies, érigées en un véritable système, et qui n'ont rien de commun avec les réquisitions autorisées par les conventions internationales pour les besoins de l'armée d'occupation et dans la mesure des ressources des habitants du territoire occupé.

Les Secrétaires,   *Le Président,*
Ch^{er} ERNST DE BUNSWYCK,   COOREMAN.
ORTS.

Le Vice-Président,
Comte GOBLET D'ALVIELLA.

QUATORZIÈME RAPPORT
Emploi de gaz asphyxiants.

Le Havre, le 24 avril 1915.

A Monsieur CARTON de WIART, Ministre de la Justice.

Monsieur le Ministre,

La Commission d'enquête a l'honneur de vous adresser le rapport suivant au sujet de l'emploi par l'armée allemande de gaz asphyxiants, contrairement aux dispositions de la déclaration signée à La Haye le 29 juillet 1899, aux termes de laquelle les puissances contractantes, parmi lesquelles se trouve l'Allemagne : « s'interdisent l'emploi de projectiles qui ont pour but unique de répandre des gaz asphyxiants ou délétères ».

Le 22 avril 1915, les Allemands ont préparé l'attaque du secteur Steenstraet-Langemarck, en employant des gaz asphyxiants. Des nuages de gaz ont été lancés et se sont abattus sur les tranchées occupées par les troupes alliées.

Les gaz formaient à vue un nuage bas de couleur verdâtre foncée, s'éclaircissant en passant au jaune clair vers le haut, nuage pouvant avoir une hauteur d'une centaine de mètres. Ces gaz paraissent être de plusieurs espèces : du chlore, des vapeurs de formol, des vapeurs nitreuses, de l'anhydride sulfureux et des gaz non encore déterminés jusqu'ici.

Pour chasser ces gaz, les Allemands ont employé les moyens suivants :

a) Feux allumés devant les tranchées. Les gaz qui s'en dégagent sont poussés par le vent dans la direction des positions ennemies ;

b) Bonbonnes lancées dans les tranchées, soit à la main, soit avec des engins ;

c) Tubes dégageant des gaz ;

d) Obus contenant des gaz asphyxiants.

Les gaz dont les Allemands ont fait usage font sentir leurs effets jusqu'à 3 kilomètres de distance. Après une minute ou une minute et demie, les hommes sont pris de vomissements et de crachements de sang, les yeux et les muqueuses sont irrités, les hommes sont frappés d'une sorte de stupeur qui dure pendant trois ou quatre heures et parfois davantage.

Les Allemands se préparaient de longue date à employer ce procédé barbare de combat, prohibé par les lois de la guerre.

Depuis plusieurs semaines, l'autorité belge était prévenue de leurs préparatifs. Elle savait que des expériences avaient été faites avec des obus asphyxiants sur des chiens au champ de tir de Houthaelen, près de Hasselt ; elle savait aussi que des bonbonnes contenant des gaz délétères avaient été transportées au front des troupes et que des milliers de couvre-bouches, destinés à préserver les assaillants contre l'effet des gaz, avaient été confectionnés.

Le 30 mars, un prisonnier allemand appartenant au XV⁰ corps d'armée déclarait :

« Il existe sur tout le front de la région de Zillebeke un approvisionnement de bonbonnes de 1ᵐ40 de haut, rangées dans des abris blindés ; elles contiennent du gaz asphyxiant. Elles n'ont pas encore été utilisées.

« Les pionniers ont reçu des instructions.

« On couche les bonbonnes vers l'ennemi ; la pression ultérieure chasse les gaz vers l'avant ; il faut un vent favorable. L'opérateur a un appareil spécial sur la tête ; tous les hommes ont une enveloppe en étoffe sur les narines. »

Le 15 avril, un prisonnier du XXVI⁰ corps d'armée confirmait ces renseignements.

« Des bonbonnes de gaz (80 centimètres de haut), déclarait-il, se trouvent sur tout le front du XXVI⁰ corps d'armée. Il y a une batterie de vingt tubes par 40 mètres. »

Les Allemands n'attendaient qu'une occasion favorable. Cette occasion s'est présentée dès que le vent a soufflé du nord-est, dans la direction des armées alliées.

La Commission d'enquête croit devoir signaler à la conscience publique ce nouvel attentat longuement prémédité commis par les troupes allemandes après tant d'autres violations des lois de la guerre.

Les Secrétaires,
Ch^{er} ERNST DE BUNSWYCK,
ORTS.

Le Président,
COOREMAN.

Le Vice-Président,
Comte GOBLET D'ALVIELLA.

QUINZIÈME RAPPORT

Emploi de civils comme bouclier devant les troupes. — Destructions de villages et meurtres à titre de représailles d'opérations militaires. — Meurtres de prisonniers et de blessés. — Emploi de balles dum-dum.

Le Havre, le 28 avril 1915.

A Monsieur CARTON de WIART, Ministre de la Justice.

Monsieur le Ministre,

La Commission vous a signalé que fréquemment l'armée allemande opérant en Belgique s'est fait précéder par des habitants des localités envahies ou par des soldats prisonniers qu'elle contraignait à marcher devant elle.

Ces procédés odieux ont été pratiqués sur tous les points du pays.

Indépendamment des cas déjà cités (¹), de nombreux faits de cette nature ont été établis depuis le moment où nous vous avons adressé nos précédents rapports :

Le 6 août 1914, un peloton de cavaliers allemands s'est porté, à *Lanaeken*, à la rencontre d'une patrouille de cavalerie belge commandée par le lieutenant du Roy de Blicquy, du 3ᵉ régiment

---

(¹) 2ᵉ, 3ᵉ, 5ᵉ, 7ᵉ, 9ᵉ 10ᵉ rapports.

de lanciers, en se faisant précéder par un groupe de sept hommes et de six femmes (¹).

Le 18 août 1914, les Allemands ont attaqué le front de la Geete, au village d'*Hougaerde*, en poussant devant eux un ecclésiastique (le curé d'Autgarden) qui a été tué (²).

Le 18 août 1914, des troupes de cavalerie allemande se sont avancées vers les positions belges, à *Kieseghem*, en se faisant précéder de nombreux civils (³).

Le 18 août 1914, le maréchal des logis Cornet et le brigadier Pire, de la gendarmerie, occupant un poste d'observation à *Goyet*, ont vu, sur la route de Naméche, neuf uhlans qui faisaient marcher devant eux des habitants de Goyet et notamment le bourgmestre de ce village. Les gendarmes firent feu sur les Allemands, qui s'enfuirent abandonnant les civils (⁴).

Le 18 août 1914, sur la route de Wavre, près de *Jodoigne*, un peloton de cyclistes (chasseurs bavarois), attaquant un poste belge, a fait marcher devant lui, les bras en croix, le curé de Jodoigne. Les deux voisins immédiats du prêtre ont été mortellement frappés, ce qui lui a permis de se rejeter sur le bord de la route et de s'échapper (⁵).

Le 25 août 1914, un détachement de uhlans traversa *Marcinelle*, en se faisant précéder d'un groupe de 50 à 60 civils. Parmi ces derniers se trouvait un homme âgé de soixante à soixante-dix ans qui paraissait exténué et que les Allemands poussaient à coups de crosse (⁶).

Les troupes allemandes qui pénétrèrent dans la ville de *Mons*, le 23 août 1914, s'y firent précéder de nombreux civils. Arrivés rue de Berlaimont, les Allemands essuyèrent le feu des soldats anglais. De nombreux civils furent blessés, les autres parvinrent à s'enfuir (⁷).

Le lundi 24 août 1914, vers 9 heures du matin, la colonne allemande, marchant sur *Tournai* par la route de Bruxelles,

---

(1) Déclaration du lieutenant du Roy de Blicquy.
(2) Déclaration du sergent de Neef, volontaire de carrière au 3ᵉ régiment de chasseurs à pied, qui commandait le poste attaqué.
(3) Déclaration du général commandant la 1ʳᵉ division d'armée; déclaration du commandant de la 4ᵉ compagnie du 2ᵉ bataillon du 7ᵉ régiment de ligne (2ᵉ division d'armée).
(4) Déclarations du maréchal des logis Cornet et du brigadier Pire.
(5) Déclaration du lieutenant Delhaye, du 2ᵉ régiment de chasseurs à pied.
(6) Déclaration du sergent-major Jadot, 3ᵉ division d'armée belge.
(7) Déclaration du 1ᵉʳ sergent Pieraerts, du 4ᵉ régiment de chasseurs à pied.

arriva à Rumillies. Elle fut surprise par des dragons français embusqués dans un taillis. Après un premier moment de désordre, les soldats allemands contraignirent les habitants des maisons voisines à sortir ; ils les placèrent devant eux et, reposant leurs fusils sur les épaules de ces malheureux ou les glissant entre leurs jambes, ils firent feu sur les Français qui s'abstinrent de riposter.

Le lendemain matin, quittant Tournai, les Allemands pénétrèrent dans les maisons de Tournai, du côté de la gare, sur le quai Saint-Brice, au faubourg Morelle, et se saisirent des hommes qu'ils trouvèrent. Ils en enveloppèrent leur colonne et ne les relâchèrent qu'après trente-six heures. Pendant la marche, ils les injuriaient, les mettaient en joue, et menaçaient de les fusiller ([1]).

L'abbé de Trannoy, aumônier du 1er régiment de chasseurs à cheval, dépose en ces termes :

Le jeudi 27 août, à *Elewyt*, j'ai vu une foule de paysans enfermés dans le cimetière autour de l'église, tandis que les pionniers allemands préparaient l'explosion du clocher par la mine. Des projectiles tombaient du toit sur les malheureux qui se trouvaient dans l'impossibilité de se garer.

Le vendredi 28 août, les Allemands mirent en cortège les paysans des environs d'Elewyt. Ils firent marcher tout le monde dans la direction de Malines, sous la menace du revolver, à une allure désordonnée, sans qu'il fût permis de porter les vieillards ou même une femme visiblement enceinte ; ce cortège était dirigé sur Malines tandis qu'on bombardait la ville.

Les soldats allemands ainsi que les officiers subalternes donnaient des signes de pitié. Ces brutalités étaient organisées par les officiers supérieurs. Je faisais partie de cette colonne que formait la population ([2]).

Au combat de *Melle*, le 7 septembre 1914, les Allemands, accueillis à coups de feu par les troupes belges, firent sortir des maisons des habitants de Melle, hommes, femmes et enfants, et les poussèrent devant eux. Plusieurs de ces malheureux furent atteints ([3]).

Le lieutenant Soudant, du 2e régiment de chasseurs à cheval, déclare que, le 26 septembre 1914, chargé d'occuper et de défendre le pont du Brabantschebeek à *Klein-Antwerpen*, il n'a

---

([1]) Déclaration du père X..., de l'ordre des Dominicains.

([2]) Déposition de l'abbé de Trannoy, aumônier du 1er régiment de chasseurs à cheval).

([3]) Déclaration de Émile Warmoes, soldat au 8e régiment de ligne, et résultats de l'enquête judiciaire.

pu faire ouvrir le feu sur le commandant d'infanterie ennemi qui
s'était placé en observation près d'une briqueterie et s'était fait
entourer de trois enfants (¹).

Le 27 septembre, à *Alost,* une compagnie d'infanterie allemande a attaqué le pont de « Zwartenhoek » en se faisant précéder d'une trentaine de bourgeois derrière lesquels se dissimu-
lait une mitrailleuse. Deux civils furent tués (²).

Le 6 octobre 1914, vers 8 heures, après plusieurs attaques
repoussées, les troupes allemandes se sont présentées sur le pont
de *Termonde,* précédées de plusieurs rangs de civils.

Les mêmes faits se sont présentés, le 7 octobre dans l'après-
midi, au sud du village de *Berlaere.* Les Allemands, violemment
contre-attaqués par le 1ᵉʳ régiment des carabiniers, furent rejetés
sur l'Escaut, dans la boucle de Schonaerde. Parvenus à se
reformer, ils se présentèrent en plusieurs colonnes, toutes précédées de plusieurs rangs de civils. Les Belges arrêtèrent le feu un
moment, mais menacés d'être enveloppés ils furent contraints de
tirer, faisant des vides dans les rangs adverses, mais aussi
blessant et tuant leurs malheureux compatriotes (³).

Le 10 octobre, deux habitants de *Quatrecht,* blessés aux
jambes et aux pieds, ont été amenés à Melle sur des brancards.
Ces malheureux avaient été contraints par les Allemands à
marcher en avant d'une troupe faisant une contre-attaque de
Quatrecht sur Melle. Ils avaient été blessés au cours du
combat (⁴).

Le lendemain de l'assaut de *Keyem,* les Allemands, s'avançant
dans la direction de Keyem, ont poussé devant eux sept ou huit
soldats belges les mains liées sur la poitrine.

Le même jour, à un autre endroit de la même commune, ils se
firent précéder d'une centaine de soldats belges. Les uns avaient
les mains liées sur la poitrine ; les autres avaient les bras levés (⁵).

* *
*

La Commission vous a exposé aussi, Monsieur le Ministre,
comment les troupes allemandes se sont vengées sur les popu-

---

(1) Déclaration du lieutenant Soudant, du 2ᵉ régiment de chasseurs à cheval.
(2) Déclaration du lieutenant Albert, bataillon cycliste (1ʳᵉ division de cavalerie).
(3) Déclaration du capitaine Couche, du 1ᵉʳ régiment de carabiniers.
(4) Déclaration du colonel commandant le 6ᵉ régiment d'artillerie.
(5) Déclaration du lieutenant François, du 13ᵉ régiment de ligne.

lations civiles de leurs mécomptes et de la résistance qu'elles ont rencontrée de la part de l'armée belge.

Les faits relatés ci-après méritent de retenir l'attention : ils indiquent bien la corrélation qui existe entre les opérations d'ordre militaire réalisées par nos troupes et les meurtres ou les destructions accomplies par l'armée allemande :

Le village de *Capelle-au-Bois* a été systématiquement incendié par les Allemands à la suite d'une action engagée entre le 3ᵉ régiment de chasseurs à pied et les troupes allemandes, et qui avait été très meurtrière pour celles-ci. Des coffres-forts ont été forcés et vidés ([1]).

Le lieutenant Van Dooren, du 4ᵉ régiment de chasseurs à cheval, déclare que, du 12 au 18 août 1914, de nombreuses patrouilles de cavalerie allemande, se dirigeant vers Diest, sont entrées dans le village de *Schaffen,* au nord de Diest. Les cavaliers de ces patrouilles ont tous été tués par des carabiniers cyclistes et par des cavaliers embusqués dans les maisons et derrière les haies du village. Lors de l'attaque de Diest, le 18 août 1914, le lieutenant Van Dooren a constaté que les troupes allemandes ont de suite mis le feu au village de Schaffen, qui brûlait au moment de l'attaque des Allemands vers la station de Diest.

Les soldats Vandersteen et Desmedt déclarent avoir assisté, le 18 août 1914, à l'incendie systématique du village de *Hersselt,* à la suite d'une rencontre avec le 6ᵉ régiment de ligne.

Le 30 août 1914, près de *Sempst,* une patrouille belge rencontra une patrouille allemande. Un soldat allemand fut tué : son cadavre resta sur le terrain. Quelques heures après, une reconnaissance cycliste allemande, trouvant le cadavre, tua, à coups de baïonnette, par mesure de représailles, deux paysans qui passaient précisément à l'endroit où se trouvait le cadavre et incendia la ferme la plus proche, après en avoir chassé les habitants ([2]).

Le 25 septembre 1914, dix motocyclistes de l'armée belge déboulonnèrent les rails du chemin de fer de *Bilsen* à Tongres. Deux heures plus tard, un train chargé de troupes allemandes

---

([1]) Déclarations du commandant Billemont, adjoint d'état-major ; du capitaine de section, commandant la 6ᵉ batterie, Wangermée ; du capitaine Demart.

([2]) Déclaration du commandant Gilson, du 3ᵉ régiment de chasseurs à pied.

dérailla. A la suite de ce déraillement, les Allemands fusillèrent huit civils et incendièrent une partie du village ([1]).

Au début du mois de septembre, une colonne cycliste belge, partie d'Anvers, fut chargée de faire sauter la voie ferrée à *Tubize*. Le détachement fut surpris par les Allemands. Cernés par eux, les volontaires combattirent vaillamment. Quelques-uns parvinrent à s'échapper et se réfugièrent dans le village de Quenast. Le nommé Schotte, Jules, milicien au 1ᵉʳ régiment de ligne, repassant peu après sur le lieu du combat, a trouvé le long de la voie ferrée deux cadavres de civils assassinés par les Allemands. Ceux-ci avaient, en outre, mis le feu à de nombreuses habitations.

Le 25 septembre 1914, une expédition semblable, composée de deux cents cyclistes belges, opéra la destruction de la voie ferrée de Bruxelles à Paris, non loin de la ferme occupée par M. le bourgmestre de *Montigny-lez-Lens*. A la suite de cette opération militaire, les Allemands incendièrent la cure, l'habitation du bourgmestre, après avoir fracturé le coffre-fort et dérobé tout ce qu'ils pouvaient emporter. Ils mirent aussi le feu à quelques petites fermes qui se trouvaient dans le voisinage ([2]).

Le 4 octobre 1914, le village de *Lanaeken,* défendu par un poste belge d'une vingtaine d'hommes, fut attaqué par un détachement allemand fort de quinze cents hommes. Le poste belge se retira après un combat de rues. Les Allemands, pénétrant dans le village, y mirent le feu ([3]).

* *
*

Le major de Mélotte, détaché, au début de la campagne, auprès du corps de cavalerie français opérant en Belgique, fait la déclaration suivante, qui caractérise très bien la situation :

J'ai pu constater au cours des opérations, tant sur la rive droite que sur la rive gauche de la Meuse, que l'invasion allemande s'était fait précéder à grande distance de fortes patrouilles ou reconnaissances d'officiers. Beaucoup d'entre elles furent faites prisonnières. Elles se rendaient d'ailleurs très aisément et parfois sans combattre, ne demandant qu'à en avoir fini. C'est d'autant plus étrange que ces patrouilles

---

(1) Déclaration des motocyclistes qui ont défendu le village.
(2) Déclaration de M. le bourgmestre de X...
(3) Déclaration du lieutenant de Rode, du 5ᵉ régiment de lanciers.

étaient composées d'éléments choisis. Il y eut cependant des braves parmi les chefs de ces patrouilles, tel le lieutenant von Braudenstein, du corps de la Garde, qui ne se rendit (à Maissin-Luxembourg) qu'après avoir tué trois hommes et avoir été blessé deux fois.

Je me résume : beaucoup de ces reconnaissances de cavalerie, lancées au loin en avant, ne rentrèrent plus, pour l'une ou l'autre cause, dans les lignes allemandes. Les Allemands ont attribué (j'en ai depuis longtemps la conviction) ces disparitions à l'action de la population civile. D'où des représailles dues soit au désir de se venger ou à la peur.

Je puis affirmer que la population civile s'est tenue absolument à l'écart du conflit et que la maladresse ou le manque d'énergie des chefs de patrouilles poussées en avant des armées allemandes ont seuls été la cause de leur perte.

*
* *

Enfin, Monsieur le Ministre, des témoins entendus postérieurement à l'envoi de notre septième rapport, consacré à des faits de même nature, nous ont signalé les attentats suivants, commis à l'égard de personnes qui font partie de notre armée :

Le capitaine commandant Henseval a été tué dans les bois de Sart-Tilman, à *Liége,* par un groupe de soldats allemands qui s'étaient approchés en agitant un drapeau blanc et en levant les bras (¹).

Le caporal Geers, du 5ᵉ régiment de ligne, a vu, le 17 ou le 18 août 1914, à *Thielt-Notre-Dame,* dans une maison située chaussée de Diest, près de la gare du tramway vicinal, quatre lanciers de l'armée belge et une vieille femme pendus à une poutre.

Le 19 août 1914, le sergent Mattiche, du 6ᵉ régiment de chasseurs, et le caporal Lengelser, du 1ᵉʳ régiment de ligne, furent assaillis, à coups de feu, au village de *Beauvechain,* par une automobile allemande occupée par quatre hommes portant sur le bras gauche les insignes de la Croix-Rouge.

Les nommés Moureau, Berson, Rook, Demely, soldats au 9ᵉ régiment de ligne, faits prisonniers à *Aerschot,* le 19 août 1914, vers 8 heures, ont été conduits, avec d'autres soldats, à quelque distance de l'endroit où ils avaient été pris. Un officier monté, qu'ils supposent être un major, a donné l'ordre de fusiller

(1) Déclaration du major Lecloseray, commandant le 1ᵉʳ régiment de chasseurs à cheval.

les prisonniers, à ce moment au nombre d'une trentaine. Les soldats allemands se groupèrent à quelques mètres d'eux et tirèrent une salve et quelques coups de feu isolés. Une grande partie des prisonniers furent tués ou blessés. Tous les autres s'étaient jetés à terre.

Les survivants furent relevés à coups de pied, de poing et de crosse. On leur lia les mains derrière le dos au moyen de cordes et de fil de fer.

Après la fusillade, les Allemands amenèrent auprès du groupe des survivants le lieutenant Fauconier et quelques soldats de la compagnie. Le lieutenant Fauconier avait les mains liées devant le corps; les soldats, les mains liées derrière le corps.

Au moment où on allait emmener les prisonniers, les soldats allemands firent sortir d'une maison voisine de celle du garde-barrière quatre civils qui s'étaient cachés dans la cave pendant le combat. Parmi ces civils se trouvait un adolescent. Les Allemands les entravèrent au moyen de cordes et de fil de fer, les firent agenouiller, les mains jointes; puis quatre soldats les fusillèrent à bout portant. Une des victimes n'étant que blessée, un Allemand l'acheva d'une balle dans la tête.

Le sergent-major Bailly, du 2ᵉ régiment de chasseurs à pied, a vu, le 24 août 1914, pendant le combat d'*Impde*, les Allemands achever trois de ses hommes blessés. L'un d'eux a eu le crâne fracassé à coups de crosse, un autre a été frappé également à coups de crosse, le dernier a été tué d'un coup de revolver par un officier.

Les soldats Gustave Demarteau et Léon Deliens, du 11ᵉ régiment de ligne, font la déclaration suivante :

Dans la nuit du 26 au 27 octobre 1914, à environ 200 mètres du pont de *Dixmude*, les Allemands, ayant dépassé le pont, nous surprirent et nous firent prisonniers avec une douzaine d'autres Belges et Français.

Après avoir été surpris eux-mêmes par des troupes franco-belges, ils furent cernés. Alors le major qui commandait le détachement allemand, se voyant perdu, ordonna à ses hommes de fusiller les prisonniers.

Les uns furent massacrés à coups de baïonnette, les autres à coups de fusil tirés à bout portant.

Nous nous sommes sauvés en nous laissant tomber et en faisant le mort.

Le Dʳ Gillet et l'abbé Coen, attachés au 1ᵉʳ bataillon des grenadiers, signalent que, le 20 janvier 1915, ils ont transporté, avec quatre brancardiers, le soldat Vandekelen, frappé par une balle tirée de *Dixmude*. Six coups de feu ont été tirés par les Allemands dans leur direction. Deux des brancardiers au moins portaient au bras, bien apparent, l'insigne de la Croix-Rouge.

Le sergent Weissenfeld, du 13ᵉ régiment de ligne, ayant été envoyé en patrouille à la droite du château de Vicogne, à *Stuyvekenskerke*, a vu les cadavres de cinq soldats français ; ils étaient liés par les mains, ce qui fait supposer qu'ils ont été fusillés après avoir été faits prisonniers.

Le soldat Gois, du 13ᵉ régiment de ligne, a vu, à *Keyem*, les Allemands achever à coups de crosse le commandant Mahieux et plusieurs soldats préalablement désarmés.

* *
*

La Commission d'enquête, en terminant ce rapport, croit devoir vous signaler que, suivant un rapport de M. le vice-gouverneur du Katanga, les troupes de l'Est Africain allemand se sont servies de balles *dum-dum* au combat de Kasakalawe (sud du lac Tanganika), le 20 novembre 1914.

Le soldat Lisa, de la 2ᵉ compagnie du 1ᵉʳ bataillon, a été blessé par un projectile de ce genre. Le fait a été constaté par le médecin du bataillon, M. Boigelot, et par le docteur anglais d'Abercorn, M. Murray. Ce dernier a conservé la balle.

Des cartouches à balles *dum-dum* ont été ramassées sur le terrain du combat. Elles sont conservées par nous.

La Commission a reçu de la même source un spécimen de cartouches, à balle expansive, ramassées sur les positions occupées par les troupes coloniales allemandes au combat de Kateruzi (lac Kivu), le 8 février 1915.

Les Secrétaires,   *Le Président,*

Chᵉʳ Ernst de Bunswyck,   Cooreman.

Orts.

Le Vice-Président,

Comte Goblet d'Alviella.

———————

SEIZIÈME RAPPORT
Sac et massacres de Warsage.

Le Havre, le 10 mai 1915.

A Monsieur CARTON de WIART, Ministre de la Justice.

Monsieur le Ministre,

La Commission d'enquête se propose de vous faire prochainement un rapport sur les attentats commis par les armées allemandes dans les provinces de Liége et du Limbourg. Elle croit utile de mettre dès à présent sous vos yeux deux relations des événements qui se sont passés, au moment de l'entrée des troupes ennemies en Belgique, dans la petite commune de Warsage, située au nord de la province de Liége. La première a pour auteur M. Fléchet (¹), bourgmestre de Warsage, ancien membre de la Chambre des Représentants. Elle mérite particulièrement de retenir l'attention. Elle indique dans tous ses détails les circonstances de l'arrestation de citoyens inoffensifs, suivie de l'abominable exécution de la plupart d'entre eux. La deuxième émane d'un notable de Warsage. Nous ne nous croyons pas encore autorisés à divulguer son nom.

Première relation.

A Monsieur le Président de la Commission d'enquête sur la violation des règles du droit des gens, des lois et des coutumes de guerre.

Avant de commencer la relation circonstanciée des atrocités commises par les troupes allemandes à Warsage et au camp de Mouland, laissez-moi d'abord adresser un souvenir ému aux malheureux qui ont été massacrés, et exprimer mes douloureuses condoléances aux parents attristés de ces innocentes victimes.

Le village de Warsage est situé à 6 kilomètres de Visé, sur la grand'route de Visé à Aix-la-Chapelle. L'armée allemande venant d'Aix-la-Chapelle devait donc passer à Warsage pour aller à Visé et à Liége. Aussi, le 4 août, vers 10 heures du matin, un premier

---

(1) M. Fléchet est décédé en Hollande au mois de novembre 1915.

groupe, d'environ vingt-cinq cavaliers conduits par un officier, arriva dans le centre du village. Ils distribuaient le manifeste que l'on connaît([1]).

Je m'étais placé, ceint de mon écharpe de bourgmestre, au milieu de la route, au centre du village.

Après un colloque avec l'officier, je me suis retiré, lui disant que je n'avais pas la force de l'empêcher de passer.

Ces cavaliers se dirigèrent vers Visé. Beaucoup d'entre eux furent blessés ou tués, à Visé, par les troupes belges qui se trouvaient à Devant-le-Pont, sur l'autre rive (rive gauche) de la Meuse.

Vers 1ʰ 3o, je vis l'officier passer en automobile. Il était blessé. On le transportait vers Aix-la-Chapelle.

Une heure environ après le passage de ce premier groupe d'Allemands, le gros des troupes arriva. Et alors ce fut un défilé ininterrompu de troupes de toutes armes : infanterie, cavalerie, artillerie, cyclistes, génie, train. J'ai, pendant deux jours, vu passer une formidable armée.

Le 5 août, à la soirée, 5 officiers, tous des lieutenants, arrivèrent avec 15o soldats. Il fallait les loger. Je proposai à l'officier qui semblait être le chef de loger les cinq officiers chez moi et les cent cinquante soldats dans les communs et dépendances de mon habitation. De cette façon, nous n'avions pas à recourir aux autres habitants du village. L'officier accepta, et ainsi fut fait.

Entre temps, j'avais fait placarder des affiches exhortant tous mes administrés au calme et les engageant à ne se livrer à aucune manifestation d'aucun genre. De plus, j'avais plusieurs fois, sur la place et à la maison communale, prononcé des allocutions dans ce sens. La population était d'ailleurs tout à fait paisible.

Toute cette troupe logea donc chez moi. Elle partit de très bon matin et les officiers, qui avaient soupé et déjeuné chez moi, m'exprimèrent leurs remerciements.

Le lendemain 6 août, vers 11 heures du matin, une automobile s'arrêta au centre du village, devant chez moi. J'en vis descendre un des conducteurs, l'autre resta sur son siège; ces deux chauffeurs étaient seuls. Comme ils semblaient chercher quelque chose, je leur demandai ce qu'ils désiraient (en allemand, car je parle assez facilement cette langue). Ils répondirent qu'ils étaient

---

(1) Voir 6ᵉ rapport de la Commission d'enquête, dans le 1ᵉʳ volume.

morts de faim et qu'ils voudraient acheter de quoi manger. La
plupart des maisons étaient fermées ou abandonnées; je dis à ces
deux chauffeurs qu'ils pouvaient entrer chez moi et qu'on leur
servirait une collation. Ce qui fut fait. Ils se confondirent en
remerciements. Quelques instants après, arriva le plus jeune des
cinq officiers qui avaient logé chez moi. Il était accompagné de
quatre soldats. Ils entrèrent également chez moi et on leur servit
un déjeuner réconfortant. Ils s'en montrèrent fort reconnaissants.

Ces divers incidents semblent oiseux; on verra plus loin qu'ils
ont une certaine importance.

Le 6 août (même jour donc), vers 2ʰ 3o de l'après-midi, une
troupe d'infanterie forte d'environ 3oo hommes, conduite par
deux officiers, est arrivée à Warsage.

On a prétendu que les civils avaient tiré, à l'entrée du village,
mais on n'a pris personne les armes à la main et on n'a même
saisi aucune arme !

Tous les soldats tenaient souvent la carabine d'une main et le
browning de l'autre; ils avaient le doigt sur la gâchette; ils se
tournaient et se retournaient sans cesse, très nerveusement, et il
fallait un rien pour qu'un coup de feu partît.

C'est peut-être ainsi qu'on doit expliquer que, sur la route,
avant d'entrer dans le village, à peu près vis-à-vis d'une villa
isolée et non habitée, un officier allemand tomba frappé d'une
balle.

On cerna la villa, on la fouilla, on l'incendia et on ne découvrit
personne. Le coup ne partait donc pas de là, et les environs
étaient des vergers où l'on ne pouvait pas se cacher. Au surplus,
le malheureux officier tué avait été frappé par une balle très
mince, balle de fusil de guerre. Or, on n'a pas de telles armes
dans un petit village exclusivement agricole.

Il n'y eut aucune enquête. On cria : « *Man hat geschossen* »
(on a tiré); et on se mit à brûler les maisons du voisinage.

On se rua dans le village et là, on enfonça les portes, on brisa
les fenêtres, on arracha les citoyens de chez eux. Deux hommes
furent tués et environ vingt-cinq maisons et fermes furent incendiées. Des soldats tiraient dans les fenêtres restées ouvertes.

J'étais immédiatement intervenu comme bourgmestre et
j'exhortais tout le monde au calme. Mes efforts furent vains; le
vacarme était effrayant, on ne pouvait se faire entendre. L'officier
chef, un capitaine, m'ordonna de faire sortir les gens de leurs

habitations et de les rassembler sur la place, ce que je fis. Alors
il choisit au moins une douzaine d'habitants, au hasard, moi
compris, et nous donna l'ordre de marcher en tête des troupes,
en silence et les mains derrière le dos, en ajoutant que si un coup
de feu partait dans le village nous serions tous instantanément
fusillés.

On nous conduisit ainsi jusqu'au camp de Mouland, à 6 kilomètres de Warsage.

Sur la route, au cours du trajet, nous avons rencontré des
troupes allemandes marchant en sens inverse du nôtre. Les
soldats et les officiers nous lançaient des sarcasmes et des injures,
notamment : *Schweinhünd, Lümpe,* etc. Un officier de haut
grade nous a même, du haut de son automobile, traité de
« cochons ». Cette attitude d'un grand chef excita davantage
encore les troupes qui l'entouraient. Aussi les cris : « A mort ! »
— « Qu'on les fusille tout de suite ! » se firent immédiatement
entendre.

Arrivés au camp, on nous enjoignit de nous coucher par terre
ou de nous agenouiller et d'observer un absolu silence.

Nous formions un groupe en forme de fer à cheval, composé
de mes compagnons de Warsage et de cinq ou six autres prisonniers amenés de villages voisins. Bientôt vinrent se joindre à nous
deux jeunes filles de Berneau arrêtées à Warsage. Elles avaient
fui Berneau parce que, le matin même, les troupes allemandes
avaient fusillé leur père, blessé leur mère et leur jeune frère.

J'affirme qu'on ne nous a pas interrogés ; on ne nous a même
pas dit de quoi nous étions accusés. C'est à tel point que j'ignorais absolument le fait de l'officier tué. Je crois que, sur ce point,
la plupart, sinon tous mes compagnons, n'en savaient pas plus
que moi.

Il n'y eut donc pas la moindre enquête ; pas d'interrogatoire,
pas d'instruction !

Nous étions là depuis environ un quart d'heure, lorsqu'on prit
six d'entre nous, parmi les plus jeunes. C'étaient MM. Leuten,
Teheux, Lamberts et les trois frères Franck. Il était alors environ 5ʰ 3o du soir. On les conduisit à quelque 5o mètres du
groupe, on leur enleva leurs vestons, on ouvrit leurs chemises
par derrière, de façon à mettre le dos à nu, et on les fusilla. Et
ce malgré les protestations, les cris, les plaintes et les lamenta-
tions de ces malheureux. Divers soldats annoncèrent que ceux

qui restaient seraient exécutés le lendemain, à 4 heures du matin.

Nous avons ainsi passé la nuit, couchés ou assis par terre, ou agenouillés, en plein champ, et encerclés par de nombreuses sentinelles.

Il pleuvait de temps en temps, mais la température était douce.

J'étais placé un peu en dehors du groupe. Les deux jeunes filles étaient un peu plus loin, à 3 ou 4 mètres de moi. On leur avait donné une botte de paille et une couverture. Elles se lamentaient, pleuraient et imploraient la pitié.

Le silence nous était imposé, et dès qu'un prisonnier voulait parler, un coup de crosse de fusil sur l'épaule et un brutal *Still schweigen* (Taisez-vous) le rappelait à l'ordre. On faisait cependant exception pour moi. C'est probablement parce que j'adressais la parole en allemand aux officiers et soldats qui s'approchaient de moi.

Durant toute la nuit des soldats et des gradés rôdaient autour de nous. Ils venaient voir les condamnés à mort: c'était une sorte de pèlerinage! Ils nous lardaient de leurs sarcasmes et de leurs insultes et se livraient même envers certains à de révoltantes voies de fait. Ils disaient souvent, en allemand, et j'étais le seul apte à comprendre : « Ces coquins seront fusillés demain à 4 heures du matin » ; ou bien : « Ces gaillards-là vont recevoir quelques balles dans le corps » ; ou encore : « Ils seront bientôt tués à coups de fusil » (*Kaput geschossen*) — et tout cela en ricanant. Certains ajoutaient : « Celui-ci et celui-là (en en désignant deux) seront pendus ; car, pour eux, les balles sont trop coûteuses. »

En effet, le lendemain matin, vers 4ʰ 45, on en a pendu six : Geelen Nestor et Soxhelet Joseph, de Warsage ; Marcel Kerf, de Teuven, qui avait été pris à Warsage alors que, par hasard, il traversait le village en bicyclette au moment de l'algarade ; un homme d'un certain âge, pensionné, m'a-t-on dit, et habitant Berneau ; enfin deux autres malheureux dont j'ignore encore les noms.

J'observe que j'ai vu les cordes attachées aux arbres, mais que j'étais parti au moment de la pendaison. Les survivants escapés ont conté les faits et ont assisté à l'atroce supplice de ces six infortunés.

Un de ces escapés, un Warsagien, m'a écrit une longue lettre, dont voici un extrait textuel :

> Je ne saurais vous dire ce que les soldats nous criaient à Fouron, car c'était en allemand ; mais nous avons été assez qualifiés de saligauds de Belges et de cochons pendant cette nuit terrible du 6 au 7 août, par un soldat qui parlait le français, qui avait vécu six ans en Belgique, disait-il ; qu'il connaissait bien les Belges, mais qu'on allait nous faire voir ce que c'était que les Alboches, puisque c'était ainsi que nous les appelions en Belgique ; il nous conseillait de nous adresser à la Sainte Vierge ; puisque nous avions tant de confiance en Elle, qu'Elle vienne nous délivrer ; et pendant que nous étions à genoux, ceux qui rôdaient autour de nous pour nous maltraiter à coups d'éperons, de baïonnettes, à coups de poing et de pied, à coups de crosse de fusil ; nous tirer par les cheveux et jusqu'à tâcher de m'arracher un œil et y revenir sept à huit fois.

En passant, j'observe que (outre moi) quatre Warsagiens ont échappé aux massacres, mais non sans avoir été cruellement maltraités.

Trois autres prisonniers, vieillards septuagénaires, ont disparu. On ne sait pas encore ce qu'ils sont devenus, et il est plus que probable qu'ils ont été exécutés. Ce sont : MM. Dumont, de Warsage ; Bruyère, bourgmestre de Berneau, et Michel Pousset, de Mouland.

J'étais donc, comme je viens de le dire, le seul auquel on permettait de parler. C'est ainsi que j'ai pu, à diverses reprises, m'adresser à des officiers ou soldats qui s'approchaient de moi et leur dire que mes compagnons étaient de braves et honnêtes gens. Je les indiquais même personnellement, en signalant que tel était boulanger et avait depuis deux jours cuit du pain pour l'armée allemande, conformément aux ordres d'officiers allemands ; que tel autre était un brave père de famille allant chaque jour, à pied, de Warsage à Eysden, pour y travailler à l'usine ; et ainsi de suite, en exposant la situation de famille et les conditions de travail de ceux que je connaissais. Je faisais ainsi l'éloge mérité de ces malheureux qui, tous, étaient des travailleurs laborieux, et qui n'avaient absolument rien fait pour justifier cette monstrueuse condamnation au dernier supplice.

Enfin je me plaignais de ce qu'on traitât aussi inhumainement des vieillards tels que M. le bourgmestre de Berneau, M. Pousset, M. Nicolas Dumont, M. H. Geurden et d'autres, et moi-même, tous âgés de plus de soixante-dix ans.

Quant aux injures, qui, en français, signifiaient gueux, coquins, cochons, va-nu-pieds, etc., j'affirmais qu'elles ne pouvaient s'appliquer à aucun de nous.

J'avais parlé des autres. Quant à moi, j'étais ingénieur diplômé, bourgmestre de ma commune depuis vingt-sept ans, député pour Liége pendant un quart de siècle. Je croyais avoir le droit de penser que j'étais honorablement connu dans tout le pays. (Le lecteur comprendra qu'en de telles circonstances, on a bien le droit de parler de soi.) J'ajoutais que j'avais habité l'Allemagne pendant plusieurs années, notamment à Laurenbourg a/d Lahn, où j'avais dirigé d'importantes mines et usines de plomb, zinc et argent; que j'étais donc voisin du château de Schaumburg (près Diez), appartenant à cette époque au duc Georges d'Oldenbourg. Celui-ci m'invitait à toutes ses chasses; et c'est ainsi que j'eus un jour l'occasion de chasser, dans le domaine de Schaumburg, avec le prince impérial Wilhelm, alors étudiant à Bonn et aujourd'hui empereur d'Allemagne. J'étais même assis à sa gauche au déjeuner de chasse, et vis-à-vis de lui au dîner.

J'avais déjà conté cela à plusieurs officiers et soldats; et je le disais de nouveau à deux officiers qui s'étaient placés debout vis-à-vis de moi, lorsqu'un troisième officier, qui se trouvait à 3 ou 4 mètres de notre groupe, dit à haute voix : « *Der Kerl kann aber lügen.* » Étant donné le ton, cela signifiait : « Ce coquin sait vraiment bien mentir. »

Alors, me tournant vers lui, je répliquai textuellement : « Monsieur, j'ai soixante-treize ans, je n'ai jamais menti, et malgré la situation dans laquelle je me trouve aujourd'hui, je n'ai garde de mentir et je vais vous le prouver : A cette époque, le baron major de Liebenau et le lieutenant baron von Jacobi étaient attachés au prince impérial. Le duc Georges d'Oldenbourg et son personnel supérieur (dont deux membres sont encore en vie) prenaient part à cette chasse. L'Oberförster Wilhelm Meyer était l'organisateur et conduisait la chasse. C'était une battue, et je fus plusieurs fois voisin de poste du prince Wilhelm ([1]). »

La plupart des officiers et soldats m'écoutaient avec complaisance; mais, en dehors de l'incident ci-dessus et d'un autre que je relaterai plus loin, jamais un seul ne fit la moindre remarque

_____

([1]) J'ai appris depuis lors que le duc Georges d'Oldenbourg est malade à Dresde, que le baron von Liebenau et l'Oberförster Meyer sont morts, et que le baron de Jacobi est général-major.

ni la moindre observation. C'étaient des monologues qui restaient sans échos.

Voici ce second incident. Son importance ne peut échapper à personne. Vers le milieu de la nuit, deux officiers allemands se sont approchés de moi. Je ne me souviens pas de la façon dont la conversation fut engagée, mais, après avoir échangé quelques mots, l'un de ces officiers, grinçant des dents, s'écria : « Et votre petit roi, qui tient tant aux Français, nous l'aurons bien, celui-là ! » Et, en disant cela, de cette voix rauque et rageuse qu'on connaît, il se baissait et il faisait le geste d'un homme qui tient un roquet par la peau du dos, et qui le secoue brutalement pour le corriger.

On excusera ces termes irrévérencieux, mais je suis forcé d'exposer le fait clairement.

Cet officier finissait à peine de parler que son compagnon reprit sur un ton de mépris et de colère : « Oui, et tous ces petits pays, il faut les faire disparaître. »

Notons que ces paroles ne pouvaient être mises sur le compte de la moindre ivresse ; et au surplus : *In vino veritas.*

Ce fait révèle clairement les sentiments de ces gens à l'égard de notre Roi et des divers petits pays d'Europe.

Toujours m'adressant à ceux qui voulaient bien m'écouter, j'ajoutais que l'administration communale de Warsage avait fait tout son devoir ; que j'avais, par la parole et par plusieurs affiches, exhorté la population au calme. J'avais même, plusieurs fois, réuni sur la place et à la maison communale une partie de la population, y compris les femmes et les enfants, et j'avais conjuré tous mes administrés de ne se livrer à aucune manifestation ni à aucun acte hostile. Mais tout cela restait sans réplique.

Afin de faire voir comment les atrocités se commettaient, et combien on est en droit de croire qu'elles étaient préméditées, organisées, ordonnées, je crois devoir conter certains détails relatifs à deux malheureux qui ont été pendus : le vieillard pensionné de Berneau et Marcel Kerf, de Teuven.

Vers 8 heures du soir, les soldats qui nous entouraient disaient en désignant le pensionné : « Celui-là a coupé une oreille à un soldat allemand blessé » ; une heure après survenaient d'autres soldats déclarant : « Il a coupé les oreilles à un soldat blessé » ; après quelque temps encore, d'autres affirmaient que « le coquin avait coupé les oreilles et crevé les yeux à des blessés allemands ». Et là-dessus, ces simples soldats, sans ordre de supérieurs, décidèrent de l'attacher à la roue d'un caisson qui était derrière moi. Le malheureux fut en effet ligoté. On serrait les liens au point de faire crier le patient ; je ne me suis pas retourné afin de ne pas voir cette horrible torture ; mais j'entendais les gémissements de la victime ; parfois elle voulait parler, elle criait qu'elle n'avait pas vu de blessés allemands ; mais des coups de crosse cruellement appliqués le forçaient au silence. Quant à Kerf, des soldats, le regardant, dirent : « Il faut qu'il soit pendu ; pour lui, les balles sont trop coûteuses. » Et, en effet, le malheureux Kerf fut pendu.

Ces deux faits donnent une idée du genre d'instruction et de jugement qu'on appliquait à de braves et honnêtes citoyens. Ces atrocités étaient commises sans raison ; on cherchait à peine à les justifier par des mensonges.

D'autres faits sont encore à noter.

Les deux jeunes filles ne cessaient d'implorer, de se lamenter et même de pousser des cris de détresse. Vers 1 heure du matin, un soldat ou un sous-officier vint à moi et, se penchant (car j'étais couché), il me dit à voix basse : « Priez donc ces filles de ne plus crier, et dites-leur qu'elles ne seront pas fusillées. »

Je fis immédiatement la communication, mais ces demoiselles n'en voulaient rien croire : « Ah ! Monsieur Fléchet, disaient-elles, vous voulez nous consoler, mais nous ne pouvons pas vous croire, nous serons tuées. » Et les pleurs reprenaient. J'ai tant insisté qu'elles ont eu confiance. Elles se sont calmées et elles ont même un peu dormi. Ces deux filles ont été libérées le lendemain matin.

Vers 11 heures du soir, je vis arriver à moi deux chauffeurs d'automobile et je reconnus un de ceux qui avaient déjeuné chez moi, comme je l'ai dit plus haut. Il s'approcha et, me reconnaissant, il fit un geste de surprise et s'écria textuellement : « Comment, Monsieur le Bourgmestre ? Comment donc êtes-vous là ? »

« Ah ! croyez-moi, — lui répondis-je non sans humeur, — je n'y suis certes pas venu pour mon plaisir. »

Là-dessus, la conversation s'engagea. Je lui rappelai que je l'avais fait déjeuner chez moi. Il expliqua à son compagnon que non seulement je l'avais très bien reçu, mais qu'il avait vu les cinq officiers et les cent cinquante hommes qui avaient logé chez moi, et que tous avaient été enchantés de la façon dont je les avais traités. Entendant cela, je le priai, s'il le pouvait, de faire

connaître ces faits à ses supérieurs. Il me répondit qu'il le ferait
et il partit.

A ce moment, un grand sous-officier, je pense, avec une longue
capote grise, me toucha l'épaule du doigt et me dit : « Monsieur
le Bourgmestre, je vais également m'en occuper. » Et il s'é-
loigna.

Ainsi la nuit se passa. Les prisonniers restaient forcément
muets. Ils paraissaient frappés de stupeur et résignés. Certains
priaient, mais à voix basse. Quant à moi, je n'ai pas souffert les
angoisses et les tortures morales si fréquemment décrites dans les
livres ou les journaux. Je savais que j'allais être fusillé — on
nous l'avait assez dit ! J'étais résigné. De telles secousses engour-
dissent. Mais je souffrais surtout parce que je savais qu'une telle
mort ferait le malheur de mes proches et affligerait mes amis.

J'ai cependant toujours gardé mon calme et mon sang-froid.

Vers 3ʰ 30 du matin, un soldat m'apporta une timbale de café
noir, très bon. Cela me fit penser que l'heure était proche. A 3ʰ 45
du matin, un officier, un capitaine, vint à moi et me dit : « Vous
êtes le bourgmestre ? » Je répondis : « Oui. » Je croyais qu'il
venait me prendre pour me conduire au lieu d'exécution. Je
voulus me lever, mais un coup de crosse dans le pliant des
genoux, appliqué par un des nombreux soldats qui me surveil-
laient, me fit tomber. L'officier se taisait. Après un silence de
quelques secondes, je pris la parole et répétai ce que j'ai déjà
exposé plus haut, donnant d'abord des renseignements relatifs
aux prisonniers de Warsage, rappelant ensuite ce que j'avais fait
comme bourgmestre et parlant enfin de ma personnalité. L'officier m'écouta froidement, mais avec attention, sans prononcer
une parole et sans faire un geste.

Tout en parlant j'ai remarqué que le sous-officier (feldwebel?),
dont j'ai déjà signalé l'intervention, se tenait debout, de profil, à
4 ou 5 mètres de nous, et paraissait écouter, sans vouloir laisser
apparaître son indiscrétion.

Lorsque j'eus terminé, et cela avait duré près d'un quart
d'heure, l'officier me quitta, sans dire un seul mot, sans articuler
la moindre observation, sans faire le moindre signe. Aucune question ne me fut posée. Aucune accusation ne fut formulée. Le
feldwebel disparut également.

Une vingtaine de minutes après, l'officier revint ; il paraissait
d'humeur un peu moins froide. Il se pencha vers mon oreille et

me dit à mi-voix que je ne serais pas fusillé, mais emmené en Allemagne comme prisonnier; et il s'écarta de nouveau.

Un quart d'heure s'était à peine écoulé qu'il revint et me dit d'un ton plutôt aimable : « Monsieur le Bourgmestre, vous êtes libre. »

Je lui ai demandé si je pouvais me lever. Il me fit un signe qui m'y autorisait. J'ai salué et je suis parti. C'est alors, vers 5 heures du matin, que l'horrible pendaison commença.

La frontière était distante de 300 à 400 mètres seulement. Aussi j'ai immédiatement gagné la bonne et hospitalière Hollande, et j'y suis encore, c'est-à-dire depuis le 7 août, à 5 heures du matin.

Voilà le récit détaillé des faits; souvenirs cruels pour moi qui ai, dans ma vieillesse (je suis dans ma 74ᵉ année), vu martyriser férocement de braves et innocentes victimes.

Ferdinand Fléchet.

P.-S. — Je viens d'apprendre qu'on a, dans un champ, entre Fouron-le-Comte et Berneau, récemment trouvé le cadavre de M. Bruyère, bourgmestre de Berneau. M. Bruyère, dont j'ai parlé déjà, était âgé de près de quatre-vingts ans.

Deuxième relation.

J'entreprends de raconter ci-dessous les différents événements qui se sont passés dans la commune de Warsage (province de Liége) depuis le lundi 3 août, à 11 heures du soir, jusqu'au samedi 8 août, à 11 heures du matin.

Les faits que je mentionnerai sont rigoureusement exacts : j'en ai été le témoin et j'ai failli être victime des agissements abominables de nos barbares ennemis.

Lundi 3 août. — Vers 11 heures du soir, le génie belge fit sauter le pont d'Argenteau.

Mardi 4 août. — A 4 heures du matin, nous entendîmes une formidable détonation. Renseignements pris, c'était le pont de Visé qui sautait.

Vers 8 heures du matin, M. le bourgmestre de Warsage, Ferdinand Fléchet, se rendit, dans l'automobile de M. le notaire

Jacob, de Warsage au village de Berneau, distant de 2 kilomètres, où se trouvait le lieutenant Basens, du 2ᵉ régiment de
lanciers belges, avec quelques hommes. M. Ferdinand Fléchet
voulait à la fois se renseigner sur la situation et prendre, d'accord avec cet officier, les mesures que comportaient les circonstances.

C'est alors que M. Basens apprit au bourgmestre que les Allemands avaient violé le territoire national le matin même, à
5 heures, et qu'ils seraient vraisemblablement à Warsage dans la
matinée.

M. Fléchet rentra à Warsage vers 9ʰ 30. Immédiatement le
bourgmestre fit placarder une affiche sur le mur extérieur de la
maison communale pour annoncer l'arrivée imminente des
troupes ennemies et exhorter ses concitoyens au calme.

Les premiers soldats teutons arrivèrent dans le village, venant
de la direction d'Aubel, vers 11 heures du matin. C'était une
petite troupe composée d'environ 25 cavaliers, des Saxons; ils
étaient conduits par un officier.

Ces soldats distribuèrent la proclamation « Au peuple belge »,
dont le texte est reproduit dans le sixième rapport de la Commission d'enquête.

L'officier demanda à M. Fléchet, qu'il avait fait mander, pourquoi le roi des Belges avait déclaré la guerre à l'Allemagne,
disant que d'ailleurs l'Allemagne n'en voulait point à la Belgique,
et qu'ils se rendaient : *Direct nach Paris in acht Tagen.*

Pendant cette conversation, un taube survolait le village.

La troupe s'éloigna dans la direction de Visé.

Une heure après son départ, arrivèrent une centaine de carabiniers cyclistes, suivis d'une cinquantaine d'automobiles de
maîtres occupées et conduites par des officiers et des soldats.
Tous ceux-ci avaient l'arme au poing, prêts à tirer à la première
alerte. Les chauffeurs mêmes conduisaient d'une main, tandis
qu'ils tenaient de l'autre leur revolver.

Depuis midi jusqu'à 5 heures du soir, des escadrons de uhlans
défilèrent sans interruption.

Vers 12ʰ 30, les autos revinrent. Elles se dirigeaient, cette fois,
vers Aix-la-Chapelle, remplies de soldats blessés, car les cavaliers
saxons qui étaient passés à Warsage à 11 heures avaient été
reçus à coups de fusil par les gardes civiques à cheval belges
embusqués à Lixhe.

A 1 heure de relevée, le fort de Barchon ouvrit le feu.

A 2 heures, les Allemands amenèrent à toute allure les canons de campagne (des 77^{mm}). Ceux-ci furent suivis peu après par des camions portant du matériel de pontonnier.

Vers 5 heures, les premiers fantassins firent leur entrée dans le village.

Depuis le jour de la mobilisation de l'armée belge, le drapeau national flottait sur la maison communale et sur la tour de l'église. Un officier allemand ordonna au bourgmestre de les faire enlever, disant que si l'on n'obtempérait pas à cet ordre, il les ferait abattre à coups de fusil. Deux soldats visaient déjà les emblèmes nationaux, que M. Fléchet s'empressa de faire enlever.

Dans la soirée, un aéroplane belge (un Farman) évoluait. Les Allemands dirigèrent contre lui un feu nourri, notamment à l'aide de mitrailleuses, mais sans réussir à l'atteindre.

Vers 8 heures du soir, 2 officiers et 120 soldats se présentèrent à la ferme de la Moinerie, où ils passèrent la nuit. Le lendemain matin, lorsqu'ils quittèrent leur logement, ils laissèrent en cet endroit des cartouches et un fusil cassé.

Pendant toute la nuit du 4 au 5 août, le défilé des troupes et des bagages continua sans interruption, pendant que le canon tonnait du côté de Visé.

Mercredi 5 août. — Durant toute la matinée, de nouvelles troupes défilèrent. Une partie de celles-ci se dirigeait vers Visé par Berneau, l'autre vers Fouron-le-Comte et vers Mouland, où les Teutons avaient établi un camp.

Vers 10 heures du matin, nous nous rendîmes, mon père, mes cousins et moi, au château de Winnerotte. Ce château est situé sur une colline de 100 mètres d'altitude environ, ce qui nous permit d'apercevoir la fumée des canons de Barchon et d'assister à l'incendie de Navagne, de la ferme du Temple et d'une partie du village de Berneau.

Vers 2 heures de relevée, le village de Berneau fut bombardé, et de la direction de ce village, arriva à Warsage un convoi de bagages accompagné d'une centaine d'hommes. Ce convoi avait été refoulé de Visé par l'artillerie belge.

L'un des officiers, s'adressant grossièrement à M. Fléchet, lui dit que des coups de fusil avaient été essuyés par ses soldats à

Berneau et que, si le cas se reproduisait à Warsage, tous les hommes seraient fusillés et que le village serait détruit par le feu. M. Fléchet montra alors à son interlocuteur les affiches qu'il avait fait placarder au centre du village et sur la route pour engager ses concitoyens à s'abstenir de toute manifestation.

Cependant, les soldats germains avaient arrêté le fermier de la Moinerie, M. Smeets, qui avait été trouvé porteur de cartouches allemandes.

Fräulein Borgoms, qui est chez nous depuis plusieurs années, expliqua à l'un des officiers que les cartouches trouvées sur M. Smeets avaient été abandonnées chez lui par les soldats qui avaient logé la veille à la Moinerie.

Après une longue discussion, l'officier déclara qu'on emmènerait M. Smeets à Cheratte comme prisonnier et que l'on statuerait ultérieurement sur son sort.

Le soir, vers 8 heures, M. Smeets fut remis en liberté; il s'empressa de gagner la Hollande.

Pendant ce temps-là, un autre officier réquisitionnait, sans paiement, une grande quantité de vivres.

On arrêta à ce moment aussi les deux frères Andrien qui, affolés, avaient fui Berneau, leur village, où les Allemands s'étaient livrés à des massacres abominables. Après les avoir brutalisés d'une façon ignoble, les deux frères Andrien furent emmenés comme prisonniers en Allemagne. Nous avons appris ultérieurement que l'un fut condamné à deux ans de prison, l'autre à cinq ans de la même peine, par un conseil de guerre.

En même temps que les frères Andrien, les Allemands emmenèrent également M. Bastin, meunier à Berneau. Celui-ci avait été fait prisonnier à Berneau. Il avait été blessé d'une balle à l'épaule et était accusé d'avoir tiré sur les soldats. Nous avons appris par la suite que M. Bastin, traduit devant un conseil de guerre, avait été acquitté.

Vers 5 heures du soir, une automobile allemande amenait de Berneau à Warsage la famille Grenson-Bastin. Mme Grenson avait été atteinte à la cuisse par une balle allemande et son fils, gamin âgé de onze ans, avait été blessé à la jambe, également par une balle allemande. Le lendemain, Mme Grenson et son fils furent transportés à l'hôpital de Maestricht. M. Grenson se rendit, accompagné de son beau-frère, M. Guillaume Bastin, de Warsage à Berneau, pour chercher sa quatrième fille qu'il croyait morte.

Au moment où, au cours de ses investigations, il sortait d'une
des maisons abandonnées du village de Berneau, il fut tué net
par un soldat allemand qui lui tira une balle au front.

Un des officiers allemands, qui se trouvaient à Warsage,
visita toutes les maisons, s'emparant de toutes les armes. Il fit
un paquet des fusils de chasse appartenant à MM. Fléchet et
Jacob, mit un scellé sur le paquet et déposa celui-ci dans le
grenier, chez le bourgmestre. Ce paquet fut enlevé environ un
mois après. Il nous est revenu que, dans la suite, des officiers
allemands installés à Warsage se seraient servis de ces fusils pour
se livrer au plaisir de la chasse.

Vers 8 heures du soir, le convoi de bagages de l'armée quitta
le village ; il y revint deux heures après et stationna au centre de
la commune jusqu'au lendemain.

Jeudi 6 août. — La matinée fut relativement calme. Vers
8 heures, le convoi de bagages quittait définitivement Warsage.
Un aéroplane belge survola le village. On plaça une croix rouge
sur la maison de MM. Fléchet et Jacob et sur le presbytère.

L'après-midi de cette journée fut tragique. Vers 1 heure et
demie, éclata une fusillade terrible sur la route d'Aubel. J'étais à
ce moment-là à 100 mètres de l'endroit d'où partaient les coups
de feu, accompagné de Joseph Mathys, faisant fonctions de
garde champêtre. Nous nous sauvâmes à toutes jambes chez le
bourgmestre. Avant d'entrer dans la cave, où se trouvait déjà
toute la famille, sauf le bourgmestre, je me hasardai à pousser la
tête hors de la porte et je vis distinctement les soldats qui tiraient
dans les vitres et sur les toits des maisons.

Après quelques minutes d'attente angoissante dans la cave, nous
entendîmes tirer dans la cour et les soldats se précipitaient dans
la maison en criant : « *Hier hat man geschossen.* » (Ici on a tiré.)

A ce moment le bourgmestre, qui se trouvait dans une chambre
à l'étage, descendit l'escalier et tandis que, mon cousin et moi,
nous sortions de la cave pour nous rendre compte de ce qui se
passait, nous vîmes que les soldats allemands avaient appréhendé
M. Fléchet.

Je m'adressai, en allemand, à un des soldats pour qu'il me
fasse connaître la cause de son arrestation. Il me répondit : « *Man
hat hier geschossen.* » Je lui fis remarquer que cela était faux et
que c'était, pour le surplus, impossible, eu égard aux précautions

Les réquisitions de vivres nécessaires pour la nourriture de ces soldats épuisèrent bientôt les maigres ressources du village.

Les officiers essayèrent de calmer notre angoisse et nous engagèrent à rester chez nous.

Nous leur fîmes remarquer qu'il n'y avait plus de vivres et que nous craignions d'être bientôt dans le dénuement le plus complet. Alors le comte Jena nous délivra des sauf-conduits afin de nous permettre de nous rendre à l'étranger. Le prince Frédéric-Charles donna l'ordre à l'armée de respecter nos maisons et nous remit les pièces nécessaires.

Samedi 8 août. — A 3 heures du matin, le prince et sa suite quittent Warsage pour se rendre à Liége.

Nous décidâmes de partir également et nous gagnâmes la Hollande. A Eysden, nous apprîmes que M. Fléchet était à Maestricht.

* *

Les horreurs de Warsage, Monsieur le Ministre, se sont renouvelées dans un très grand nombre de communes de la province de Liége. L'exposé qui en est fait peut servir de type. Nous avons jugé d'autant plus opportun de le mettre sous vos yeux que le rapport général que nous consacrerons à la province de Liége devra, à raison du très grand nombre de communes atteintes, être nécessairement fort résumé.

Les Secrétaires,   *Le Président,*

Ch^{er} ERNST DE BUNSWYCK,   COOREMAN.

ORTS.

Le Vice-Président,

Comte GOBLET D'ALVIELLA.

DIX-SEPTIÈME RAPPORT

Massacres et destructions dans les provinces de Liége et du Limbourg.

—————

Le Havre, le 20 mai 1915.

A Monsieur CARTON de WIART, Ministre de la Justice.

Monsieur le Ministre,

Comme vous l'avez su dès les premiers jours des hostilités, les troupes allemandes qui, le 4 août 1914, ont envahi la Belgique, se sont livrées, aussitôt qu'elles se sont heurtées à la résistance de nos soldats, à tous les excès et aux pires violences à l'égard de la population civile.

C'est à la suite de ces attentats, commis les 4, 5 et 6 août, dans les régions de la frontière de l'Est, et de la méconnaissance immédiate des règles du droit des gens, que vous avez constitué la Commission d'enquête.

Celle-ci vous a adressé, jusqu'à présent, seize rapports. Elle n'a pas suivi l'ordre chronologique des événements. Elle a voulu envisager dans leur ensemble les faits qui se sont déroulés dans une région déterminée. Elle a dû s'en tenir dès lors à l'ordre dans lequel ces faits ont été établis par ses enquêtes.

Plus de six cents dépositions et déclarations, recueillies pour la plupart sous serment, nous permettent aujourd'hui de vous adresser un rapport bien incomplet encore sur les excès auxquels s'est livrée l'armée allemande dans les provinces de Liége et du Limbourg.

Avant de dresser, commune par commune, le bilan de l'occupation ennemie, il nous semble utile de vous signaler une déposition d'un habitant de Gemmenich, la première localité belge envahie par l'armée allemande ; elle caractérise l'état d'esprit des troupes qui pénétraient en Belgique.

Au seuil de la frontière, nous a-t-on déclaré, des officiers haranguaient les soldats, leur disant que les avant-postes avaient été attaqués par les populations et leur recommandant de châtier sans miséricorde les villages au premier coup de feu.

Hommes et officiers avaient l'obsession d'une attaque de la population civile et se préparaient à de sanglantes représailles (¹).

Il est à peine besoin de répéter qu'il n'y a jamais eu de francs-tireurs en Belgique. Dans les provinces de Liége et du Limbourg, comme dans les autres parties du pays, l'armée seule s'est portée au-devant de l'envahisseur. La population, se conformant aux instructions des autorités civiles et aux exhortations du clergé, s'est rigoureusement abstenue de toute participation à la guerre. Tous les témoins sont unanimes. Jamais un fait précis n'a été allégué, jamais une sentence régulière n'a été rendue.

Dans son rapport du 10 septembre 1914, la Commission d'enquête faisait observer que si des actes isolés d'hostilité avaient pu se produire, il n'y aurait là rien qui ne se rencontre dans toutes les guerres. Mais, en aucun cas, disait-elle, ces agressions individuelles, qui sont restées absolument exceptionnelles, ne pourraient justifier la généralisation des mesures de répression qui ont atteint la population de nos villes et de nos villages dans

---

(1) La lettre suivante, trouvée sur un soldat allemand, reflète le même sentiment :

« Schleswig, le 26-8-14.

« Cher frère,

« Par Frédéric, j'ai eu récemment ton adresse et j'espère que tu recevras la présente lettre assez à temps avant que ton régiment parte pour Bruxelles. Si tu étais déjà en route, on fera certainement suivre la présente.

« Comme tu le sais, je suis attaché ici au lazaret et j'y resterai encore longtemps, peut-être pour toujours, bien que j'aimerais beaucoup à aller dans une ambulance de campagne en qualité d'inspecteur d'ambulance. Mais je resterai certainement ici jusqu'à la mi-septembre.

« Tu iras prochainement à Bruxelles avec ton régiment, comme tu le sais. Tiens-toi bien en garde contre les *civils*, notamment dans les villages. Ne te laisse approcher par aucun d'eux. Tire sans pitié sur chacun qui t'approche de trop près ! Ce sont des compagnons très rusés et très raffinés, les Belges : les femmes et les enfants aussi sont armés et tirent. N'entre jamais dans une maison, surtout seul. Si tu bois, fais boire les gens avant toi et éloigne-toi toujours d'eux : dans les journaux sont relatés de nombreux cas qu'en buvant ils ont tiré sur les soldats. Vous, soldats, devez répandre tellement la crainte autour de vous qu'aucun civil ne se risque à vous approcher. Reste toujours ensemble avec d'autres. J'espère que tu as lu les journaux et que tu sais comment te conduire. Surtout, pas de compassion pour ces bourreaux. Y aller sans pitié à coup de crosse et de baïonnette.

« Tu auras appris les nouvelles des grandes victoires. Quand vous arriverez en Belgique nos soldats auront probablement déjà franchi la frontière belgo-française. Et maintenant, tiens-toi bien. J'espère que tu reviendras à la maison en bonne santé. Puisses-tu aller bien. Beaucoup de salutations.

« Ton frère : WILLI. »

leurs personnes et dans leurs biens, les fusillades, les incendies et les pillages, qui se sont poursuivis un peu partout sur notre territoire, non pas même avec le caractère de représailles, mais avec de véritables raffinements de cruauté. Quant aux femmes, ajoutions-nous, sauf d'après un récit de source suspecte, dans un journal étranger, elles n'avaient d'autres préoccupations que d'échapper aux horreurs d'une guerre sans merci.

Ces restrictions visaient la commune de Herstal-lez-Liége, où, d'après certains récits publiés d'abord par la presse d'un pays neutre, la population aurait opposé une résistance farouche à la marche des armées allemandes au début du mois d'août 1914.

La Commission a acquis depuis la certitude que ce récit était imaginé de toutes pièces. Herstal n'a été le théâtre d'aucune répression, aucun combat n'y a été livré.

Il a suffi à Argenteau et à Huy, pour ne citer que ces localités, d'une instruction sommaire par un officier conscient de ses devoirs, pour démontrer l'inanité d'accusations émanées de soldats pris de panique ou assoiffés de pillage.

Il est d'ailleurs une constatation décisive : les attentats commis par les troupes allemandes à l'égard de la population civile se sont produits exclusivement dans les régions où les patrouilles, les colonnes militaires cyclistes, les armées alliées ont rencontré l'ennemi. Ils faisaient partie du système de terrorisation et d'intimidation si intimement lié à la conception que les Allemands se font de la guerre. Ils ont cessé lorsque nos armées se sont éloignées et avec elles le gros des forces ennemies.

PROVINCE DE LIÉGE

C'est le nord de la province qui a le plus souffert. C'est là que l'armée belge, défendant la position de Liége, a fait subir aux assaillants les pertes les plus considérables.

Le sud a été moins dévasté.

Les innombrables armées allemandes ont envahi la province par la route d'Aix-la-Chapelle à Liége, par la grand'route de Gemmenich à Visé, par la vallée de la Vesdre, par la route de Malmédy.

I — Rive droite de la Meuse.

I — ROUTE D'AIX-LA-CHAPELLE A LIÉGE

Ce fut la grand'route de l'invasion.

Un témoin nous décrit les ravages de l'armée allemande dans ces régions :

« Henri-Chapelle, le premier village belge sur la route d'Aix-la-Chapelle, n'a pas souffert. C'est peut-être dû à la circonstance qu'on y parle l'allemand. Mais de là jusqu'à Fléron, il semble que les envahisseurs aient voulu, dès la première semaine, faire le désert sur leur passage. Avant d'arriver à Battice, on ne rencontre sur cette route que des maisons isolées : elles sont saccagées ou brûlées. »

Le village de **Battice** (3.179 habitants) a été pillé et incendié, le jeudi 6 août 1914, par les troupes allemandes refoulées devant les forts.

Trente-cinq personnes, dont trois femmes, ont été massacrées. De nombreux habitants ont été blessés à coups de feu.

Le village a été méthodiquement incendié ; l'église est détruite ; le quartier de la gare, où casernaient les troupes allemandes, a seul été épargné.

De Battice à Herve, la plupart des maisons ont été réduites en cendres.

La ville de **Herve** (4.682 habitants) a été mise à sac.

Le 4 août 1914, vers 4 heures de l'après-midi, une automobile contenant des officiers allemands pénétra dans la ville. Les nommés Dechêne Dieudonné et Styne Gustave se trouvaient sur le pont Malakoff ; ils se disposaient à rentrer chez eux. Les occupants de l'automobile les hélèrent. Sans leur laisser le temps de répondre, ils les abattirent à coups de feu. Dechêne fut tué, Styne grièvement blessé.

Peu après les troupes entrèrent à Herve. Des otages furent pris le lendemain. Divers incidents graves se produisirent les jours suivants. Mais ce ne fut que le samedi, 8 août, qu'eut lieu la destruction de la ville.

Ce jour-là, vers 10 heures du matin, de nouvelles troupes

venant d'Allemagne pénétrèrent dans la ville en tirant dans tous
les sens ; elles mirent le feu à la gare et à la maison de Mme Christophe. Mme Christophe et sa fille furent asphyxiées dans leur cave.
Mme Hendrickx, voyant le feu gagner sa maison, se précipita dans
la rue, un crucifix à la main ; elle fut tuée à coups de fusil.

Les tueries, l'incendie et le pillage durèrent plusieurs jours.
Une quarantaine de personnes ont été assassinées. Plusieurs
femmes se trouvent parmi les victimes, notamment : Mme Chris-
tophe-Diet, âgée de quarante-sept ans ; Mlle Christophe, âgée de
vingt ans ; Mme Hendrickx, âgée de quarante ans ; Mme Grailet,
âgée de cinquante ans ; Mlle Lecloux, âgée de cinquante et un ans.

La ville a été pillée de fond en comble. Plus de trois cents maisons ont été incendiées.

De Herve à Micheroux par la Bouxhe-Melen, sur un parcours
de 4 kilomètres, une centaine de maisons ont été brûlées ;
quatre ou cinq habitations seulement sont à peu près intactes.

« Cette destruction systématique de petites habitations ouvri-
ères et de petites fermes disséminées, parfois à une certaine
distance de la route, nous fait observer un témoin, revêt un
caractère particulièrement odieux : l'acte incendiaire est répété
chaque fois et le prétexte de la répression d'un acte d'hostilité
apparaît mieux comme illusoire, car le coupable eût été si facile
à trouver et à punir personnellement !

« Mais les dégâts matériels sont peu de chose en comparaison
de l'effroyable hécatombe de paisibles habitants. »

Bouxhe-Melen (1.545 habitants) compte plus de quatre-
vingts victimes. Le 5 août 1914, vers 3^h 3o du matin, les Allemands pénétrèrent dans des maisons, tuant les habitants au
moment où ceux-ci en sortaient. Le samedi 8 août, les soldats,
rentrant dans le village, rassemblèrent la population dans une
prairie et la massacrèrent. Parmi les victimes, se trouvent douze
femmes, dont quatre fillettes âgées de moins de treize ans. Une
jeune fille de vingt ans a été l'objet de brutalités de nombreux
soldats, avant d'être assassinée. Une quarantaine d'habitants de
villages voisins, amenés à Melen, y ont, de plus, été massacrés.

Une grande partie du village a été incendiée.

A **Micheroux** (667 habitants), l'incendie est l'exception. A
titre d'exemple de vandalisme, il faut citer cependant la destruc-

tion de la chapelle, bâtiment isolé, et celle des écoles communales.

Les soldats pénétrèrent dans le village dans la nuit du 5 au 6 août; ils tiraient sur les habitants qui fuyaient. Mme veuve Gorrès, atteinte de deux balles dans la tête, fut tuée dans ces conditions. Son petit-fils, Pierre Gorrès, âgé de sept semaines, arraché par un soldat allemand des bras de la personne qui le portait, fut jeté à terre. Son cadavre a été retrouvé le lendemain.

La population, les mains liées, fut enfermée dans l'église de Flécher-Soumagne.

Soumagne, village de 4.755 habitants, est situé un peu à gauche de Micheroux. Les habitations qui longent la route de Micheroux à Soumagne sont détruites.

Le village lui-même a été en partie incendié.

Le mardi 4 août, cinq uhlans arrivèrent en éclaireurs, distribuant des proclamations. Le lendemain, de nombreuses troupes traversèrent le village pour attaquer le fort de Fléron. Repoussés par le feu du fort et par l'armée belge, les soldats rentrèrent à Soumagne. « Ce sont vos frères, dirent-ils, qui tirent sur nous du fort de Fléron. » Ils arrêtèrent les habitants, en rassemblèrent un grand nombre dans une prairie dénommée « le Fonds Leroy » et les massacrèrent. « Détail horrible, nous rapporte un témoin, les assassins achevèrent les blessés et s'acharnèrent sur les cadavres. Un survivant tombé, protégé par d'autres corps, reçut ainsi plusieurs coups de baïonnette, dont deux dans le bras; il nous en a montré les cicatrices nettement reconnaissables. »

« De la commune de Soumagne, nous dit un autre témoin, 104 maisons ont été incendiées. De 4.700 habitants environ, 102 ont disparu. Ces personnes ont été massacrées le 5 août, vers 3 heures de l'après-midi. J'ai moi-même aidé à les enterrer. Une partie des victimes a été fusillée; d'autres ont été tuées à coups de baïonnette; quelques-unes, blessées, ont été achevées à la baïonnette. Ces faits se sont produits à la suite de l'échec des Allemands devant le fort de Fléron ([1]). »

Les soldats rassemblèrent, le 5 août, dans l'église de Flécher-Soumagne, les habitants des environs. Le jeudi, 6 août, ils en firent sortir les hommes, au nombre de près de trois cents, les

---

([1]) Voir, annexe, une liste des victimes de Soumagne.

attachèrent quatre par quatre et les firent marcher devant eux pour passer entre les forts de Fléron et d'Evegnée. Arrivés à Liége, les prisonniers furent placés sur les ponts pour empêcher l'artillerie belge de les détruire. Beaucoup furent internés pendant plusieurs semaines dans le fort déclassé de la Chartreuse.

Le village de **Fléron** a été partiellement incendié par les Allemands le 13 août.

II — Route de Gemmenich—Warsage—Berneau—Visé
Route de Berneau a Jupille — Route de Berneau a Battice

Les armées allemandes, ici aussi, se sont avancées en pillant, saccageant, brûlant et massacrant.

Les villages de Fouron-Saint-Martin, de Fouron-le-Comte, de Warsage, de Berneau, de Mouland, la ville de Visé, entre Gemmenich et la Meuse ; les villages de Trembleur (Blegny) et de Julémont, le long de la route de Battice à Berneau ; les villages de Barchon et de Saives, le long de la route de Daelhem à Jupille, ont été surtout ravagés.

Notre seizième rapport reproduit deux relations qui exposent en détail la manière dont les soldats allemands se sont comportés à **Warsage**.

Fouron-Saint-Martin (1.010 habitants). Vingt maisons ont été incendiées dès le 6 août 1914 ; deux cadavres calcinés ont été retrouvés dans les décombres ; plusieurs personnes ont été tuées à coups de feu, notamment les nommés Janssens, Guillaume, Reumers et Henri Vaessen, massacré au moment où il ouvrait aux Allemands qui, vers minuit, vinrent frapper à sa porte.

Fouron-le-Comte (1.238 habitants). Dès la soirée du 4 août, les soldats allemands pillèrent plusieurs maisons. Le 5 août, des otages furent pris. Vingt maisons ont été incendiées. La plus grande partie des habitants se réfugia en territoire néerlandais.

Berneau (456 habitants). Les troupes allemandes défilèrent sans interruption pendant toute la journée du 4 août. Pendant la nuit du 4 au 5, un échange de coups de feu se produisit entre deux patrouilles allemandes, un obus tomba au milieu des troupes campées au milieu d'une prairie. Le lendemain, 5 août, un officier et des soldats se firent servir du vin chez un habitant du village. Peu après, lecture fut donnée aux soldats d'une proclamation. Ceux-ci poussèrent des hourras, puis mirent le feu aux maisons et tirèrent sur les habitants qui s'étaient réfugiés dans une oseraie voisine, ou qui fuyaient. D'autres personnes, réfugiées dans leurs caves, furent abattues à coups de feu au moment où elles en sortaient.

Neuf personnes ont été massacrées, notamment Mlle Louise Andrien, M. Claessens et son fils Joseph, M. Hyacinthe Grenson, M. Kempeneers Hubert; une quinzaine ont été blessées; un grand nombre emmenées en captivité en Allemagne.

Tout a été pillé. Le village se composait de 115 maisons : 42 ou 43 restent debout, encore ont-elles été entièrement saccagées.

Mouland (657 habitants). Les troupes allemandes arrivées à Mouland, le 4 août, vers midi, se dirigèrent vers la Meuse. N'ayant pu passer le fleuve, elles revinrent au village et se mirent à voler et à boire. Dans la journée du 5 août, deux frères Timmers furent fusillés; quelques maisons ont été incendiées. D'autres ont été pillées.

Visé (3.878 habitants). La ville de Visé, riante petite cité, était construite sur la rive droite de la Meuse, entre le village belge d'Argenteau et le village hollandais d'Eysden. Elle a été mise à sac et a été entièrement détruite. Le 4 août, vers 2 heures de l'après-midi, les troupes allemandes, venant de Gemmenich par Warsage, Berneau, Mouland, entrèrent dans la ville. Le génie belge avait fait sauter le pont de la Meuse et le 2e bataillon du 12e de ligne, qui défendait les passages du fleuve, ouvrit de la rive gauche un feu nourri sur les troupes allemandes débouchant de Visé. Ce fut le premier engagement sérieux de la campagne en Belgique. Irrités de la résistance qu'ils rencontraient, les Allemands contraignirent le bourgmestre de Visé à réquisitionner les habitants pour enlever les barricades élevées sur les routes. Les soldats se mirent bientôt à tirer au hasard. Le 25e régiment d'infanterie commença le pillage des maisons. Vers 4 heures, un habitant du village voisin de Richelle fut tué sur le boulevard; le coup de feu fut tiré de si près que la tête fut emportée. Louis Marquis fut abattu sur la chaussée ; les nommés Kinable et Tichon furent fusillés près du pont détruit. Dans la soirée, les habitants furent chassés de leurs maisons et conduits place du Marché et rue de la Fontaine. Les cadavres de M. Brouha et de son fils, abattus à coups de fusil sur le seuil de leur maison, furent étendus sur le trottoir. Jean Charlier fut fusillé le même jour, ainsi qu'un ouvrier agricole.

Le 6 août, les troupes mirent le feu à quelques maisons. Un habitant déclare avoir vu, sur la route conduisant à Berneau, une trentaine de cadavres, parmi lesquels il reconnut ceux de M. Rion, des deux frères Pluckers et des deux frères Job, tous de Visé.

Le 10 août, prétextant que la tour de l'église formait un point de repère pour le tir du fort de Pontisse, les Allemands mirent le feu à l'église, monument célèbre, récemment restauré, qui ne forme plus aujourd'hui qu'un monceau de ruines.

Le 11 août, M. le doyen Lemmens et M. Meurisse, professeur à l'Université de Liège et bourgmestre de Visé, furent arrêtés comme otages. Une religieuse de nationalité allemande, supérieure du couvent des Sœurs de Notre-Dame, fut emmenée avec eux.

Le 15 août, des habitants furent contraints à travailler à la construction de ponts sur la Meuse.

Dans la soirée, de nombreuses troupes descendirent dans Visé. Les soldats logèrent dans la localité. Beaucoup d'entre eux, en état d'ivresse, parcoururent les rues en chantant. Dans la nuit, une fusillade générale éclata. Avec une brutalité inouïe, les soldats chassèrent les habitants de leurs maisons. Hommes, femmes, enfants, vieillards, infirmes furent parqués comme un troupeau sur la place de la Station.

Le lendemain matin, un entrepreneur de la ville, nommé Duchesne, âgé de plus de soixante-dix ans, fut attaché à un arbre, les mains liées derrière le dos. Un peloton tira sur lui trois salves, sans qu'on ait pu savoir la cause de cette exécution. Son cadavre fut abandonné sur la place. Henri Roujolle fut fusillé dans des conditions analogues.

Quelques heures plus tard, les hommes furent rangés d'un côté, les femmes de l'autre. Les femmes furent autorisées à se réfugier en Hollande. Trois cents à quatre cents hommes furent dirigés sur Aix-la-Chapelle et internés au camp de Munster. D'autres furent forcés à exécuter des travaux militaires à Navagne.

Profitant de l'absence des habitants, les soldats pillèrent les maisons, chargeant le butin sur des camions qui prirent la direction de l'Allemagne. Puis, systématiquement, les soldats, pourvus de réservoirs à benzine et de pompes à main, arrosèrent les maisons et y mirent le feu ; ils attisèrent l'incendie en y jetant des pastilles incendiaires.

Le pillage et l'incendie continuèrent jusqu'à l'entière destruction de la ville. De Visé, il ne reste plus que le collège de Saint-Adelin, bâti sur une hauteur dominant la ville, quelques maisons le long de la route de Mouland et, sur les bords de la Meuse, le hameau de Souvré. Vingt-huit personnes ont été assassinées.

Argenteau (855 habitants). Le 5 août, un certain nombre de soldats allemands repoussés de Barchon, prétendirent que les habitants d'Argenteau avaient tiré sur eux. Ils firent sortir de sa maison M. Matour, chef de gare, et quelques personnes qui s'y trouvaient, menaçant de les faire fusiller. Le commandant consentit enfin à faire fouiller la maison. Aucune arme ne fut trouvée. Les prisonniers furent relâchés. Pendant la durée de l'enquête, plusieurs maisons furent pillées.

Barchon (618 habitants). Un témoin expose de la manière suivante les faits qui se sont déroulés dans cette commune :

« Du 14 au 15 août, une grande troupe de soldats allemands appartenant à différentes armes, parmi lesquels des hommes appartenant au 65ᵉ et au 165ᵉ d'infanterie, est venue camper dans la commune. Dès leur arrivée, ils ont pillé les caves du marchand de vins Garçon-Delsupesche. A l'endroit dit « Aux Communes », il doit y avoir eu une effroyable boucherie, car j'y vis les cadavres de Gérard Mélotte, âgé de trente-cinq ans, tué sur le seuil de sa porte ; Henri Rensonnet, avec sa mère, Mᵐᵉ Ida Rensonnet ; Jean-Denis Labeye ; la famille Renier Lens, se composant du père, du fils Olivier et de la fille Thérèse ; les époux Flamand-Lens, le garde-pêche. J'ai appris que tous furent tués par les balles allemandes, la nuit du 14 au 15 août, sans aucune provocation de leur part. Le sentiment général est que cette boucherie eut lieu à raison de la résistance du fort.

« Cette même nuit, les Allemands firent une cinquantaine de prisonniers, dont j'étais. Pendant qu'ils nous dirigeaient sur Jupille, les soldats firent trois nouvelles victimes, Joseph et Mathieu

Labeille, et Armand Perrick, du moins à en croire les autres personnes qui prétendent l'avoir vu.

« Quant à nous, on nous emmena, la corde au cou et les mains liées derrière le dos, ce pendant qu'on me gratifiait de coups de crosse. Les uns furent liés sur des camions automobiles ; les autres, dont j'étais, furent astreints à suivre à pied les pièces de canon au pas de course.

« C'est ce même soir que tout Barchon fut, à part quelques maisons, incendié. »

Le témoin nous affirme qu'avant de brûler les maisons, les soldats se livraient au pillage. Il nous assure que vingt-sept habitants, hommes, femmes et enfants, ont été massacrés.

Saives (1.560 habitants). Le 13 août et les jours suivants, les Allemands ont incendié plusieurs maisons. Ils ont abattu à coups de feu les nommés Charlier, Vieilvoie, Delnooz et Mordant. D'autres habitants ont été blessés.

Julémont (284 habitants). Entre Berneau et Battice, le petit village de Julémont est radicalement détruit, église comprise ; une seule maison a été préservée.

Trembleur (2.290 habitants). Le hameau de Blegny a été complètement rasé. Le 6 août, les troupes allemandes, refoulées devant les forts, rentrèrent à Battice, emmenant avec elles un groupe d'environ cent cinquante habitants de Blegny ; elles en fusillèrent immédiatement un grand nombre. L'abbé Labeye, curé de Blegny, le bourgmestre du village, ont été fusillés devant l'église, qui fut ensuite incendiée.

III — Route de Malmédy. — Vallée de la Vesdre. — Hauteurs
de la rive gauche de la Vesdre

Francorchamps (1.050 habitants). Les troupes allemandes, venant de Malmédy, pénétrèrent à Francorchamps le 4 août, à 9h 30 du matin. Elles défilèrent pendant plusieurs jours dans cette petite commune, habitée à cette époque de l'année par de nombreux touristes.

Le samedi 8 août, vers 8 heures du matin, quelques pièces d'artillerie, quelques cavaliers et des troupes d'infanterie s'arrêtèrent à hauteur du carrefour de la route de Malmédy et stationnèrent pendant environ trois quarts d'heure. Les habitants distribuèrent aux soldats de l'eau et des vivres.

Vers 8ʰ 3o, un coup de feu, semblant provenir du talus du chemin de fer qui borde la route, retentit. Il fut suivi de deux autres coups, puis d'une fusillade terrible, nous dit un témoin, avocat près l'une de nos cours d'appel, qui a assisté à tous ces événements.

« Les troupes s'acheminèrent vers le village et continuèrent à tirer sans interruption, jusqu'au moment où elles l'eurent dépassé, sur les maisons et sur les habitants qui fuyaient éperdus. »

Elles saccageaient et incendiaient les villas et les maisons.

Douze personnes ont été fusillées. Ce sont : M. Laude, avocat à la Cour d'appel de Bruxelles ; M. Darchambeau, son beau-frère ; Mᵐᵉ Bovy, âgée de plus de soixante ans ; Mᵐᵉ Colombi ; M. Derlet, ancien chef de gare, âgé de soixante-dix ans ; une femme de soixante-douze ans, connue sous le nom de « vieille Catherine » ; M. Noël, âgé de plus de soixante-dix ans ; Isidore Tricot, âgé de quarante ans ; Berwette, âgé de dix-huit ans ; un ouvrier maçon de Moulin-de-Ruy ; Ernest Ziant, âgé de trente-huit ans ; Casimir Depouhon, âgé de six ans.

Trois personnes furent grièvement blessées, entre autres Mˡˡᵉ Fernande Legrand, âgée de vingt ans.

Le témoin nous décrit les conditions dans lesquelles MM. Laude et Darchambeau ont péri :

« M. Laude et sa famille étaient descendus dans la cave de la villa dès le début de la fusillade.

« Au bout de quelques minutes, les soldats heurtèrent violemment à la porte. M. Laude et son beau-frère, M. Darchambeau, remontèrent de la cave et ouvrirent la porte. Les soldats se précipitèrent dans la maison, fusillèrent M. Laude, pendant que M. Darchambeau rejoignait dans la cave sa femme, sa sœur et ses neveux.

« Les soldats, après avoir saccagé la maison, y mirent le feu.

« La fusillade cessa et Mᵐᵉ Laude, qui ignorait qu'on avait tué son mari, appela au secours par le soupirail de la cave à charbon. Des soldats et un jeune officier arrivèrent ; ils aidèrent les femmes et les enfants à sortir de leur position critique, mais tirèrent sur M. Darchambeau, qui, blessé, demanda grâce.

« Les femmes supplièrent en vain l'officier d'empêcher un nouveau meurtre injustifié et injustifiable. Ce jeune officier, âgé à peine de vingt-deux ans, en présence des femmes et des enfants, tira un coup de revolver dans la tête de M. Darchambeau et le tua. »

La commune de Francorchamps fut livrée pendant plusieurs jours au pillage.

Le curé de **Hockai** a été tué.

Dans la vallée de la Vesdre, **Dolhain** (Limbourg) a été mis à sac dans la nuit du 8 au 9 août. Vingt-huit maisons ont été brûlées ; plusieurs personnes ont été tuées par des soldats qui faisaient sortir les habitants et tiraient au hasard.

Dans le voisinage de Dolhain, il y a eu aussi des incendies et des fusillades à **Baelen** (2.000 habitants), localité frontière.

Sur la rive droite de la Vesdre, **Cornesse** (2.034 habitants) a été saccagé le mercredi 12 août. De grand matin, avant de partir, les Allemands incendièrent le presbytère, l'école communale et une ferme ; ils fusillèrent le bourgmestre et emmenèrent un grand nombre d'hommes qu'ils relâchèrent après avoir menacé plusieurs fois de les fusiller et procédé à des simulacres d'exécution.

Les villages de Forêt, d'Olne et de Soiron comptent parmi les plus éprouvés.

Le mardi 5 août, vers 8 heures du matin, les troupes allemandes arrivèrent à **Forêt** (4.200 habitants). Trente-six soldats belges, qui avaient passé la nuit dans la ferme Delvaux, se retirèrent en tirant dans leur direction.

A leur entrée dans le village, les soldats allemands mirent le feu à la ferme Delvaux ; ils fusillèrent sur place les deux fils du fermier et ils emmenèrent devant eux, pour se protéger contre une attaque de l'armée belge, le fermier lui-même et deux autres de ses fils.

Un peu plus loin, le nommé Jules Souris, qui sortait d'une maison, fut empoigné et immédiatement fusillé.

Au fronton de l'école du village flottait le drapeau national. L'instituteur, M. Rongy, s'était réfugié dans la cave avec sa famille et quelques voisins. Les soldats se précipitèrent dans la maison ; ils firent sortir les hommes, au nombre de quatre, et les emmenèrent, après avoir forcé M. Rongy à fouler aux pieds le drapeau national arraché de la façade. A peu de distance du village, sur la route d'Olne, trois d'entre eux, M. Rongy, M. A. Brixho, âgé de seize ans, et M. Joseph Matz, âgé de vingt-trois ans, furent fusillés. Le quatrième fut relâché sans explications.

Pendant ce temps, les soldats se répandaient dans le village, enfonçaient les portes et les fenêtres, pillaient le château appartenant à Mlles de Fabribeckers et incendiaient la ferme Wiudar.

Ils rassemblaient les habitants, séparaient les hommes des femmes et les entraînaient hors du village, procédaient à des simulacres d'exécution et, enfin, relâchaient la plupart d'entre eux.

Ils emmenaient le curé, M. Chabot, Jean Matz, François Trillet, Joseph Crahay, André Crahay, M. Picquereau, Paul Bailly et quatre autres personnes.

Arrivés sur les hauteurs du village, ils mirent leurs canons en batterie, plaçant les civils debout près des pièces, exposés au feu des forts; les Allemands se replièrent peu après sur Olne. Dans la soirée, voulant se venger, semble-t-il, des pertes qu'ils avaient subies, ils commencèrent à brutaliser les malheureux qu'ils avaient emmenés. M. Picquereau, âgé de soixante-dix ans, fut frappé à coups de crosse sur le crâne. Il s'affaissa dans le fossé de la route, où il demeura inanimé. La nuit suivante, il parvint à regagner péniblement son village. Jean Matz, André Crahay et Paul Bailly furent tués à coups de feu; le martyre des autres otages continua jusqu'au lendemain matin; les corps du curé Chabot, du père Crahay et d'Émile Ancion furent retrouvés à Bouny, commune de Romsée, à peine reconnaissables.

Olne (2.761 habitants). Dans la journée du 5 août 1914, les Allemands firent quatre victimes. Le vicaire, M. Rensonnet, et le secrétaire communal, M. Fondenir, se trouvaient dans la maison de ce dernier. Comme ils soulevaient le rideau d'une fenêtre pour voir passer les troupes, ils furent arrachés de la maison, entraînés hors du village et fusillés.

Le fermier Chaineux, qui sortait de chez lui, et le jeune Nizet, qui s'était approché de trop près des canons, furent tués à coups de fusil.

Dans la soirée du 5 au 6 août, avant de donner l'assaut des forts de Fléron et de Chaudfontaine, les Allemands mirent le feu à la maison de la veuve Desonay, paralytique, qui fut massacrée ainsi que sa fille Joséphine.

Ils arrachèrent de leur maison l'instituteur Warnier et sa
famille. La maison fut aussitôt incendiée et M. Warnier fusillé
sous les yeux de sa femme. « A quelques pas de là, ses deux
jeunes filles, deux vaillantes institutrices, sont fusillées lâchement
par derrière. L'aînée, dont une balle n'a fait qu'effleurer le crâne,
reprend connaissance dans le fossé au bord de la route ; un corps
pèse sur elle, celui de sa sœur, tuée raide d'une balle dans la
nuque. La survivante reste là, immobile, jusqu'à ce que les
derniers soldats soient partis et elle entend, un peu plus loin, râler
un de ses frères. L'énergique jeune fille s'aperçut seulement plus
tard qu'elle avait le bras gauche cassé en deux endroits, une plaie à
la tête et des meurtrissures sur tout le corps. Elle ne retrouva que
plus tard sa mère et sa petite sœur : le père, la sœur âgée de dix-
huit ans et les deux frères, âgés de dix-huit et de seize ans, l'un
employé à l'enregistrement, l'autre élève à l'école normale, gisent
étendus sur la route avec deux autres habitants du Faweu et
trois victimes de Forêt. Toutes les maisons du voisinage étaient
réduites en cendres. »

De nombreux habitants des hameaux d'Ayeneux et de Riesson-
sard furent arrêtés pendant que les troupes attaquaient les lignes
belges gardant les intervalles des forts de Fléron et de Chaudfontaine. Repoussés avec de fortes pertes, les Allemands, dans
leur retraite, incendièrent complètement le hameau de Riessonsart
et massacrèrent la plupart des malheureux qui avaient été retenus
comme otages. Quarante et un cadavres furent trouvés là et
inhumés au cimetière de Saint-Hadelin (Olne).

Neuf autres personnes furent massacrées le même jour en
d'autres endroits du village ([1]).

Soiron (594 habitants). Les troupes allemandes, venant de
Verviers, s'arrêtèrent à Soiron dans la soirée du 4 août.

Pendant la nuit du 4 au 5, une vive fusillade éclata dans la
cour du château, où campaient de nombreux soldats. Pris de
panique, les hommes tiraient les uns sur les autres. Un capitaine,
un sous-officier, treize soldats furent tués ; une quarantaine de
soldats furent blessés.

Le lendemain, prétendant qu'un civil avait tiré pendant la nuit
sur une sentinelle, ce qui est inexact, les Allemands massacrèrent

---

(1) Voir, annexe II, la liste des victimes des massacres d'Olne.

à coups de baïonnette le garde-chasse et les deux concierges du château.

Sur les hauteurs de la rive gauche de la Vesdre, le village de **Louveigné** (1.935 habitants) est en ruines. Il a été complète-ment pillé et en grande partie incendié. Cent cinquante maisons ont été brûlées. Quelques habitations à peine sont restées debout. Un certain nombre d'hommes furent enfermés dans une forge, puis, après quelques heures de détention, les Allemands les chas-sèrent dans la campagne.

« Autrement dit, nous rapporte un témoin, on ouvrit la porte de la cage, comme au tir aux pigeons. Les tireurs attendaient et en abattirent le plus qu'ils purent : dix-sept tombèrent pour ne plus se relever. »

Dans le village entier, une trentaine d'habitants ont disparu, parmi lesquels des femmes et des enfants.

Sprimont (4.466 habitants) a fort souffert : un grand nombre de maisons du hameau de Lincé ont été brûlées. Beaucoup d'habitants ont été massacrés. M. Pirmez, propriétaire du châ-teau, et son fils, ont été tués au seuil du château, au moment où ils s'efforçaient de répondre aux réquisitions qui leur étaient faites.

Plus loin, sur l'Ourthe, Esneux et Poulseur ont été assez éprouvés.

Pendant la nuit du 5 au 6 août, les Allemands ont envahi **Esneux** (3.735 habitants). Ils ont mis le feu à une vingtaine de maisons, rue de Bruxelles, avenue Montefiore, route de Martin et au hameau de Strivay. Plusieurs villas inhabitées ont été entière-ment pillées. Les meubles qui les garnissaient ont été envoyés en Allemagne.

A l'hôtel de Belle-Vue, près du pont, ils ont fusillé trois soldats belges prisonniers et sept civils.

Un grand nombre d'habitants furent faits prisonniers et conduits jusqu'à Plainevaux, par où s'est fait l'assaut du fort de Boncelles. Ils furent relâchés le lendemain.

Pendant la même nuit, **Poulseur** (1.286 habitants) a été en grande partie incendié. Le pillage fut général. Une vingtaine d'habitants furent tués. D'autres furent emmenés en Allemagne.

A l'extrémité sud-ouest de la province, la ville de **Huy** (14.428 habitants) a failli subir le sort d'Andenne et de Dinant.

Vingt-huit maisons ont été brûlées, un habitant, trouvé porteur d'un revolver, a été pendu. Un témoin nous rapporte de la manière suivante les incidents qui se sont produits dans cette ville, le 24 août :

« Vers 10 heures, à peine couché, j'entendis cinq ou six coups de feu partis du viaduc. Je crus que c'était les Français qui attaquaient les Allemands.

« Une grêle de balles pénétra dans la chambre où je me trouvais. Je plaçai ma servante et ma fille dans la cave. Les coups de feu continuent. Des coups de crosse retentissent sur ma porte. Je m'apprêtais à ouvrir lorsque la porte fut enfoncée. Quatre ou cinq soldats m'entraînèrent au pied du mur qui se trouve en face de ma maison. Quatre ou cinq cents soldats, qui semblaient avoir peur d'eux-mêmes, tiraient dans toutes les directions. Puis des soldats mettent le feu à ma maison et aux maisons voisines. Préoccupé du sort de ma petite fille et de ma servante, je suppliai les officiers de me permettre de les sauver. Ils me le refusèrent brutalement, pendant que les soldats m'injuriaient et me martelaient les pieds à coups de crosse. »

Le témoin nous a exposé comment, à la suite de l'intervention d'un officier allemand à qui il avait rendu la veille un léger service, il put, vers minuit, rechercher sa fille et sa servante qui avaient pu échapper à l'incendie en se réfugiant dans le jardinet.

Ici, comme dans les autres localités où des faits du même genre se sont produits, les soldats allemands prétendirent que les civils avaient tiré. L'ordre du jour ci-dessous, émanant d'un commandant allemand, répond à cette accusation :

« Dans la dernière nuit, une fusillade a eu lieu. Il n'a pas été prouvé que les habitants de la ville avaient encore des armes chez eux. Il n'est pas prouvé non plus que la population a pris part au tir ; au contraire, d'après l'apparence, les soldats ont été sous l'influence de l'alcool et ont ouvert le tir dans la peur incompréhensible d'une attaque ennemie.

« La conduite des soldats pendant la nuit fait une impression honteuse, à peu d'exception près.

« Quand des officiers ou sous-officiers incendient des maisons sans permission ou ordre du commandant, ou ici de l'officier le plus âgé, ou qu'ils encouragent des troupes par leur attitude à incendier et à piller, c'est là un fait regrettable au plus haut degré.

« J'attends que l'on instruise partout sévèrement sur l'attitude vis-à-vis de la vie et de la propriété de la population civile. Je défends de tirer dans la ville sans ordre d'un officier.

« La triste conduite des troupes a eu pour suite qu'un sous-officier et un soldat ont été gravement blessés par de la munition allemande.

« *Le Commandant,*

« VON BASSEWITZ, *major.* »

II. — Ville de Liége

Dès leur entrée à Liége, les Allemands saisirent l'encaisse de la Banque Nationale de Belgique, institution privée. Cette encaisse s'élevait à 4 millions de francs.

Trouvant à la Banque des billets de banque de 5 francs, représentant une valeur de 400.000 francs, mais qui n'étaient point encore signés, ils se rendirent chez l'imprimeur de la Banque et le contraignirent à y imprimer les signatures qui faisaient défaut. Puis ils mirent les billets en circulation.

Le 15 août 1914, la députation permanente du Conseil provincial de Liége fut avisée par le gouverneur militaire, général Kolewe, que la province de Liége était frappée d'une contribution de guerre de 50 millions de francs à verser quinzaine par quinzaine, à concurrence de 10 millions.

La députation permanente se déclarant incapable de satisfaire à de pareilles exigences, MM. Laboulle et Grégoire, députés permanents, furent tenus à la disposition du gouverneur militaire et maintenus au secret pendant deux jours.

Le mercredi 19 août, l'autorité allemande menaça de prélever elle-même la contribution de guerre sur l'encaisse des banques privées, que la Ville aurait à couvrir par un emprunt.

Le vendredi 21 août, les Allemands vérifièrent l'encaisse des banques. A Liége, l'encaisse s'élevait à moins de 6 millions ; les Allemands en prélevèrent la moitié, soit 2.900.000 francs. Ils ne trouvèrent à Huy que 20.000 francs, qu'ils jugèrent sans doute ne pas valoir la peine d'être emportés. Ils prélevèrent à Verviers 975.000 francs dans quatre banques.

Dans la nuit du 20 au 21 août, sous prétexte que des civils

auraient tiré — ce qui est démenti par les faits — les soldats allemands mirent le feu au quai des Pêcheurs et à la place de l'Université. Ils tiraient sur les habitants qui voulaient sortir des maisons embrasées. Dix-sept personnes furent tuées.

Le 21 août, 160 otages de la rue de Pitteurs furent retenus. Après de nombreuses démarches de l'administration communale, une centaine furent relâchés.

III. — Rive gauche de la Meuse

De nombreuses communes, situées surtout au nord des forts et spécialement du fort de Pontisse, ont été dévastées. Parmi elles, se trouvent les villages de Haccourt, de Lixhe, de Heure-le-Romain, de Hermée, de Vivegnies.

Haccourt (2.682 habitants). Les troupes allemandes venant de Visé passèrent la Meuse à Navagne, où elles avaient jeté un pont sur la Meuse.

Pendant plusieurs jours, elles défilèrent à Haccourt sans commettre d'excès graves.

Le 17 août, des soldats perquisitionnèrent dans toutes les habitations. Après leur départ, les habitants constatèrent la disparition de quantités d'objets, montres, marchandises, etc.

Le mardi 18 août, vers 7h 30, les Allemands prétendirent que le vieux fermier Colson, de Hallembaye, hameau de Haccourt, avait tué ou blessé un cheval allemand. Les Allemands, se refusant à toute enquête et sans tenir compte des dénégations du malheureux, mirent le feu à la ferme. Le fermier, son fils, sa bru purent s'échapper. Le fermier, âgé de 70 ans, se cacha dans une meule aux environs de sa ferme; il mourut quelques jours plus tard. (Son fils et sa bru se sont réfugiés en Hollande.) Puis les Allemands mirent le feu au hameau de Hallembaye, tout en tirant sur les habitants qui fuyaient. Un habitant fut pendu à un arbre au bord du canal de Liége à Maestricht.

Le curé de la paroisse, M. l'abbé Thielen, a été tué au moment où il allait pénétrer dans la chapelle, pour y chercher le Saint-Sacrement qui y était resté. Son cadavre fut retrouvé sur le seuil de la chapelle, percé d'un coup de baïonnette dans la région du cœur.

Le hameau de Hallembaye a été presque complètement détruit.

Seize personnes ont été massacrées, dont plusieurs femmes : Staessen Jeanne, Mme Maria Leblanc, une femme dont l'identité n'a pas été établie, et Jeanne Steven.

Lixhe (1.012 habitants). Le 18 août, des uhlans, venant de Wonck, petit village situé sur la partie limbourgeoise de la vallée du Geer, amenèrent à Lixhe le fermier Rombroek, son domestique et un jeune garçon. Le domestique portait la trace d'une blessure derrière la tête ; le petit garçon avait la mâchoire en sang. Un officier leur fit subir un semblant d'interrogatoire. Ils furent ensuite exécutés tous les trois.

Heure-le-Romain (1.612 habitants). Jusqu'au 15 août, les troupes allemandes qui défilèrent dans le village se comportèrent correctement. Dans l'après-midi du 15 août, de nouvelles troupes arrivèrent dans la commune. Les soldats perquisitionnèrent dans les maisons et vidèrent les caves. Dans la nuit, vers 10^h 30, des coups de feu furent tirés par des soldats dans la cour d'une ferme. Le lendemain matin, la plus grande partie de la population fut enfermée dans l'église, où elle resta, sans nourriture, jusqu'au lendemain.

Sur le parvis de l'église, une mitrailleuse fut mise en batterie ; quatre ouvriers agricoles furent placés devant cette mitrailleuse ; les soldats se livrèrent à des simulacres d'exécution.

Le curé de la paroisse, M. l'abbé Janssen, et M. Léonard, frère du bourgmestre, furent emmenés derrière l'église, liés l'un à l'autre et fusillés.

Pendant les journées du 16, du 17 et du 18 août, les soldats se livrèrent au pillage. Ils incendièrent de nombreuses maisons, tirèrent sur les habitants.

Soixante-douze maisons ont été complètement incendiées.

Vingt-sept personnes ont été tuées, dont plusieurs femmes et enfants, notamment Mme François Delfontaine, Mme Rousseau, Mme Jean-Philippe Tasset et son fils âgé de cinq mois, Marie Lhoest, Jean Frenet, âgé de douze ans.

Hermée (1.343 habitants). Un témoin, dont la déclaration est corroborée par plusieurs dépositions, résume dans les termes suivants les faits qui se sont déroulés à Hermée :

« Du 5 au 6 août, vers 4 heures du matin, les soldats allemands ont fusillé un certain nombre de personnes ; j'en connais douze. J'ai vu leurs cadavres après le passage des troupes. Il y en avait

qui portaient la trace de balles, d'autres qui avaient la boîte crâ-
nienne enlevée et d'autres qui avaient été liés à des arbres et
avaient été fusillés. Parmi ces personnes, je retrouve M. Nicolas
Humblet et son fils Guillaume, fruitiers à Hermée; Ghays Jules,
cultivateur à Hermée; Ghays Ulric, meunier, son neveu; Verdin
Jean, journalier; Joseph Lhoëst, boulanger; Mathieu Matray,
armurier; et d'autres dont le nom ne me revient pas en ce moment.

« J'ajoute que 146 maisons et fermes, sur 225, ont été brûlées
en deux fois. »

Vivegnis (2.311 habitants). Les habitants ont été chassés
du village. Pendant ce temps, la commune a été pillée, de nombreuses habitations ont été incendiées. Un témoin nous rapporte
les circonstances dans lesquelles sa famille a été massacrée, le
13 août.

« Nous nous étions retirés dans nos chambres à coucher, à
l'approche de l'ennemi, alors que celui-ci tirait à volonté dans
toutes les directions. Mon beau-père, croyant que les soldats
voulaient pénétrer chez nous, alla ouvrir la porte au-devant d'eux.
Il n'eut le temps que de placer un seul mot avant de tomber
inanimé sous le coup de leurs balles. Ils ont pénétré alors plus
avant dans notre maison et ont toujours continué à tirer. Ma
belle-mère, ma femme, mon beau-frère, sa femme et son fils, nous
nous trouvions tous dans une petite chambre au fond de la maison.
Bien que mon beau-frère et moi fussions postés à l'entrée de la
chambre, les bras levés, les soldats ont toujours tiré et criblé de
balles mon beau-frère qui était à mes côtés. »

Fexhe-Slins (1.088 habitants). Les soldats allemands cam-
pèrent dans le village la nuit du 15 au 16 août. Ils abattirent à
coups de feu, au hameau de Tilice, deux ouvriers mineurs, le
nommé Jamar Joseph et son fils. Dans le centre du village, un
ouvrier chapelier, Albert Petitjean, a été tué.

Au sud de la ville de Liége, la commune de **Flémalle-
Grande** a été envahie le 16 août 1914, par une bande de
soldats. Ceux-ci chassèrent brutalement les habitants de leurs
maisons, ouvrirent et saccagèrent les meubles, pillèrent et
volèrent. Puis, à coups de crosse de fusil, ils poussèrent près de
quatre cents hommes contre un mur du hameau de Profondval
et les obligèrent à rester immobiles, les mains en l'air, sous

menace de fusillade. Au moindre geste de lassitude, les coups
pleuvaient.

Pendant ce temps, d'autres soldats aspergèrent les murs de
liquides inflammables, jetèrent dans les chambres des produits
chimiques en poudre ou en pastilles et allumèrent sur plusieurs
points de la commune des incendies qui ont complètement
détruit une vingtaine de maisons.

Ces scènes de brutalité, de pillage et d'incendie ont duré
jusque vers 11ʰ 30 du matin.

Le même jour, vers 9ʰ 30, au chemin des Princes, M. R. Pirotte
sortait de sa demeure, qu'il fermait, pour s'enfuir avec sa jeune
femme et son enfant. Il était à peine à 5 mètres de sa maison
qu'un soldat allemand lui fendit la tête d'un coup de sabre,
tandis que d'autres se jetaient sur la victime, la lardaient à coups
de baïonnette et lui brisaient les membres à coups de crosse de
fusil. Le malheureux râlait encore lorsque des soldats lui enlevèrent sa montre, sa chaîne de montre et son argent.

PROVINCE DE LIMBOURG

De toutes les provinces belges, la province du Limbourg paraît
avoir été la moins éprouvée. Si l'on excepte l'extrémité sud-
ouest, où s'est livré le combat de Haelen, le Limbourg est resté
en dehors des opérations militaires les plus importantes.

Mais ici, comme dans les autres provinces, la population, qui
n'a pas eu à souffrir des horreurs, des incendies et des massacres,
a été accablée de réquisitions de tout genre. Elle a vécu, pendant
les premiers temps de l'invasion, sous un véritable régime de
terreur.

De plus, les habitants des villages dans les environs desquels
les patrouilles et les colonnes belges se sont avancées à la
rencontre de l'ennemi ont été l'objet de « représailles allemandes ». C'est ainsi que les villages de **Lanaeken** et de **Bilsen**
ont été en partie détruits par les Allemands (¹).

A **Heers**, trois hommes ont été tués, le 16 août. Vers 3ʰ 30 de
l'après-midi, les Allemands firent sortir les habitants de leurs
maisons. Il les firent promener pendant plus d'une heure à

---

(1) Voy. 15ᵉ rapport.

travers le village, les bras levés. Puis un capitaine de uhlans prit trois hommes au hasard et les emmena. A quelques kilomètres de la commune, ils furent fusillés le long de la route.

A **Cannes**, les Allemands ont massacré Mme Poswick, femme du bourgmestre du village, et M. Derricks, avocat à la Cour d'appel. Un témoin nous rapporte les circonstances dans lesquelles ce double meurtre a été commis :

« Le 18 août, je me trouvais chez M. le bourgmestre Poswick. Vers 10^h 30 du soir, nous étions tous réfugiés dans la cave, d'où nous entendions une fusillade nourrie provenant de la route.

« Les soldats tiraient dans toutes les directions, à tel point que, m'étant rendue à l'étage, des balles tombèrent à mes pieds. A un moment donné, de violents coups de sonnette retentirent à la porte d'entrée, sur laquelle des soldats frappaient à coups de crosse. La servante de M. Poswick entr'ouvrit la porte, puis la referma sur l'assurance donnée qu'on ne tirerait pas.

« Mme Poswick et M. Derricks arrivèrent dans le corridor, quand, tout à coup, par la porte de derrière, des soldats firent irruption. Sans aucune provocation et sans même permettre une explication, l'un d'eux tira un coup de fusil qui atteignit Mme Poswick près de l'œil. M. Jean Derricks, qui portait sur les bras son plus jeune enfant, âgé de quatre ans et demi, eut la poitrine traversée par un coup de baïonnette. Le pauvre enfant n'eut la vie sauve que grâce à cette circonstance que son père l'écarta d'un mouvement instinctif. Je tiens à déclarer une fois de plus que ces faits horribles, qui constituent un véritable crime, n'ont été provoqués en rien par aucune des personnes qui se trouvaient dans l'immeuble ni par celles qui se trouvaient au dehors. »

A **Hasselt**, les Allemands, dès leur arrivée, le 12 août 1914, ont saisi l'encaisse de la Banque Nationale de Belgique, s'élevant à 2.075.000 francs.

La ville de **Tongres** a été mise à sac le 18 août. Vers 9 heures du soir, les Allemands se mirent à tirer dans les maisons, tuant dix personnes.

Puis ils sommèrent tous les habitants indistinctement d'évacuer la ville, annonçant qu'ils allaient la bombarder. En toute hâte les mères réveillèrent leurs enfants. Les malades durent sortir de leurs lits, et ce fut une fuite éperdue vers la campagne. Les 10.000 habitants de Tongres durent se tasser dans les maisons bordant les chaussées environnant la ville ou dormir dans les champs à la belle étoile. Un homme malade tomba mort aux portes de la ville. Sous les yeux de sa femme et de sa fille, les Allemands creusèrent une fosse au pied d'un pont et l'enterrèrent immédiatement.

La ville évacuée, la soldatesque incendia les maisons voisines de la gare, brisa nombre de carreaux, pilla les magasins, vola les tableaux, l'argenterie, etc., que l'on rangeait sur les trottoirs pour les empiler ensuite dans des chariots. Le musée de M. Huybrigts, avec toutes ses collections archéologiques, historiques, ses tableaux et ses médailles, a été entièrement détruit.

Le 20 août après midi, la population put rentrer et fut en butte aux pires vexations et outrages.

⁂

Tel est, Monsieur le Ministre, l'exposé très incomplet des désastres causés par l'invasion allemande dans les deux provinces de Liége et du Limbourg. Bien des faits insuffisamment établis ont été passés sous silence. Bien des communes au sujet desquelles les renseignements que nous possédons ne nous ont pas paru assez précis, n'ont pas été mentionnées dans ce rapport. Tel qu'il est, il vous permettra d'apprécier ce qu'ont souffert des populations paisibles livrées à la passion destructive des troupes allemandes.

Tout le monde ratifiera sans doute le jugement que consignait, le 15 octobre 1914, dans son carnet de campagne, un sous-officier allemand du 46ᵉ régiment de réserve :

« Cette façon de faire la guerre est purement barbare...

« En toute occasion et sous n'importe quel prétexte, c'est l'incendie et le pillage. Mais Dieu est juste et voit tout : sa meule moud avec lenteur, mais terriblement menu ([1]). »

Les Secrétaires,   *Le Président,*
Chᵉʳ ERNST DE BUNSWYCK,   COOREMAN.
            ORTS.

Le Vice-Président,
COMTE GOBLET D'ALVIELLA.

──────────

([1]) BÉDIER : *Comment l'Allemagne essaie de justifier ses crimes*, Librairie Armand Colin, p. 46. — Voir aussi *Les Violations des lois de la guerre par l'Allemagne*, Berger-Levrault, éditeurs.

ANNEXE N° 1

Liste des victimes exécutées le 5 août à Soumagne :

Rotheuth, Nicolas, 65 ans, marié ; Debois, Salomon, 20 ans, célibataire ; Gérard, Jean, 42 ans, id ; Dubois, J.-B., 35 ans, id. ; Pauquay, J. B., 56 ans, marié ; Califice, Daniel, 56 ans, id. ; quatre inconnus ; Peltzer, Jean, 49 ans, marié ; Pirard, Nicolas, 54 ans, id. ; Lardinois, J.-H., 38 ans, célibataire ; Henri Neuray, 72 ans, marié ; Derkenne, Simon, 40 ans, marié ; Coonen, Laurent, 30 ans, célibataire ; Baudouin, Gilles, 54 ans, marié ; Krémer, Anna, 13 ans ; Defrecheux, Fernand, 29 ans, pharmacien, à Micheroux ; Krémer, Marcel, 10 mois et demi ; un inconnu ; Trillet, Nicolas, 17 ans, célibataire ; Piérard, Jean, 69 ans, marié ; Rotheux, Jacques, 34 ans, id. ; Carré, Joseph, 39 ans, id. ; Ackermans, Charles, 27 ans, id. ; Schyns, Hubert, 54 ans, célibataire ; Gromen, Jean, 29 ans, marié ; Jongen, 60 ans, id. ; Garray, Mathieu, 37 ans, id. ; Decortis, Jean, 32 ans, id. ; Dubois, Mathieu, 39 ans, id. ; Polus, Jean, 38 ans, marié ; Fruchs, Guill., 51 ans, id. ; Collard, Jules, 33 ans, célibataire ; Erkelens, Cornélis, 32 ans, marié ; Raedemaker, Louis, 68 ans, id. ; Becker, P., 17 ans, célibataire ; Renier, L., 19 ans, id. ; Krémer, V., 54 ans, marié ; Deflandre, Ch., 62 ans, célibataire ; Lejeune, J., 34 ans ; Gérardy, J., 65 ans, marié ; Xéneumont, M., 34 ans ; Xéneumont, Bartholomé, 72 ans, marié ; Dubois, J., 61 ans, célibataire ; Mies, H., 56 ans ; Koch, J., 27 ans, célibataire ; Lejeune, H., 30 ans, marié ; un inconnu ; Debois, Paul, 23 ans, célibataire ; Debois, Thomas, 54 ans, marié ; Lefin, André, 48 ans, id. ; Dubois, Victor, 75 ans, id. ; Masson, François, 32 ans, id. ; Kopa, Jules, 37 ans, id. ; Knops, Léonard, 29 ans, célib. ; Breucur, J. H., 20 ans, id. ; Pirard, Pascal, 56 ans, célibataire ; Brayeu, Pascal, 40 ans, marié ; Degueldre, B., 69 ans, id. ; Vossen, Jean, 64 ans, id. ; Lardinois, J. C., 22 ans, célibataire ; Vanurddigen, J., 40 ans, marié ; Mathieu, Armand, 3 ans ; Dolne, Gilles, 47 ans, célibataire ; Lejeune, Laurent, 43 ans, marié ; Trillet, Arnold, 50 ans, marié, conseiller communal ; Picrard, Charles, 23 ans, célibataire ; Neuret, Jules, 48 ans, marié, cultivateur ; Lehance, 31 ans, marié ; Jérôme, Léon, 28 ans, id. ; Denoël, Jacques, 19 ans, célibataire ; Pauly, Henri, 47 ans, marié ; Bettenhausen, Jean, 45 ans, id. ; Houterbein, Jean, 29 ans, célibataire ; Garray, Hubert, 73 ans, marié ; Dedoyard, J., 49 ans, id. ; Fays, Adolphe, 41 ans, id. ; Xhéneumont, Mathieu, 36 ans, célibataire ; Germay, Pierre, 19 ans, célibat. ; Charlier, Jacques, 24 ans, id. ; Raedemaker, Nicolas, 28 ans, célibataire ; Dubois, Hubert, 45 ans, marié ; Becker, J., 49 ans, marié ; Krémer, N., 18 ans, célibataire ; un inconnu ; Koch, P., 25 ans ; Gérard, Mathieu, 33 ans ; Mawet, Gilles, 28 ans, célibataire ; Daniel, Corneille, 48 ans, marié ; Pevet, G., 63 ans, id. ; Wisselet, J., 43 ans, id. ; Renier, F., 40 ans ; Pevet, G., 29 ans ; Debois, T., 39 ans, marié.

ANNEXE N° 2

PAROISSE DE SAINT-HADELIN (OLNE) [1]

SOUVENIR DU SERVICE SOLENNEL CÉLÉBRÉ LE LUNDI 9 NOVEMBRE,
A 10 HEURES ET DEMIE,
A LA MÉMOIRE DES VICTIMES DU MASSACRE DES 5 ET 6 AOUT,
DANS LA PAROISSE DE SAINT-HADELIN.

Jean Naval, Georges Delrez, veuve Desonay, Joséphine Desonay, Victor Warnier père, Victor Warnier fils, Nelly Warnier, Edgard Warnier, de Saint-Hadelin ;
Jean Matz, André Crahay et Paul Bailly, de Forêt,

Tous tués, le 5 août, sur le Fawou.

Jean Willot, Laurent Gillet, Jacques Rahier, Denis Naval, Jean Naval, Jacques Maguet, Henri Maguet, Pierre Dewandre, Julien Dewandre, Henri Dewandre, Joseph Delsaute, Jacques Germay, Guillaume Leclerq, Jean Legrand, Noël Grand'ry, Joseph Grand'ry, Léonard Grand'ry, Augustin Séquaris, Pierre Dethier, Paul Dethier, Léonard Lamarche, Félicien Bœur, Alphonse Bœur, Victor Hubert, Henri Hubert, Joseph Tixhon, Édouard Daenen, Gilles Hautvast, Joseph Hautvast, Gaspard Hautvast, Jacques Hautvast, Joseph Hautvast, de Saint-Hadelin ;
Victor Polet, Jean Backer et Fernand Maguet, d'Ayeneux ;
Joseph Strauven, de Charneux ; Joseph Delhalle, de Robermont ;
Toussaint Hansez, Victor Hansez, Toussaint Hansez, Laurent François et Jules Saive, de Bouny,

Tous tués à Riessonsart le 6 août.

Albert Schweiz, Betty Schweiz, Wilhelm Hasenklever, Blaise Grasner, Antoine Daelhem, de Saint-Hadelin ;
Hubert Blum et Mathieu Klein, de Fléron,

Tous tués dans les Heids d'Olne le 6 août.

Denis Naval-Rogister, de Magnée, tué dans les Heids d'Ayeneux, le 6 août, et Mathieu Closset, de Saint-Hadelin, tué à Bouny le 6 août.

Priez Dieu pour le repos de leurs âmes.

Doux Cœur de Marie, soyez mon refuge.
Notre-Dame de Lourdes, priez pour nous.
Saint Joseph, patron de la Belgique, priez pour nous.
Saint Hadelin, patron de la paroisse, priez pour nous.
Sainte Barbe, patronne de la bonne mort, priez pour nous.

---

(1) Fac-similé du souvenir du service solennel célébré, le lundi 9 novembre, à la mémoire des victimes du 5 et du 6 août, dans la paroisse de Saint-Hadelin (Olne).

DIX-HUITIÈME RAPPORT

Obligation imposée aux habitants
de travailler pour les armées allemandes.

———

Le Havre, le 17 juillet 1915.

A Monsieur CARTON de WIART, Ministre de la Justice.

Monsieur le Ministre,

L'article 52 du Règlement concernant les lois et coutumes de la guerre sur terre, annexé à la IV⁴ Convention de La Haye, interdit à l'occupant de réclamer des communes ou des habitants du territoire occupé des réquisitions en nature et des services impliquant pour les populations la nécessité de prendre part aux opérations de la guerre contre leur patrie.

Cette disposition est systématiquement méconnue par l'autorité allemande en Belgique, qui use de tous les moyens de pression et de contrainte dont elle dispose pour forcer nos populations à travailler pour ses armées.

Nous avons pu, dans un rapport précédent, montrer que les Allemands ont maintes fois forcé les habitants à prêter leur aide à la confection des tranchées; la même pression s'exerce quand il s'agit de travail industriel.

Le principal effort des Allemands a porté sur les ouvriers du chemin de fer. S'ils réussissaient à faire reprendre le travail par ceux-ci, ils libéreraient les nombreux Allemands, — la valeur d'un corps d'armée, — qu'ils doivent employer au service de la traction sur les lignes du réseau belge; ils faciliteraient en outre considérablement le trafic et le transport des troupes sur ce réseau; l'inexpérience du personnel allemand, qui a causé de nombreux accidents, les force à n'user qu'imparfaitement de notre réseau et notamment des lignes construites en plan incliné.

Les ouvriers des chemins de fer s'étant rendu compte de la nature du service qu'on leur demande, refusent catégoriquement depuis onze mois, malgré leur détresse matérielle, de prêter leur

concours aux autorités allemandes. Non seulement ils résistèrent
aux offres de salaire les plus tentantes, — à Liége, des machinistes
ayant la pratique du plan incliné de Haut-Pré se sont vu offrir
jusqu'à cinquante francs par jour, — mais encore ils supportent,
plutôt que de travailler même indirectement contre leur pays, la
plus odieuse persécution. Celle-ci s'étend à toute la Belgique.
M. Hulzebush, secrétaire général à Bruxelles des chemins de fer
impériaux allemands, n'a-t-il pas déclaré qu'il arriverait par la
famine — en empêchant l'assistance des comités de secours — à
pousser partout nos ouvriers au travail sur les voies et dans les
arsenaux ! Nous nous contenterons, dans le présent rapport, de
vous signaler les cas de Luttre et de Malines, sur lesquels nous
possédons des précisions significatives.

A Luttre. — A la fin d'avril, les autorités allemandes ont con-
voqué d'abord une trentaine d'ouvriers de l'atelier central et de la
remise de Luttre, et les ont engagés à reprendre leurs fonctions
en leur promettant des salaires élevés. On offrait aux ouvriers
ordinaires 5, 6, 7 marks, aux machinistes jusqu'à 20 marks par
jour. Les ouvriers refusant énergiquement, les Allemands les
firent enfermer dans des wagons en déclarant qu'ils n'en sorti-
raient que lorsqu'ils consentiraient à travailler. Peine inutile.
Après plusieurs jours, on les prévint qu'on allait les conduire en
Allemagne et qu'ils y seraient contraints à travailler sans rémuné-
ration. En même temps, on avertissait les familles, dans l'espoir
qu'elles interviendraient. Rien n'y fit et le lendemain, quand le
train se mit en marche, les ouvriers prisonniers et la population,
venue en masse aux abords de la station, crièrent de toutes leurs
forces : « Vive la Belgique ! » Le train ne dépassa pas Namur et
les ouvriers furent libérés; quelques jours plus tard eut lieu une
nouvelle tentative. Les Allemands firent amener de force une
centaine d'ouvriers dans le réfectoire de l'atelier et un officier
allemand leur demanda de se remettre au travail. Devant leur
silence général, il les menaça de les envoyer en Allemagne; il
ajouta : « Vous ne devez pas avoir peur pour l'avenir; la kom-
mandantur vous remettra un document constatant que vous n'avez
repris le travail que contraints et forcés; que ceux qui acceptent
fassent deux pas en avant. Tous les ouvriers firent un pas en
arrière en criant : « Vive la Belgique ! Vivent nos soldats ! »
   A la suite de ces faits, M. Kesseler, directeur de l'atelier cen-

tral de Luttre, fut arrêté à Bruxelles le 10 mai. Transporté à la
prison de Charleroi, où on le fit coucher sur la paille, on le
conduisit le mercredi 12, sous escorte, à l'atelier de Luttre, où
l'on avait amené déjà de même un grand nombre d'ouvriers. Il
avait été distribué entre temps à chacun de ceux-ci une déclaration
écrite les menaçant d'une détention en Allemagne s'ils refusaient
encore de travailler. Invité à faire reprendre le travail au personnel, M. Kesseler répondit qu'il avait prêté serment de
fidélité au Roi, et qu'il ne se parjurerait pas. Il ajouta que les
contremaîtres étaient liés par le même serment. On l'invita alors
à exhorter les ouvriers à travailler, avec la promesse qu'ils
n'auraient à s'occuper que des locomotives destinées aux transports
commerciaux. M. Kesseler se borna à répéter la communication
qui lui était faite en ajoutant qu'il laissait le personnel juge de ce
que sa conscience lui commandait. Personne ne consentit à se
remettre au travail. Personne d'ailleurs ne se fia à la promesse
allemande, à laquelle le genre même de locomotives en réparation
à l'atelier donnait un démenti.

À la suite de ces incidents, M. Kesseler fut maintenu à la
prison de Charleroi. Un comptable, M. Ghislain, et un commis,
M. Menin, y furent également détenus. Cent quatre-vingt-dix
ouvriers furent expédiés en Allemagne, une soixantaine d'autres
furent arrêtés encore le 5 juin.

A Malines, les autorités allemandes mirent l'administration
communale en demeure de leur fournir la liste du personnel des
ateliers centraux. La ville ayant répondu qu'elle ne la possédait
pas, n'ayant rien de commun avec l'administration des chemins
de fer, les Allemands persistèrent dans leur exigence et mena-
cèrent la ville d'une amende de 10.000 marks si la liste n'était
pas fournie dans les vingt-quatre heures. Le bourgmestre fit alors
afficher un avis notifiant aux agents du chemin de fer que les
autorités allemandes les invitaient à se présenter au bureau de
l'ingénieur allemand chargé de la direction des ateliers. Cet appel
resta sans effet. L'administration communale fut alors forcée par
les Allemands de dresser, d'après les indications des registres de
l'état civil, la liste des agents, et ceux-ci, réquisitionnés à domicile
au nombre de 500 par des soldats en armes, furent conduits dans
les ateliers. Pour les contraindre à travailler, on les enferma,
leur interdisant de rentrer chez eux ; les femmes et les enfants

allaient leur porter à manger ; le directeur, M. Degraux, subit lui aussi une détention de dix jours. Les ouvriers refusant de se remettre au travail, les Allemands se vengèrent sur la population tout entière : jusqu'à la soumission des ouvriers, plus personne ne pourrait sortir après 6 heures du soir. De plus, par ordre du général von Bissing, en date du 30 mai, la ville serait isolée ; on ne pourrait ni y entrer ni en sortir. Ce fut, pendant plusieurs jours, un régime de terreur. Un incident violent eût même lieu aux portes de Malines, le jour où le Cardinal Mercier, devant se rendre à Bruxelles, voulut sortir de la ville. Toutes les mesures d'intimidation demeurèrent vaines. Pas un seul ouvrier des chemins de fer ne s'est remis au travail.

A Sweveghem. — Des incidents pareils à ceux de Malines eurent lieu vers la même époque à Sweveghem-lez-Courtrai, où se trouve l'importante tréfilerie de M. Bekaert. Le 8 juin, les Allemands voulant y faire fabriquer du fil de fer barbelé pour la défense de leurs tranchées, les 350 ouvriers refusèrent de se rendre au travail. Aussitôt le bourgmestre, M. Troye, M. Claeys, secrétaire communal, et le sénateur Van de Venne furent arrêtés et conduits à Courtrai. Le bourgmestre fut relâché dans la soirée. Le 10 juin, on fit savoir dans le village que le travail devrait être repris dans les vingt-quatre heures, sinon que des peines sévères seraient appliquées. Sur le nouveau refus des ouvriers, Sweveghem fut entouré d'un cordon de troupes, isolé comme Malines, avec défense à toute personne d'entrer ou de sortir du village, même pour ravitailler la population. Aucun véhicule ou vélo ne put plus circuler. On fit défense de charrier des vivres. Le 11, tous les habitants de plus de 15 ans et de moins de 45 ans durent se présenter à la maison communale. Des ouvriers furent conduits de force à leurs établis. Devant leur refus persistant malgré la contrainte la plus brutale, on accentua la répression ; 61 ouvriers furent amenés à la prison de Courtrai. Le 16 juin, on y conduisit également leurs femmes. Elles furent, en route, odieusement maltraitées. Le bourgmestre de Sweveghem fut contraint d'afficher la proclamation suivante :

« M. Von der Knesebeck, oberleutnant, commandant de l'étape, oblige M. le bourgmestre de Sweveghem à engager les ouvriers de la fabrique de fil de fer de M. Bekaert à continuer le travail et à leur exposer qu'il s'agit d'une question vitale pour la commune. Les ouvriers peuvent être tranquilles au sujet du fait qu'après la guerre ils n'auront à porter aucune responsabilité au sujet de la reprise du travail dans la fabrique de fil de fer, attendu qu'ils y ont été obligés par l'autorité militaire allemande. Et s'il y avait une responsabilité quelconque, je la prends entièrement sur moi. Si l'ouvrage est repris, toutes les peines tomberont.

« Le Bourgmestre,
« Th. Troye. »

Mais tous les efforts furent inutiles.

Vous avez pu constater, Monsieur le Ministre, par la proclamation dictée par le gouverneur général von Bissing, qu'il ne s'agit pas, dans ces trois faits, d'erreurs locales de l'autorité allemande. Il s'agit d'un système auquel participent le Gouvernement général et les plus hautes personnalités militaires allemandes, celles qui connaissent parfaitement les stipulations de La Haye et qui n'hésitent pas à les enfreindre ouvertement. Ce cynisme apparaît à l'évidence dans la proclamation qui fut affichée à Gand le 10 juin 1915 et dont nous avons entre les mains un exemplaire :

TABLEAU (V, p. 80).

BEKANNTMACHUNG

Auf Befehl Sr. Exc. des Herrn Etappeninspekteurs gebe ich den Gemeinden folgenden bekannt :

« Das Verhalten einiger Fabriken, die auf angeblichem Patriotismus und Berufung auf die Haager Konvention arbeiten für die Heeresverwaltung verweigert haben, beweist, dass sich in der Bevölkerung Bestrebungen entwickeln, die bezwecken der deutschen Heeresverwaltung Schwierigkeiten zu machen.

« Ich weise demgegenüber darauf hin, dass ich derartige Umtriebe, die dahin führen müssen das bisherige gute Einvernehmen zwischen der deutschen Heeresverwaltung und der Bevölkerung zu stören, mit allen mir zu Gebote stehenden Machtmitteln unterdrücken werde.

« Ich mache in erster Linie die Vorstände der Gemeinden dafür haftbar, dass die Bevölkerung, es sich selbst zuzuschreiben hat, wenn ihr die bis jetzt in vollstem Masse gewährten Freiheiten genommen werden, und an ihre Stelle diejenigen Beschränkungen treten, die durch das Verschulden der Bevölkerung notwendig werden.

« Generalleutnant,

« (get.) Graf von Westarp. »

Gent, den 10. Juni 1915.

Der Etappenkommandant.

AVIS

Par ordre de son Excellence M. l'Inspecteur de l'Étape, je porte à la connaissance des communes ce qui suit :

« L'attitude de quelques fabriques qui, sous prétexte de patriotisme, et en s'appuyant sur la Convention de La Haye, ont refusé de travailler pour l'armée allemande, prouve que, parmi la population, il y a des tendances ayant pour but de susciter des difficultés à l'administration de l'armée allemande.

« A ce propos je fais savoir que je réprimerai, par tous les moyens à ma disposition, de pareilles menées qui ne peuvent que troubler le bon accord existant jusqu'ici entre l'administration de l'armée allemande et la population.

« Je rends responsables, en premier lieu, les autorités communales de l'extension de pareilles tendances et je fais remarquer que la population elle-même sera cause que les libertés accordées jusqu'ici de la façon la plus large lui seront enlevées et remplacées par des mesures restrictives rendues nécessaires par sa propre faute. »

« Lieutenant-général,

« (s.) Graf von Westarp. »

Gand, le 10 juin 1915.

Le Commandant de l'Étape.

KENNISGEVING

Op bevel Z. Ex. den heer Etappen-Inspekteur maak ik bekend dat :

« Het gedrag van verscheidene fabrieken, welke uit voorgewend patriotisme en onder beroep op de Overeenkomst van den Haag werken geweigerd hebben, welke voor het Duitsche leger bestemd zijn, bewijst, dat in de bevolking pogingen bestaan, met het doel aan de duitsche administratie van het leger moeilijkheden te bereiden.

« Ik maak u bekend, dat zulke pogingen de goede verstandhouding tusschen de duitsche overheid en de bevolking verstoren en dat ik zulks met alle middelen welke mij ter beschikking zijn, zal onderdrukken.

« Ik maak de gemeentebesturen verantwoordelijk, dat zich zulke pogingen niet verder uitbreiden en dat de bevolking, zich zelven ten laste moet leggen, als de tot nu bestaande vrijheid door eigen schuld der bevolking zal noodzakelijk verkort en beperkt worden.

« Luitenant-generaal,

« (get.) Graaf von Westarp. »

Gent, den 10 Juni 1915.

De Etappenkommandant.

Les Secrétaires,

Ch^{er} Ernst de Bunswyck,

Orts.

Le Président,

Cooreman.

Le Vice-Président,

Comte Goblet d'Alviella.

DIX-NEUVIÈME RAPPORT

Mesures de contrainte prises par les Allemands à l'égard d'ouvriers belges qui refusent de travailler pour leurs armées. — Déportation en Allemagne.

———————

Le Havre, le 6 août 1915.

A Monsieur CARTON de WIART, Ministre de la Justice.

Monsieur le Ministre,

M. le ministre des Chemins de fer, Postes, Télégraphes et Marine nous communique le rapport suivant, relatant le régime et les vexations auxquels ont été soumis en Allemagne des ouvriers de l'atelier central des chemins de fer à Luttre qui, ainsi que nous l'avons exposé précédemment, ont refusé de travailler pour l'ennemi :

« 1° A la suite du refus des ouvriers de reprendre le travail, conformément aux réquisitions de l'autorité allemande, celle-ci chercha à les affamer. Elle fit défense aux autorités communales de leur donner des secours, soit en nature, soit en argent. Quelque temps après, en vue de leur enlever toutes ressources, elle procéda à l'arrestation et à l'emprisonnement de presque tous les fonctionnaires et agents de l'État ainsi que des particuliers qui les assistaient dans la distribution des secours. Les ouvriers furent menacés de voir leurs maisons incendiées, d'être déportés en Allemagne avec leurs familles, d'avoir à héberger des ouvriers allemands ;

« 2° Les ouvriers furent réquisitionnés à domicile par des soldats, baïonnette au canon. En leur absence, des membres de leurs famille furent pris comme otages. L'arrestation des femmes et des enfants se produisit fréquemment. Une fillette de quatorze ans fut détenue ;

« 3° Les officiers allemands injuriaient les ouvriers qui, pour justifier leur refus de travailler, invoquaient leurs sentiments patriotiques ou la circonstance qu'ils avaient un parent à l'armée ;

« 4° Les ouvriers furent détenus pendant neuf jours, avant leur départ pour l'Allemagne, dans une voiture de chemin de fer de 3ᵉ classe et dans un wagon à bestiaux. Ils y étaient entassés de telle façon qu'ils ne pouvaient se coucher pendant la nuit. Ils souffrirent cruellement du manque d'air et de la chaleur, les voitures restant exposées toute la journée aux rayons du soleil. Le wagon à bestiaux, qui n'avait pas été nettoyé, dégageait une odeur nauséabonde ;

« 5° L'autorité allemande avait d'abord autorisé le ravitail-lement des prisonniers par leurs familles; mais le sixième jour, exaspérée de leur résistance, elle les mit au pain sec et à l'eau ;

« 6° Cent cinquante uhlans furent cantonnés dans le village, aux frais des habitants. Pendant un jour et une nuit, les habitants furent astreints à les héberger ;

« 7° Des uhlans patrouillèrent dans les rues pour intimider la population, allant jusqu'à charger, la lance à la main, de paisibles habitants qui conversaient sur le seuil de leur habitation. Deux personnes furent blessées au cours d'une de ces charges.

« Malgré toutes ces vexations, les ouvriers conservèrent une attitude calme et digne. Ils se refusèrent obstinément à travailler pour l'armée allemande ;

« 8° Finalement, ne parvenant pas à vaincre la résistance des ouvriers, les Allemands résolurent de les déporter en Allemagne. Ils les divisèrent en deux catégories :

« a) Ceux qui avaient, dès l'origine, refusé de travailler;

« b) Ceux qui avaient pendant quelques jours consenti à travailler et qui, s'apercevant qu'ils favorisaient les opérations militaires de l'ennemi, avaient abandonné l'atelier.

« Ces derniers furent considérés comme des indisciplinés, des « mauvaises têtes », et envoyés dans une colonie pénitentiaire soumise à un régime particulièrement rigoureux.

« Les prisonniers furent expédiés par groupes de cinquante environ. Pendant la durée du trajet de Luttre au camp d'internement de Senne (Westphalie), ils ne reçurent qu'une quantité insuffisante de nourriture et de boisson. Ils passèrent la nuit à Cologne dans la cave de la gare. Ils étaient si à l'étroit qu'ils ne pouvaient se coucher pour dormir ;

« 9° A leur arrivée au camp, tous les ouvriers furent marqués d'une lettre Z appliquée sur leurs vêtements.

« Les ouvriers de la catégorie *b* subirent le traitement infligé aux prisonniers de droit commun ; notamment on leur rasa les cheveux ;

« 10° Les travaux auxquels les prisonniers furent astreints étaient extrêmement pénibles, surtout pour des hommes qui, d'habitude, maniaient le marteau, la lime, le burin : ils consistaient soit à défricher la forêt, soit à creuser des tranchées pour canalisations d'eau, et à poser des tuyaux. La distance du camp jusqu'au siège des travaux variait de 5 à 10 kilomètres, soit de 10 à 20 kilomètres aller et retour, de sorte qu'aux fatigues de travaux excédants s'ajoutaient celles d'un long trajet.

« Bien que les terrains à défricher et à creuser fussent formés de sables mouvants, les Allemands s'opposèrent à ce que les mesures élémentaires de sécurité, qui s'imposent en pareil cas, telles que l'étançonnement, fussent prises. On voulait évidemment rendre le travail aussi pénible, aussi dangereux, aussi insalubre que possible. A diverses reprises, les ouvriers manquèrent d'être écrasés par la chute d'arbres, ou ensevelis par les éboulements qui se produisaient dans les tranchées, profondes parfois de 3 à 4 mètres. Fréquemment, les tranchées étaient envahies par de l'eau de source glacée, et c'est les pieds nus dans l'eau que les travailleurs durent accomplir leur pénible tâche.

« Les sentinelles interdisaient tout repos. Si un ouvrier, fatigué, se redressait pour se reposer un instant, il était frappé à coups de bâton ou de crosse de fusil, voire même piqué à coups de baïonnette ;

« 11° D'une manière générale, la nourriture était insuffisante, mauvaise et malsaine. Voici, à titre d'exemple, les menus d'une semaine :

« Dimanche : le matin, 250 grammes de pain dont la farine est largement additionnée de purée de pommes de terre ; décoction de malt. (Ce repas est le même chaque jour.) A midi, soupe très aigre à la choucroute. Le soir, soupe au maïs avec boudin (le boudin est le plus souvent exécrable).

« Lundi : à midi, soupe à l'orge. Le soir, malt, 250 grammes de pain.

« Mardi : à midi, soupe aux féveroles. Le soir, soupe à l'orge, boudin.

« Mercredi : à midi, comme la veille. Le soir, soupe au maïs, un peu de fromage, boudin.

« Jeudi : à midi, soupe à l'orge. Le soir, malt, boudin (exécrable).

« Vendredi : à midi, soupe à la morue (goût très désagréable). Le soir, soupe aux féveroles, un hareng.

« Samedi : à midi, soupe au maïs. Le soir, malt, boudin.

« Il n'était pas rare que les harengs et les boudins fussent avariés ; force était pourtant à nos ouvriers de les manger, car la faim leur tiraillait l'estomac d'autant plus vivement qu'ils travaillaient toute la journée au grand air.

« Il arriva que des ouvriers tombèrent malades au cours du travail, par suite d'insuffisance de nourriture. Les sentinelles se bornaient à les déposer de côté, exposés à la pluie ou au soleil. Pris de pitié, les soldats prisonniers français et anglais, dont le camp n'était séparé du leur que par un chemin, leur jetaient une partie des vivres qu'ils recevaient de leurs familles.

« Les soupes, hormis celles à la morue et à la choucroute, étaient faites au moyen d'aliments qu'on n'utilise en Belgique que pour la nourriture du bétail (féveroles, maïs, orge, betteraves). Elles ne contenaient que très peu de pommes de terre. Une telle nourriture devait naturellement répugner à des ouvriers habitués à manger des aliments bien préparés, sains et agréables au goût (café, pain blanc, viande, légumes variés).

« Les pommes de terre furent, durant trois semaines, jetées dans la soupe sans être lavées ni épluchées ;

« 12° Les ouvriers couchaient sur des planches. Quelques-uns avaient des couvertures, d'autres en étaient privés ;

« 13° La moindre faute, la plus légère infraction au règlement, était sévèrement réprimée. Les punitions étaient variées, mais toujours cruelles : un ouvrier, qui ne s'était pas rendu à la douche en même temps que ses compagnons, fut placé pendant plusieurs heures, les pieds nus, la figure exposée au soleil, sur la toiture — en carton bitumé — d'un hangar. Une autre punition consistait à faire courir la victime pendant plusieurs heures avec, sur l'épaule, un sac contenant des briques, ou encore avec une brique dans chaque main et deux briques attachées de chaque côté du veston. Un repos de cinq ou six minutes et un verre d'eau étaient accordés toutes les deux heures au malheureux. Parfois, la course était remplacée par l'obligation répétée de passer, avec la même charge, une petite rivière dont les rives sont très abruptes. Parfois enfin, la victime, la figure exposée au soleil, était attachée, pendant plusieurs heures, à un poteau ou à un arbre.

« Quatre ouvriers sont tombés gravement malades et sont restés en traitement à l'hôpital du camp. Plusieurs autres sont devenus malades depuis leur rentrée au pays. »

Les Secrétaires,   *Le Président,*

Ch^{er} ERNST DE BUNSWYCK,   COOREMAN.
  ORTS.

Le Vice-Président,
Comte GOBLET D'ALVIELLA.

VINGTIÈME RAPPORT

Massacres de Dinant. — Déportation et internement d'habitants de Dinant à la prison de Cassel. — Rapport du procureur du Roi de Dinant. — Destructions et massacres dans la province de Namur.

Le Havre, le 25 juillet 1915.

A Monsieur CARTON de WIART, Ministre de la Justice.

Monsieur le Ministre,

Nous avons l'honneur de mettre sous vos yeux un rapport de M. le procureur du Roi de Dinant qui expose la façon dont se sont comportées les armées allemandes à Dinant et le traitement inhumain auquel ont été soumis, pendant de longues semaines, de nombreux habitants de cette ville emmenés en Allemagne.

Notre dixième rapport vous a fait connaître la manière dont ont été traités des milliers de nos compatriotes conduits en Allemagne et internés, au mépris du droit des gens, dans des camps de concentration. Les habitants de Dinant, enfermés dans la prison cellulaire de Cassel après un voyage douloureux, ont eu à subir un sort plus cruel encore.

Monsieur le Ministre,

J'ai l'honneur de vous faire parvenir le rapport que vous m'avez demandé sur les événements survenus au cours des opérations militaires à Dinant et aux environs, et sur la détention en Allemagne de nombreux citoyens de Dinant et Anseremme.

Dès le 6 août, c'est à dire avant l'arrivée des premières troupes françaises, qui vinrent de Givet, des cavaliers allemands parurent à Dinant et Anseremme. Ces patrouilles pénétrèrent parfois jusque dans l'agglomération et furent reçues à coups de fusil quand elles vinrent en contact avec les troupes belges qui, à ce moment, occupaient les deux rives de la Meuse.

Voici la série de ces incidents. Je les détaille uniquement parce qu'ils montrent que la population s'abstint absolument de toute attaque envers les cavaliers ennemis.

Le 6 août, à Anseremme (Dinant et Anseremme, quoique formant deux communes distinctes, ne constituent qu'une seule agglomération), des soldats belges du génie tirent sur une patrouille de hussards et blessent un cheval. A Furfooz, le cavalier démonté avise un cultivateur et lui prend son cheval en échange de la monture blessée.

Le même jour ou le lendemain, trois hussards apparaissent rue Saint-Jacques (route de Ciney). Les carabiniers ou chasseurs belges en blessent un et le font prisonnier ainsi qu'un de ses camarades dont le cheval a été atteint. Le troisième s'échappe. Ces hommes appartiennent à un régiment du Hanovre.

Le 12, « aux Rivages » (Dinant), un détachement du 148e d'infanterie française détruit une patrouille de cavalerie; un seul homme s'échappe. Vers la même date, coups de feu aux « Fonds de Leffe » par un détachement du même régiment. Deux cavaliers allemands sont tués.

Le 15 août, les Allemands tentent de forcer le passage de la Meuse à Anseremme, Dinant et Bouvignes. Ils sont repoussés. Pendant cette journée, plusieurs détachements allemands pénètrent jusque dans la ville. Ils ne molestent en rien la population.

La ville et les habitants eurent peu à souffrir de cette affaire, qui fut cependant très chaude et dura toute la journée. Un M. Moussoux fut tué en relevant les blessés, et une femme légèrement blessée. Sur la rive droite, un obus français tomba sur une maison et un obus allemand sur la poste. Sur la rive gauche, quelques maisons furent atteintes par des obus allemands. Dès le commencement de l'action, l'artillerie allemande tira sur l'hôpital bien en vue et largement couvert du drapeau de la Croix-Rouge. En quelques minutes, six projectiles atteignirent les bâtiments. Un des obus pénétra dans la chappelle au moment où les enfants de l'orphelinat sortaient de la messe. Il n'y eut pas de victimes.

Le 17 ou le 18, les Français n'occupent plus la rive droite d'une façon permanente ; ils se bornent à y envoyer des patrouilles. Chaque jour, échange de coups de fusil et de coups de canon entre les deux rives. Des cavaliers allemands recommencent à descendre dans la ville, où ils circulent impunément. Exemples : le 19, vers midi, un uhlan, venant de la direction du Rocher-Bayard, se retire par la route de Ciney sans être inquiété. Il a traversé la ville dans presque toute sa longueur. Le même jour, à la nuit tombante, un autre cavalier suit le même itinéraire et se retire avec la même sécurité.

Dans la nuit du 21 au 22, une vive fusillade éclate soudainement rue Saint-Jacques (route de Ciney). Ce sont les Allemands venus en automobile qui tiraillent sur les maisons où les habitants dorment paisiblement. Ils enfoncent les portes, blessent gravement trois personnes, dont une au moins à coups de baïonnette, et se retirent après avoir, en se servant de bombes, incendié de quinze à vingt maisons. Ils abandonnent un certain nombre de ces engins qui furent jetés à l'eau par les habitants. Ceux-ci prétendent qu'il s'agit de bombes incendiaires.

On ne comprend rien à cette agression. Les journaux ont bien rapporté des récits d'atrocités commises aux environs de Visé, mais on n'y a pas cru. Finalement, l'opinion s'arrête à l'idée que cette attaque est un exploit d'hommes ivres, et l'on attend sans trop de crainte la suite des événements.

Le 23 août, la bataille entre les armées française et allemande s'engage de bonne heure par un duel d'artillerie. Les deux premiers coups de fusil des Allemands sont tirés sur deux jeunes filles qui cherchaient un abri meilleur que celui où elles se trouvaient.

Tous les habitants se réfugient dans les caves. Vers 6ʰ30, j'entends les cris des Allemands arrivant devant chez moi. Un violent coup de sonnette et en même temps des coups de fusil sont tirés dans mes fenêtres ; à tous les étages les vitres sont brisées. J'ouvre ma porte, une douzaine de soldats allemands me couchent en joue, pendant qu'un autre me fait signe de lever les bras. On fait sortir les miens et moi, on nous fouille: « Pas d'armes? — Non. — Dans la maison? — Non. — Pas de soldats français blessés ? — Non. »

On nous laisse libres, mais avec défense de rentrer chez nous. J'avais la clef de la maison d'un voisin qui avait quitté Dinant. Nous nous y réfugions. A peine y étions-nous de deux minutes, coup de sonnette, coups de feu dans les fenêtres; on nous expulse de notre nouveau refuge. Nous retrouvons dans la rue M. le juge Herbecq, notre voisin immédiat, Mᵐᵉ Herbecq et leurs sept enfants. Après quelques pourparlers, on nous laisse libres encore et nous entrons chez M. Herbecq. J'avais, pendant ce temps, pu constater la façon de pro-

céder des Allemands. Dans la rue déserte, ils marchent sur deux files,
le long des maisons, celle de droite surveillant les maisons de gauche
et inversement, tous le doigt sur la gâchette et prêts à faire feu.
Devant chaque porte, un groupe se forme, s'arrête et crible de balles
les maisons et spécialement les fenêtres jusqu'à ce que les habitants
se décident à ouvrir. Je sais que les soldats jetèrent de nombreuses
bombes dans les caves.

Si l'on tarde, ils enfoncent à coups de hache et à coups de crosse
portes et volets. Que l'on se hâte ou non, le résultat est le même : la
maison est envahie, les habitants sont expulsés, fouillés et emmenés.
Je ne sais pourquoi la famille de M. Herbecq et la mienne subissent
un traitement différent, peut-être est-ce parce que nous avons pu
dire quelques mots d'allemand.

Nous restons environ deux heures chez M. Herbecq. Pendant ce
temps, la curiosité nous poussant, nous nous risquons à aller voir à une
lucarne du grenier. Les Allemands bombardent le faubourg de Neffe
(rive gauche). Des maisons que nous voyons ainsi détruire ne part aucune riposte.

Vers 9 heures, salve dans les fenêtres et expulsion définitive cette
fois. On nous conduit vers la rue Saint-Roch. Sur le trajet, plusieurs
maisons brûlent. Dans une chambre de la maison Mossiot, des
meubles brisés sont empilés et en flammes. Nous arrivons chez un
appelé Bouille, où l'on nous confine. La maison, l'écurie et la forge
qui en dépendent sont remplies de prisonniers. A chaque instant il en
arrive d'autres, hommes valides, vieillards, femmes, enfants.

On donne l'ordre à MM. Delens, hôtelier, et Taquet, ancien gen-
darme[1], d'aller avec une civière relever au quai de Meuse des Allemands morts et blessés. Ils y sont envoyés seuls : le quai est soumis au
feu des Français. Comme récompense de leur courage, ils seront d'ailleurs envoyés à Cassel.

Quelques hommes passent, les mains liées derrière le dos. Peu après,
au milieu des bruits de la bataille, nous distinguons nettement des
salves. On se regarde : les Allemands viennent de fusiller ces malheureux.

Au nombre des victimes de cette exécution se trouve M. Lambert
Thirifays, fils du juge des enfants. Depuis quelques jours, il est partiellement paralysé et devenu muet.

Dans notre groupe, la conversation s'engage tantôt avec l'un, tantôt
avec l'autre des soldats qui nous gardent. D'après les uns, nous ne
sommes rassemblés que pour être en sûreté. D'après d'autres, nous
serons fusillés parce que nous avons tiré. Protestations et dénégations.
Réponse : « Tous pour un ! C'est la guerre. — Mais enfin qui a tiré?
— Beaucoup de civils. Entre autres une jeune fille de treize ans, qui a
tiré un coup de revolver sur un major. » J'ai lu, depuis, que le même

---

(1) Une de ses jeunes filles vient d'être blessée d'un coup de feu. L'hôtel Delens
(hôtel des Ardennes) quoique visiblement aménagé comme ambulance, est déjà en
flammes.

fait a été avancé à propos d'une localité du Luxembourg. Il y a là un défaut dans l'organisation de la calomnie.

Vers 2 heures, ceux d'entre nous qui se trouvent dans la forge sont emmenés vers la prison. La plupart des maisons du quartier brûlent. Chez M. le juge Laurent nous voyons les Allemands installés dans le bureau. Ils fouillent ses papiers. On nous fait entrer dans une cour de la prison. Du haut des collines d'Herbuchenne, la vue plonge dans cette cour. Quand nous y pénétrons, nous sommes accueillis par des coups de fusil partant de ces hauteurs. Mᵐᵉ Stevaux, soixante-quinze ans, et un nommé Lebrun sont tués. Plusieurs sont blessés, entre autres Mᵐᵉ Thonon (elle mourut deux jours après). Son mari fut arraché d'auprès d'elle et déporté en Allemagne. Les Allemands, exposés comme nous à ce feu, nous refoulent dans un coin où nous sommes à l'abri. Ils crient à leurs camarades de cesser le feu, hissent un drapeau blanc et la fusillade dirigée sur nous s'arrête. Grâce à la hauteur du mur d'enceinte et à l'exiguïté de la cour, presque toutes les balles portaient trop haut. Sans ces deux circonstances, un effroyable massacre aurait été fait dans la foule compacte des prisonniers, foule composée surtout de femmes et d'enfants.

Dans l'intérieur de la prison, les prisonniers civils faits par les Allemands sont nombreux. Que veut-on faire de nous? De temps à autre des officiers viennent voir ce qui se passe ; ils se retirent rarement sans menaces à notre adresse.

Vers 6 heures, les menaces se précisent. Nous allons être fusillés. L'abbé Jouve, curé de Saint-Paul, à Dinant, donne à tous l'absolution. Brusquement, les hommes sont séparés des femmes et rangés en ligne dans la cour. Déjà on ouvre la porte de la cour, lorsque, tout près de la prison, éclate une fusillade extraordinairement nourrie. Des soldats qui se trouvent sur la place de la prison rentrent tout effarés se mettent à tirer en l'air ou vers la place à travers les panneaux brisés de la porte. Un officier s'approche du bureau du directeur et, à travers la fenêtre, tire un coup de revolver sur un médecin qui est en train de panser les blessés. Le docteur n'est pas atteint : il s'est jeté à terre et reste dans cette position, faisant le mort. Il demeurera ainsi tant qu'il y aura des Allemands dans la prison et échappera, grâce à cette ruse, à la déportation en Allemagne.

Un moment de désarroi s'est produit, dont chacun a profité pour se glisser auprès des siens. Tout le monde croyait à un retour des Français. Malheureusement, la fusillade qui y avait fait croire cesse de suite et l'on comprend qu'une exécution en masse vient d'avoir lieu. Dans la cour de la prison, il y a un mort de plus, un nommé Bailly.

Vers 8 heures, la bataille a beaucoup diminué d'intensité. On fait sortir tout le monde de la prison et on nous conduit vers Anseremme, après nous avoir fait faire un détour pour nous montrer sur la rive gauche le faubourg de Neffe en flammes.

Sur notre route, partout des incendies. Près du Rocher-Bayard, arrêt de la colonne, séparation des hommes valides d'avec le reste de la bande: Ils sont reconduits vers Dinant tandis que les vieillards, les femmes et les enfants sont entraînés vers Anseremme.

A chaque instant notre marche est arrêtée. Nous voyons les soldats pénétrer dans les maisons encore intactes, en ressortir quelques instants après, puis des flammes jaillir; quand la chaleur devient intolérable, on nous remet en route pour nous faire jouir un peu plus loin du même spectacle, si bien que nous mettons une grosse heure pour aller du Rocher-Bayard à la montagne Saint-Nicolas, par laquelle nous sommes conduits hors de Dinant : le trajet n'a guère plus de 1 kilomètre.

Pendant un de ces arrêts, ordre nous est donné en français de remettre notre argent. De suite, nous sommes fouillés par les soldats qui nous gardent pendant que d'autres passent avec des sacs en toile et rassemblent les sommes enlevées. Un des prisonniers demande un reçu à un officier qui passe. Il est menacé du revolver. En ce qui me concerne, j'étais porteur d'une somme de 800 à 900 francs en espèces, dont partie en or. (Au moment de la séparation, j'avais remis à ma femme et à mon fils tout ce que je possédais de billets.) La monnaie d'argent est déposée dans un des sacs, mais je vois le soldat qui m'avait fouillé mettre subrepticement en poche l'étui contenant mon or.

J'affirme que ce vol en grand fut commis par ordre.

Le lendemain et le surlendemain, le capitaine qui commandait notre escorte nous fit encore fouiller à différentes reprises. Remettez tout votre argent ou vous serez fusillés, disait-il. A Marche, il ajouta : « Vous serez fouillés jusque dans les souliers(¹). » On prit tout ce que l'on put trouver sur nous. Même les livrets de la caisse d'épargne furent l'objet d'une chasse avide.

Ce bel exploit accompli, on nous fait reprendre notre route. Le long du mur de la prison quelques cadavres de civils sont couchés. Un peu plus loin, devant chez moi, il y en a un monceau.

Les soldats font porter leurs sacs par les prisonniers. On nous conduit à Herbuchenne par la montagne Saint-Nicolas. Nous devons enjamber des cadavres de gens fusillés. Sur le plateau d'Herbuchenne, des fermes et des habitations isolées sont disséminées. Tout ce que nous voyons brûle. Dinant, dans le fond, est un brasier. Devant nous, sur la rive gauche, l'incendie dévore le collège de Belle-Vue, le château du Bon-Secours, l'Institut hydrothérapique, etc. Dans le lointain, vers Onhaye, le ciel est rouge.

Des soldats nous disent que nous serons conduits en Allemagne,

---

(1) Cet officier est un capitaine du 100⁰ d'infanterie (régiment saxon). Il y a peu de temps, à Dinant, le kreischef me fit appeler et me dit : « Des otages ramenés de Cassel se sont plaints de ce qu'on leur ait pris de l'argent. Pensez-vous que ce soit vrai? » Je lui fis le récit qui précède. Il me demanda alors le nom — que j'ignorais naturellement — et le signalement de l'officier dont il s'agit. Je lui donnai : grade, numéro du régiment, grand, figure osseuse, haut en couleur, complètement rasé, cheveux blonds, montant un cheval blanc et accompagné d'un chien de berger à poil rude. D'autres témoins furent entendus à ce sujet. J'ignore le but de cette enquête et le résultat qu'elle a pu donner.

d'autres nous menacent, disant que nous serons fusillés au lever du jour. Nous allons camper ici.

A Dinant la bataille est finie : les Allemands ont passé la Meuse.

Tels sont les faits dont j'ai été le témoin oculaire au cours du sac de Dinant.

Pour ceux que je vais relater, j'en fais le récit d'après des témoignages concordants et soigneusement contrôlés.

C'est par quatre voies principales que, le 23 août, les Allemands descendirent dans Dinant, tous à peu près à la même heure : vers 6 heures du matin.

Ces routes sont : celles de Lisogne à Dinant, de Ciney à Dinant et la montagne de Saint-Nicolas, par où descendent les troupes se trouvant sur une partie du plateau d'Herbuchenne, et enfin la route de Froidvau, conduisant de Boiseille à Dinant.

I. — La première de ces routes débouche dans le quartier dit « Fonds de Leffe. »

Dès leur arrivée, les soldats pénètrent dans les maisons, expulsent les habitants, tuent les hommes et incendient les habitations.

M. Victor Poncelet est tué chez lui en présence de sa femme et de ses enfants. M. Himmer, directeur de la fabrique de Leffe, vice-consul de la République Argentine, est fusillé avec un groupe d'ouvriers de son établissement. Cent cinquante-deux membres du personnel de cette fabrique sont assassinés.

L'église des Prémontrés est, m'a-t-on raconté, envahie pendant la messe (¹). Les hommes en sont emmenés de force et fusillés sur-le-champ. Un des pères Prémontrés est également massacré.

Mais à quoi bon détailler davantage ? Un seul fait suffit : de toute la population de ce quartier, il reste neuf hommes vivants (vieillards non compris). Les femmes et les enfants sont enfermés à l'Abbaye des Prémontrés, qui sera pillée dans la suite. On verra des soldats se promener en ville revêtus des robes des moines.

II. — Mêmes scènes de massacre et d'incendie rue Saint-Jacques, qui termine la route de Ciney. Les victimes sont toutefois moins nombreuses. Les habitants de ce quartier, plus impressionnés que ceux du reste de la ville par la scène nocturne du 21 au 22, ont, en grand nombre, abandonné leurs maisons.

De la rue Saint-Jacques, les Allemands se répandent dans tout le quartier. On tue encore, mais moins qu'à Leffe. La population est internée aux Prémontrés. Tout est incendié. De notre belle et vieille église gothique, on brûle le clocher et les toits. On met le feu aux portes, sans cependant parvenir à les détruire complètement.

Plus loin, la Grande Place et la rue Grande jusqu'à la rue du Tribunal sont momentanément préservées : les Allemands n'y pénètrent pas. Ce n'est que le lendemain que leurs habitants seront internés.

---

(1) Différentes personnes m'ont affirmé ce fait. J'ai quitté Dinant avant d'avoir entendu le récit des pères Prémontrés.

Le 24 au soir et le 25, on brûle cette partie de la ville; il y reste une seule construction : l'Hôtel des Familles.

III. — Depuis la rue du Tribunal jusqu'au delà de la prison, les crimes sont commis par les troupes descendant de la montagne Saint-Nicolas. J'ai relevé les numéros des 100° et 101° d'infanterie (Saxons).

Sur cette voie, dès que les troupes arrivent, elles procèdent comme à la rue Saint-Jacques et aux Fonds de Leffe : massacre d'une partie des hommes, arrestation des femmes et des enfants.

Quant au reste du quartier, les habitants eurent des fortunes diverses.

Après avoir été rassemblées et retenues un certain temps dans une rue où elles étaient à l'abri des risques de la bataille, de nombreuses personnes furent conduites (hommes, femmes et enfants) jusqu'à l'endroit où un seul côté de la rue est bâti; l'autre donne directement sur la Meuse. Les prisonniers furent rangés sur une longue file pour servir de bouclier contre le tir des Français, pendant que les troupes allemandes défilaient derrière ce rempart vivant. Les Français cessèrent le feu dans cette direction dès qu'ils virent quelles victimes étaient offertes à leurs coups. Une jeune fille de vingt ans, Mlle Marsigny, fut cependant tuée sous les yeux de ses parents, elle avait reçu une balle française à la tête. Parmi les personnes ainsi exposées, je note : mon substitut, M. Charlier, M. Brichet, inspecteur forestier, M. Dumont, commissaire voyer, leurs femmes et leurs enfants. Les captifs furent ainsi exposés pendant environ deux heures, après quoi ils furent conduits en prison.

Même procédé pour un groupe de citoyens exposés au feu français place de la Prison. On les oblige à tenir continuellement les bras levés. Parmi eux un vieillard de quatre-vingts ans, M. Laurent, président honoraire du tribunal, son gendre, M. Laurent, juge, la femme et les enfants de celui-ci. Pas de victimes : les Français ont cessé le feu et les Allemands ont pu défiler librement. Au bout de deux heures, internement à la prison. Je cite quelques noms parce que ce sont ceux de magistrats et fonctionnaires que je connais plus particulièrement, mais on peut évaluer à 150 au moins le nombre des personnes qui furent soumises à ce traitement.

Les autres habitants du quartier furent, comme ma famille et moi, conduits chez Bouille. Dans la maison, l'écurie et la forge, on était entassé, on débordait même dans la rue.

Les occupants de la forge, dont j'étais, en furent, comme je l'ai dit, extraits vers 2 heures et conduits à la prison.

Les autres furent, vers 6 heures, menés non loin de la prison, devant mon habitation.

Là on sépare du troupeau les hommes valides et on les aligne contre le mur de mon jardin sur quatre rangs. Un officier leur tient un discours en allemand, puis, en présence des femmes et des enfants, commande le feu. Tous tombent. Des soldats qui assistent à la scène du haut de la terrasse que forme le jardin de M. Franquinet, architecte, rient aux éclats. Entourés des flammes qui dévorent presque tout le quartier, les personnes que leur âge ou leur sexe ont fait échapper au massacre sont remises en liberté.

Cent vingt-neuf est le nombre exact, je pense, des malheureux qui furent tués là.

La fusillade qui les abattit est celle que nous avions entendue quand nous étions rangés dans la cour de la prison pour être conduits à la mort. Grâce à Dieu, nous étions en retard. Cent vingt-neuf hommes, dis-je, furent massacrés à cet endroit. Le nombre des condamnés était plus grand. Quelques-uns se laissèrent tomber quand on commanda le feu ; d'autres ne furent que légèrement blessés. Ils réussirent à s'échapper pendant la nuit. Tous ceux dont les cadavres furent relevés n'avaient pas été tués sur le coup. Des « rescapés » m'ont raconté qu'au début de la nuit on entendit M. le banquier Wasseige dire à un blessé : « Ne bougez pas ; taisez-vous. » Un soldat qui passait l'acheva immédiatement.

C'est le mercredi seulement que l'on put s'occuper de ces victimes, toute circulation ayant été interdite auparavant. Le lundi et le mardi on entendit des blessés se plaindre et gémir. Ils moururent faute de soins.

IV. — Les troupes descendues par la route de Froidvau occupent le quartier de « Penant ». Les habitants sont arrêtés dès l'arrivée des Allemands et gardés à vue près du Rocher-Bayard. Le feu des Français s'étant ralenti, les Allemands commencent la construction d'un pont. Cependant, quelques balles les gênent encore. De ce qu'elles sont rares, les Allemands concluent — avec ou sans sincérité — qu'elles leur sont envoyées par des francs-tireurs. Ils envoient M. Bourdon, greffier adjoint au tribunal, sur la rive gauche, pour annoncer que si le feu continue les habitants prisonniers seront passés par les armes. Il s'exécute, puis, repassant la Meuse, revient se constituer prisonnier et déclare aux officiers allemands qu'il a pu se convaincre que seuls des soldats français tirent. Quelques balles françaises arrivent encore et une chose monstrueuse se passe, que l'imagination se refuserait à croire si des témoins ne survivaient pour l'attester et si les cadavres avec leurs plaies béantes n'en fournissaient la plus irrécusable des preuves : le groupe des prisonniers, hommes, femmes et enfants, est poussé contre un mur et fusillé !

Quatre-vingts victimes tombent en ce moment !

Est-ce ici ou dans l'aqueduc de Neffe dont je parle plus loin que fut tué un enfant de trois mois ? Je ne sais plus.

Le soir, les Allemands fouillent parmi les morts. Sous la masse de ceux-ci, quelques malheureux vivent encore. Ils en sont retirés, joints à des prisonniers amenés d'ailleurs, et mis à creuser une fosse pour les morts. Ils seront déportés en Allemagne. Parmi eux il y a un enfant de quinze ans, le fils du greffier Bourdon, trouvé sous les corps de son père, de sa mère, de son frère et de sa sœur fusillés.

Parmi ceux que l'on enterre, une femme vit encore : elle gémit. Peu importe. Son corps est jeté dans la fosse avec les autres.

Rive gauche de la Meuse. — Les Allemands ont franchi le fleuve.

Le quartier Saint-Médard a relativement peu à souffrir : les morts ne sont pas nombreux. C'est celui où le plus de maisons restent debout.

Faubourg de Neffe. — Les Allemands fouillent les maisons, en brûlent bon nombre, en laissent d'autres intactes. Des habitants sont laissés en liberté ; d'autres, expulsés de chez eux, sont fusillés sur la route ; d'autres enfin sont arrêtés et conduits en Allemagne. Ailleurs, des familles entières sont massacrées sans distinction d'âge ni de sexe (Guery, Morelle notamment). Le feu prend dans une maison ; une femme qui a une jambe brisée s'y trouve seule. Des habitants demandent aux soldats la permission d'aller la sauver. On refuse ; la malheureuse est brûlée vive.

Dans un aqueduc, sous la voie du chemin de fer, une quarantaine de personnes sont réfugiées. On y tire des coups de feu, on y jette des grenades à main. Les survivants se décident à sortir, et les hommes sont arrêtés pour être transférés en Allemagne.

Le lundi 24 août, les Allemands arrêtent les habitants de la partie de la rue Grande qui avait été épargnée la veille. Ils sont enfermés chez les Prémontrés.

Les rares personnes qui se risquent à sortir des maisons épargnées par le feu dans les autres quartiers sont ou arrêtées ou traquées à coups de fusil. Plusieurs sont tuées, notamment par des soldats qui tirent d'une rive à l'autre de la Meuse.

Les hauteurs qui dominent la ville sont gardées. Des habitants qui veulent s'échapper par là, les uns y réussissent, d'autres plus nombreux sont arrêtés ou tués.

Des prêtres et des religieux, professeurs au collège de Belle-Vue, frères de la doctrine chrétienne, oblats, sont arrêtés et internés à Marche dans un couvent. Vers la mi-septembre, le général von Longchamp, gouverneur militaire de la province de Namur, vient les faire remettre en liberté en leur présentant les excuses de l'armée allemande !

Toute la journée du lundi et du mardi, on pille et l'on achève de brûler la ville.

Au total, dans cette ville de plus de 1.400 feux et de 7.000 habitants, il y a de 630 à 650 morts, dont plus d'une centaine sont des femmes, des enfants en dessous de quinze ans et des vieillards ([1]). Il ne subsiste pas 300 maisons.

Des femmes ont-elles été outragées ?

Un seul fait a été porté directement à ma connaissance. Un des citoyens les plus honorables m'a déclaré que, sous prétexte de rechercher des armes, on avait fouillé sa femme jusque sous son linge.

M. le docteur X... m'a rapporté que les faits de viol avaient été nombreux. Rien que dans sa clientèle, il en connaît trois cas indiscutables.

Le pillage fut pratiqué ouvertement. Chez moi, notamment, on est venu trois jours de suite avec des chariots pour enlever l'argenterie, les literies, dont il ne reste rien, des meubles, les vêtements d'homme

---

([1]) La liste des victimes à laquelle faisait allusion la Commission d'enquête dans son onzième rapport comprend quelques noms d'habitants des localités limitrophes de Dinant.

et de femme, le linge, des bibelots, des garnitures de cheminée, une collection d'armes du Congo, des tableaux, le vin, même mes décorations et celles de mon père et de mon grand-père. Les glaces sont brisées, la vaisselle mise en pièces.

Dans les caves d'un marchand de vin, M. Piret, 60.000 bouteilles sont volées.

Il n'y a pas, à ma connaissance, dans les maisons restées debout, un seul coffre-fort qui n'ait été forcé ou ne porte des traces manifestes de tentatives de cambriolage !

A quoi bon allonger démesurément ce rapport par le récit des infortunes particulières de nombre de citoyens qui m'en ont dit les navrants détails ? Dans leur ensemble, les circonstances sont les mêmes, et ce que j'ai rapporté suffit pour démontrer que le massacre, l'incendie et le pillage ont été systématiquement organisés, exécutés froidement, même après que la bataille eut pris fin.

Tous ces crimes étaient injustifiés. Ils étaient prémédités.

C'est ce que je vais démontrer.

I. — Crimes injustifiés :

1° L'autorité communale avaient fait tout son devoir. Elle avait publié et fait afficher un avis attirant l'attention des citoyens sur la nécessité de s'abstenir de toute attaque avec ou sans armes, de toute menace même vis-à-vis des soldats allemands.

Elle avait, en outre, ordonné le dépôt à la maison communale de toutes les armes et munitions. Ses prescriptions avaient été unanimement et scrupuleusement obéies ;

2° J'ai cité au commencement de ce rapport les attaques dirigées contre les patrouilles ennemies. Je crois cette liste complète. Si elle ne l'est pas, c'est qu'au bout de dix mois ma mémoire est en défaut, mais je sais qu'au mois d'août, j'ai connu tous les incidents de ce genre qui se sont produits dans l'agglomération. Chaque fois ce furent les troupes régulières, belges ou françaises, qui attaquèrent l'ennemi ;

3° Des Dinantais auraient-ils tiré sur les troupes allemandes, soit dans la nuit du 21 au 22, soit dans les journées de bataille du 15 et du 23 ?

Une réponse directe est matériellement impossible : dans la nuit du 21 au 22, les habitants dormaient ; le 15 et le 23 ils étaient dans leurs caves.

Mais il y a invraisemblance à supposer que cette population qui respecte les patrouilles et les cavaliers isolés attaque l'ennemi lorsqu'il est en masse.

En outre, beaucoup de personnes dignes de confiance et moi-même avons interrogé quantité de gens qui tous ont déclaré non seulement n'avoir pas tiré, mais n'avoir pas su ou entendu dire que n'importe qui l'eût fait. Ce témoignage unanime de toute une population a certes sa valeur.

4° Les Allemands ont-ils pris sur le fait un seul civil qui ait tiré sur eux ? En ont-ils surpris un seul porteur d'armes et ces faits ont-ils été établis par une enquête sérieuse ? Pas que je sache.

Mais on a vu à Dinant un officier cherchant à dissimuler un revolver qu'il tenait dans la main, introduire cette main dans la poche du veston d'un sieur Pécasse, en retirer ostensiblement le revolver, le montrer à ses hommes et faire emmener pour être fusillé le malheureux, victime de cette infâme supercherie.

5° Les Allemands *avouent* qu'il n'y a pas eu de francs-tireurs à Dinant.

A Cassel, le directeur de la prison me déclara : « Les autorités militaires à Berlin sont maintenant convaincues que personne n'a tiré à Dinant. » J'ignore, naturellement, ce qui lui a permis de faire cette affirmation.

Second aveu : Le général von Longchamp, gouverneur militaire de la province de Namur, me parlant des événements de Dinant, me dit textuellement : « Il résulte d'une enquête que j'ai faite qu'aucun civil n'a tiré à Dinant. Mais il y a peut-être eu des Français, déguisés en civils, qui ont tiré. Et puis, dans l'entraînement du combat, on va parfois plus loin qu'il ne faut. »

J'ajoute que je n'ai trouvé personne à Dinant pour me donner le moindre indice que cette hypothèse relative aux soldats français, eût un fondement quelconque d'exactitude.

II. — La préméditation. — L'attaque immédiate et simultanée se produisant contre la population par toutes les voies où l'armée allemande pénètre à Dinant forme à elle seule une présomption grave. Il faut admettre ou des ordres donnés à l'avance ou l'action de francs-tireurs sur tous et chacun des différents points d'invasion. Or, on n'a tiré nulle part ; donc...

Quelque grave que soit cette présomption, elle ne suffit pas comme base d'une affirmation catégorique.

Mais comme elle confirme bien la sincérité des témoignages qui forment preuve directe !

De nombreux habitants de villages occupés avant le 23 août ont déclaré qu'il leur avait été annoncé à l'avance que Dinant serait détruit.

De ces témoignages, j'en relève un, parce qu'il doit une importance particulière à la personnalité du narrateur, d'une part, et d'autre part, à l'autorité que son grade dans l'armée allemande donne à l'auteur des menaces :

M. X..., de Dinant, se trouvait, lors de l'invasion, dans une autre commune du pays. Il fit la connaissance d'un officier allemand, major ou colonel. Or, le 19, 20 ou 21 août (c'est ma mémoire qui est ici infidèle, car les détails m'ont été donnés avec précision), cet officier dit à M. X... : « Vous êtes de Dinant ? N'y retournez pas ; c'est une mauvaise ville, elle sera détruite. » En même temps, il demandait à M. X... des renseignements sur son habitation à Dinant. Il partit, mais revint après le 23 août et, tirant de ses bagages une statuette, il la montra à M. X... en disant : « Connaissez-vous ceci ? — Mais oui, cela vient de chez moi ! — En ce cas, je ne me suis pas trompé : j'ai préservé votre maison, elle n'est pas brûlée. »

Tels sont les faits que je connais en ce qui concerne Dinant.

Pour les environs, je ne suis pas documenté suffisamment pour pouvoir fournir un rapport détaillé.

J'ai bien entendu de nombreux récits. Mais la crainte de perquisitions m'a retenu de noter ces témoignages. Leur découverte aurait compromis non seulement ma sécurité, mais aussi celle des personnes que j'aurais entendues.

La surveillance dont on est l'objet en Belgique m'empêchait, en outre, de procéder à une enquête méthodique qui seule eût permis le contrôle nécessaire des récits que j'ai entendus. Je ne puis donc faire état que de ce que j'ai vu et de quelques faits notoirement connus. J'ai un peu circulé dans l'arrondissement et j'ai constaté ce qui suit :

Sur la route de Dinant à Namur (rive droite de la Meuse), le village de Houx est détruit.

A Yvoir, de nombreuses maisons sont brûlées. Je ne suis pas allé plus loin dans cette direction. Houx est la seule localité entre Dinant et Yvoir. De Dinant à Namur, par la rive gauche, partout de nombreuses maisons brûlées.

Route de Ciney. — Le hameau de Gemmechenne est presque entièrement détruit. A Sorinnes, il reste l'église, le château et une ferme. De là à Ciney, pas de dévastation ; de même vers Marche par Conjoux et Haversin.

J'ai eu l'occasion de me rendre à Vierves, commune de mon arrondissement. J'y suis allé par la vallée de la Meuse et je suis revenu par les hauteurs.

Je cite, sans en omettre une seule, les localités que l'on traverse ou que l'on voit en suivant cet itinéraire de 65 kilomètres environ.

Waulsort, en partie brûlé. De 15 à 20 personnes tuées, entre autres mon secrétaire, massacré au moment où on l'expulsa de chez lui.

Hastière-par-delà. — Il reste une dizaine de maisons sur 90 environ. Nombreux fusillés, notamment l'abbé Schloegel, curé de la localité (¹), et le docteur Halloy.

Hastière-Lavaux. — Une ou deux maisons brûlées.

Hermeton-sur-Meuse, détruit. Ici encore on a tué. Parmi les victimes, M. Ponthière, professeur à l'Université de Louvain.

Agimont a été respecté.

La route me mène en France, à Givet, où, sauf aux casernes et au fort, je ne vois pas de traces de destruction, non plus qu'à Vireux. On rentre en Belgique. La gare de Treignes et les habitations voisines sont intactes. Vierves également.

Romedenne n'est qu'un monceau de ruines.

Surice est entièrement rasé. On a fusillé.

Rosée et Morville, que l'on aperçoit sans les traverser, sont en partie brûlés.

Anthée est détruit. On a massacré.

Gerin, sur la gauche de la route, montre les ruines de maisons incendiées.

D'Onhaye, enfin, il ne reste presque rien.

_____

(1) Massacré à Hermeton-sur-Meuse.

Dans la vallée de la Lesse, les gares de Gendron et de Houyet, ainsi que les maisons qui en sont proches, sont brûlées. De là à Rochefort par chemin de fer les villages sont intacts.

Je n'ai pas fait d'autres voyages dans l'arrondissement.

Pour établir ce rapport et pour discerner la valeur des témoignages dont je me suis servi, j'ai usé de toute la prudence dont une carrière de dix-neuf ans comme magistrat du parquet m'a enseigné la nécessité. Je l'ai rédigé avec toute la sincérité d'un honnête homme.

Je vous l'adresse comme une œuvre de loyauté et de bonne foi.

Je vous prie, Monsieur le Ministre, d'agréer l'assurance de ma haute considération.

Le Procureur du Roi de Dinant,

M. Tschoffen.

***

Monsieur le Ministre,

J'ai l'honneur de vous adresser la seconde partie du rapport que vous m'avez demandé.

Elle a trait au transfert en Allemagne et à la détention à la prison de Cassel de 416 personnes, arrêtées à Dinant les 23 et 24 août.

J'étais au nombre des captifs. Je puis donc certifier l'exactitude des détails qui suivent.

Presque tous nous avions été arrêtés le 23 et conduits le soir sur le plateau d'Herbuchenne, sur les hauteurs de Dinant. On nous y fait camper en plein air sans nous donner à boire ni à manger. Nous sommes cependant aux mains des Allemands depuis le matin et rien ne nous a été distribué.

Parmi les soldats qui nous gardent, les uns disent que nous serons fusillés au point du jour, d'autres que nous serons transférés à Coblentz, d'autres enfin que nous serons conduits à Marche, où l'État-major allemand décidera de notre sort.

On nous donne des bottes de paille pour nous coucher, puis le silence est ordonné.

Le jour venu, on ne fusille personne, mais nous sommes tenus sur place.

Deux officiers allemands commandent notre escorte : ils sont inabordables. Ceux qui veulent leur adresser la parole sont menacés du revolver.

Près de moi, un ouvrier se plaint à ses camarades de la faim qui tourmente tout le monde, et cependant, dit-il, jamais il n'a fait un souper aussi coûteux que la veille. — Qu'avez-vous donc mangé ? — J'avais trois billets de 100 francs, mais quand on nous a fouillés, je les ai avalés. Ils ne les ont pas eus !

Enfin on se décide à envoyer quelques-uns des prisonniers, sévèrement gardés bien entendu, chercher de l'eau à une ferme voisine. A leur retour, ils racontent avoir vu les cadavres des habitants mâles de la ferme.

Pour nous permettre de boire, on nous fait ramasser des boîtes à conserves vides. Ce sera notre vaisselle jusqu'à Cassel.

Le capitaine du 100ᵉ d'infanterie qui commande notre escorte — et dont j'ai parlé dans mon précédent rapport — aperçoit dans une pâture clôturée un superbe étalon; il l'appelle et quand le cheval est près de lui, sans raison, pour le plaisir de mal faire, il le tue à bout portant d'un coup de revolver. Peu après (je ne l'ai pas vu mais de nombreux témoins me l'ont dit), il tue de même une jument et une pouliche.

Vers 10 heures, on nous donne un peu de soupe.

On recommence à nous fouiller et à nous prendre l'argent que certains avaient pu cacher la veille. Ces recherches se font sur l'ordre et sous la surveillance du capitaine, qui circule et, revolver au poing, ne cesse de nous menacer. L'autre officier, un lieutenant ou sous-lieutenant, croit indispensable de gesticuler des deux mains, l'une armée du revolver, l'autre de l'épée nue !

Enfin on nous achemine par la route de Ciney. Nous passons par le hameau de Gemmechenne; il est presque entièrement brûlé ; puis à Sorinnes qui, sauf le château et une ferme, est réduit en cendres.

Tout le long de la route, des troupes et des charrois défilent ou cantonnent.

Partout des injures nous sont adressées, des menaces nous sont faites : on nous fait signe qu'on va nous fusiller, nous couper le cou, nous pendre. Des ordures nous sont jetées à la tête, on nous crache à la figure. Nous ne baisserons cependant pas la tête : ce n'est pas nous qui sommes avilis. Un officier qui assiste au défilé distribue des coups de cravache à ceux qui passent à sa portée. D'autres passent dans de nombreuses automobiles en hurlant et en brandissant le revolver dans notre direction. Jusqu'à notre embarquement en chemin de fer il en sera ainsi partout où nous rencontrerons des troupes.

Notre capitaine à cheval s'arrête de temps en temps pour nous regarder passer et parfois nous adresser la parole. Sa conversation est monotone et manque de charme : « Vous êtes des bêtes. » — « Vous vous êtes conduits comme des bêtes. »

Halte à Achêne. Nous y trouvons des soldats français prisonniers. Toute communication avec eux est interdite.

Arrivée d'un autre groupe de Dinantais prisonniers. Eux aussi ont été dévalisés.

Deuxième distribution de soupe et en route vers Conjoux. Nous arrivons non loin de ce village quand le jour tombe. Depuis un certain temps, on ne peut plus parler qu'à voix basse. Dans une prairie humide, le campement est organisé sous une surveillance sévère. Nous sommes rangés en cercle sur quatre rangs de profondeur. Devant et derrière nous des sentinelles nombreuses.

Nous devons nous coucher étroitement serrés. Défense de se lever ou de parler sous quelque prétexte que ce soit. Ceux qui enfreindront la consigne seront fusillés.

Vers le milieu de la nuit, des cris déchirants éclatent : « Au secours ! au secours ! » Nous entendons des soldats se dire : « Il est fou, ne tirez pas. » Puis un bruit sourd de coups et la chute d'un corps. Les cris diminuent et s'éteignent.

Le lendemain matin, à une vingtaine de mètres du camp, un corps gisait dont une main remuait lentement. C'est celui d'un des prisonniers, un malheureux dont l'intelligence ne s'est pas développée. Son père est avec nous; il lui est défendu de s'approcher de son fils. Aucun soin ne lui est donné et l'on nous emmènera en l'abandonnant sur le terrain. Il a pu cependant se relever et regagner Dinant.

Quatre enfants de douze à quatorze ans que l'on avait arrêtés en *même temps que nous sont remis en liberté.*

Après la distribution à chacun de nous d'une poignée de biscuits, on nous remet en route et, par des chemins détournés, on nous conduit vers Haversin. La consigne pour la route : « Si vous entendez des coups de feu, couchez-vous. Si quelqu'un essaie de fuir, il sera fusillé. »

Les soldats, au lieu de nous encadrer comme la veille, se mettent en file au milieu de la colonne des prisonniers qui marchent par rangs de quatre.

Cette précaution était due, nous l'avons su plus tard, à ce qu'un groupe de soldats français se trouvait encore dans la contrée. Ils y tinrent longtemps la campagne et finalement réussirent à peu près tous à passer la frontière hollandaise en habits civils.

Des cyclistes précèdent la colonne et écartent de notre passage les habitants.

A Haversin seulement on permettra que les habitants nous donnent un peu d'eau.

Beaucoup souffrent de la marche. Quelques-uns sont chaussés de sabots, un grand nombre n'ont aux pieds que des pantoufles. Ce sont évidemment les plus dangereux des francs-tireurs !

Au cours d'un repos, distribution d'un peu de soupe.

Enfin on arrive à Marche. Nous avons cheminé pendant neuf heures.

Il y a du monde dans les rues. Ceux qui ont des relations dans la localité cherchent à voir et surtout à être vus. On aura ainsi de nos nouvelles à Dinant, où l'inquiétude doit dévorer les nôtres. Et eux, les femmes, les enfants, quel sort leur est réservé ?

Dans une salle — une inscription sur la porte mentionne qu'il y a place pour *100 soldats* — on nous entasse. Nous sommes plus de 400 ! Les Français ont été conduits ailleurs.

Les habitants nous font parvenir des souliers, des chapeaux et des casquettes (la plupart de nous sont tête nue). Ils nous envoient également du café et des tartines fourrées. Ce sont *les Allemands* qui mangent celles-ci.

Apparition de notre capitaine : « Ceux qui ont encore de l'argent doivent le remettre, sinon ils seront fusillés. Vous serez fouillés jusque dans les souliers. » Les soldats commencent les visites corporelles mais, lassés, les abandonnent bientôt.

Quelques-uns ont en route ramassé des bouteilles vides pour le cas échéant y mettre de l'eau. Cela amène une nouvelle visite de notre aimable capitaine : « Remettez les bouteilles. Si plus tard un homme est trouvé avec une bouteille il sera fusillé. »

De l'État-major pas de nouvelles. On demande aux soldats à pouvoir parler à un officier. Ils ricanent et haussent les épaules. Les Allemands nous distribuent des croûtons de pain. On est abominablement entassé. Quelques-uns réussissent à se coucher, mais l'air est à ce point vicié qu'ils ne peuvent rester dans cette position. Un compagnon de misère et moi avons pour nous deux une chaise. Nous sommes parmi les heureux. C'est un soulagement quand le lendemain, assez tard dans la matinée, on nous extrait de notre prison. Nous prenons le chemin de Melreux. En cours de route distribution de pain.

En gare de Melreux, on nous compte à nouveau et nous changeons de gardes. Ce n'est pas un avantage. Un train formé de wagons à bestiaux est en gare. En nous bousculant, en nous frappant à coups de pied et à coups de poing, on nous y embarque et l'on nous cadenasse. Avant nous du bétail a occupé ces wagons. Le fumier a été sommairement enlevé. Pas de bancs, pas de paille.

Après deux heures d'attente, trois soldats pénètrent dans notre fourgon et l'on part par la ligne de l'Amblève.

A chaque arrêt du train, nous sommes insultés par les soldats qui gardent les stations. Une fois en Allemagne, c'est pis encore. Le quai où s'arrête le train n'est-il pas du côté où la porte est ouverte, vite on ferme celle-ci et on ouvre l'autre. S'il y a deux quais, on ouvre alternativement l'une et l'autre portière, afin de réjouir plus de cœurs allemands. Nous sommes traités comme des bêtes d'une ménagerie. Les officiers comme les soldats — il y en a partout — donnent l'exemple à la population civile. Les femmes et les enfants ne demeurent pas en reste d'injures et de gestes menaçants.

Nos gardiens sont acclamés comme s'ils accomplissaient un acte d'héroïsme.

A je ne sais plus quelle gare, nous voyons une femme qui, de sa fenêtre, pousse des hurrahs. Elle dégrafe ses vêtements, exhibe ses seins nus et fait le geste de les offrir aux soldats.

Le voyage dure trente-cinq heures, au cours desquelles nous avons reçu une seule fois à boire et à manger. Encore le devons-nous à la Croix-Rouge.

Au cours du trajet, l'un des prisonniers ayant cherché à s'évader du train en marche a été tué d'un coup de revolver.

Le 28 août, vers 3 heures du matin, nous débarquons à la gare de Wilhelmshoë (Cassel). Nous sommes alignés, comptés, remis aux mains d'une nouvelle troupe de soldats et, au pas accéléré, nous défilons dans les rues de la ville. Notre arrivée doit avoir été annoncée, car malgré l'heure matinale une foule hostile, injurieuse, menaçante, fait la haie. Les femmes et les enfants eux-mêmes sont là.

Au train dont on nous mène, les vieux et les éclopés ne peuvent pas suivre. Leurs compagnons les soutiennent et les entraînent, tandis qu'à coups de crosse les soldats stimulent les énergies défaillantes.

Nous arrivons à la prison. Par trois ou par quatre on nous enferme dans des cellules. M. Brichet, inspecteur forestier, au moment où on l'enferme, veut prendre avec lui son fils (quatorze ou quinze ans) : « Pas le père avec le fils », dit un geôlier. M. le juge Herbecq est également séparé de son fils (seize ans). Au bout de deux ou trois jours cependant ces deux jeunes gens obtinrent l'autorisation de rejoindre leur père.

Beaucoup d'autres furent moins heureux.

Je ne m'attarderai pas à dire les souffrances morales que notre captivité nous réservait, souffrances résultant des inquiétudes éprouvées au sujet des nôtres et du pays, provenant aussi de l'incertitude quant à la durée de notre détention, de l'isolement et de l'oisiveté.

Le surlendemain de notre arrivée, on nous conduisit à la douche et on donna à chacun une paire de chaussettes et une chemise. On mit un peigne dans chaque cellule.

On nous fit remplir une formule indiquant notre identité. Les autorités de la prison manifestèrent leur étonnement de voir quels criminels on leur avait amenés. Des artisans et commerçants formaient la masse. A côté d'eux, le bourgmestre de Dinant et un échevin, des professeurs de l'athénée, le percepteur des postes, l'inspecteur forestier, tous les geôliers de la prison de Dinant (arrêtés à la prison même avec un de leurs détenus), des avocats, trois juges suppléants, deux juges du tribunal, le procureur du Roi et un de ses substituts. Il y avait un fou, une douzaine d'enfants de treize à seize ans, des vieillards, dont l'un de quatre-vingt-un ans.

Au bout de huit jours, nous fûmes rassemblés dans un préau. On nous fit savoir que nous n'étions pas condamnés, mais détenus pour cause de sécurité publique et que nous pourrions écrire chez nous. Après une nouvelle attente de huit jours, on remit à chacun une carte postale. Quinze jours après quelques-uns reçurent une feuille de papier et une enveloppe. Vers la fin de notre détention, chacun put écrire à peu près comme il voulait. C'était d'ailleurs presque inutile. Une douzaine de lettres au maximum parvinrent à Dinant avant notre retour. Ce n'est qu'à la mi-octobre que nous pûmes obtenir que l'on fît parvenir en Belgique la liste des détenus. Une partie de la correspondance qui nous était adressée arriva à Cassel.

Notre prison était un très grand établissement. Il s'y trouvait de quatre à cinq cents condamnés de droit commun, entre autres des condamnés aux travaux forcés à perpétuité. Ils jouissaient d'un régime plus favorable que le nôtre.

Nos cellules, que nous habitions à trois ou quatre, mesuraient 9 mètres carrés et avaient une contenance de 25 mètres cubes. Elles prenaient jour et air par des fenêtres à carreaux mats placées au-dessus de hauteur d'homme. La partie supérieure se rabattait à moitié pour permettre l'aérage. Il y avait aussi un carreau mobile. En grimpant sur une cassette, on pouvait ouvrir ce carreau et apercevoir une cour de la prison et un coin de campagne. Cela était permis aux prisonniers de droit commun, mais sévèrement interdit à nous.

Notre mobilier : un radiateur, une table, un portemanteau, une toute petite armoire, une caisse contenant des brosses à habits et à souliers, une pinte en porcelaine, une cruche en grès, 4 gamelles et 4 cuillers, un petit bassin en zinc pour se laver, 2 essuie-mains, coupés dans d'anciens vêtements de prisonniers et que jamais on ne renouvela, un seau et un vase de nuit. Pas de siège, la carcasse d'un lit en fer — inutile car on en avait enlevé les matelas — et enfin deux bottes de paille et quatre couvertures. Cette paille fut vite réduite en poussière. Il nous fallut attendre près de deux mois pour qu'on la renouvelle.

A nos réclamations on répondait par des quolibets : il a plu, les paysans n'ont pu battre leurs récoltes ; ou bien : il n'y a pas de chevaux pour voiturer de la paille, etc. Plus souvent on haussait les épaules.

Huit ou dix jours avant notre départ, on mit une chaise ou deux dans chaque cellule.

Les prisonniers de droit commun avaient un lit et une chaise.

Certaines cellules étaient en sous-sol, prenant jour par une fenêtre située au niveau de la cour. Elles étaient froides, humides et sombres.

Un jour par semaine, nous étions, pendant une heure, conduits au préau. Sous la surveillance de soldats, baïonnette au canon, nous nous promenions autour de la cour les uns derrière les autres. Défense de marcher deux à deux. Vers la mi-octobre, le nombre des promenades fut augmenté et porté à trois, puis à cinq par semaine. La durée n'en fut plus que de trois quarts d'heure. Sauf le dimanche, les prisonniers allemands sortaient chaque jour.

Ceux-ci étaient tous occupés. Pour nous, au bout de quinze jours ou trois semaines, quelques-uns purent faire des travaux de jardinage, de pavage ou de blanchissage. Le choix des équipes était laissé à l'arbitraire des geôliers. On parut d'abord vouloir établir une sorte de roulement, mais les geôliers préférant avoir toujours les mêmes hommes, ce furent bientôt toujours les mêmes qui sortaient.

Plus tard il y eut une certaine amélioration : les tailleurs et cordonniers furent occupés. Le bourgmestre de Dinant et six ou sept autres épluchaient des pommes de terre. Un effort fut fait vers la fin d'octobre pour procurer du travail à un plus grand nombre de détenus. Le directeur de la prison s'était déchargé de ce qui nous concernait sur l'instituteur catholique attaché à la prison, qui chercha à soulager notre ennui. Le nombre de ceux qui pouvaient travailler dans les cours fut augmenté. On nous fit confectionner des paillassons et remplir des matelas. Avec une trentaine d'autres, je fus occupé à plier des sachets. Les travaux s'exécutaient hors cellule. C'était un double soulagement de ne plus sentir l'oppression des murs trop proches et de prendre contact avec d'autres qu'avec les compagnons de cachot. Un très grand nombre d'entre nous ne purent jamais obtenir de quitter un instant leur cellule ou d'être employés à quoi que ce soit.

Pour combattre l'ennui mortel qui rongeait tout le monde, les prisonniers s'étaient fait des jeux de dominos dessinés sur des morceaux de papier, des jeux de cartes, voire même de dames et d'échecs, dont les pions étaient en mie de pain. On les avait faits minuscules, car le pain était rare. Quelques rares jeux de cartes nous furent aussi distribués.

L'alimentation était nettement insuffisante. Nous recevions par jour 450 grammes de pain noir et sûr. Le matin, une pinte de décoction tiède, qui était peut-être du café. A midi, trois quarts de litre d'une soupe grasse, et le soir un demi-litre d'une soupe maigre. En trois occasions nous eûmes des pommes de terre. Jamais de viande. La soupe aux rutabagas ou aux choux était l'ordinaire. Au bout d'un certain temps, cette dernière devint un aliment nauséabond et malsain. Quelques prisonniers furent employés à découper des choux pour faire de la choucroute. Ils devaient garder soigneusement les feuilles avariées et c'est de celles-ci que, deux fois par semaine, était cuisinée notre soupe.

Les prisonniers allemands recevaient du lard, des harengs, et peut-être de la viande, car il arriva une fois ou deux que l'un des nôtres trouva dans sa soupe un morceau de viande moins gros qu'une noix. J'imagine que ces accidents se produisirent quand on vida dans notre soupe l'excédent de ce qui avait été préparé pour les Allemands. Ils avaient aussi du pain en quantité suffisante car au commencement de notre séjour plusieurs fois ils nous en jetèrent dans le préau par les fenêtres de leurs cellules.

On mit fin à cette distribution antiréglementaire en rétrécissant le cercle de nos promenades : le pain n'arrivait plus jusqu'à nous.

Bref, on souffrit de la faim continuellement. Vers la fin d'octobre, ceux d'entre nous qui avaient des relations en Allemagne purent recevoir des envois d'argent. Nous pûmes alors acheter du pain et du saucisson. Il en est qui achetèrent jusqu'à une livre de pain par jour.

Après notre retour, les médecins de Dinant ont constaté chez plusieurs des symptômes et accidents sérieux dus à la nutrition.

L'usage du tabac fut toujours défendu.

Il y avait un médecin attaché à la prison. Après quelque temps, nous eûmes assez librement accès près de lui. Il n'en fut pas de même au début.

Un certain Croibien avait, à Dinant, été légèrement blessé d'une balle à l'avant-bras. La blessure, peu ou pas soignée en cours de route, s'était envenimée. Malgré ses souffrances, tout soin lui était refusé à Cassel. Ce n'est qu'au bout de plusieurs jours qu'on se décida à le transporter à l'infirmerie. On dut lui amputer le bras. Il mourut un jour ou deux après l'opération. Ni vivant ni mort il ne fut permis à son père et à ses frères, internés également, de le revoir.

Aux dires de ceux qui y sont allés, l'infirmerie était un prodige de malpropreté.

Les médicaments n'étaient distribués qu'avec une extrême parcimonie. Un exemple : M. C... demande au médecin une prescription à l'arsenic dont à Dinant il avait fait usage. « Avez-vous de l'argent ? lui dit le médecin. — Oui. — Alors vous aurez de l'arsenic. » Dont coût 2 marks.

L'organisation du service religieux fut la seule chose convenable, à cela près que nous avions la messe le vendredi au lieu du dimanche.

On n'avait eu aucune raison pour nous arrêter. J'ignore celles que l'on put avoir de nous remettre en liberté.

Un beau jour on nous annonça que nous allions partir. Notre retour s'effectua en quatre groupes. Le premier partit le 18 novembre. Les autres suivirent à quelques jours d'intervalle.

Il serait injuste de ne pas signaler le courage avec lequel tous supportèrent la captivité. « Qu'ils nous tiennent tant qu'ils voudront, pourvu qu'on les chasse et que ce soit « chez nous » que nous rentrions », me dit un des ouvriers prisonniers. Il traduisait ainsi un vœu que je sais avoir été unanime : la liberté pour nous, oui, mais pour la Patrie d'abord.

Le Procureur du Roi de Dinant,

M. Tschoffen.

Tout commentaire serait superflu. Nous ne croyons pas devoir souligner l'importance de ce travail, fruit d'enquêtes faites sur place et des constatations personnelles d'un magistrat distingué, chef du parquet de Dinant.

Comme l'écrit M. le Procureur du Roi de Dinant, le nombre des victimes qui ont été *identifiées* est de 630 à 650 personnes.

Nous ne voulons pas surcharger notre rapport en publiant la longue liste des morts. Nous nous bornons à reproduire en annexe les noms d'un grand nombre de vieillards, de femmes et d'enfants assassinés.

Dans la province de Namur, indépendamment des villages de Romedenne (1), d'Onhaye (2), d'Anthée (3), de Sorinnes (4), auxquels fait allusion M. le Procureur du Roi de Dinant, des villes de Namur, de Tamines, d'Andenne, de Dinant, des communes

---

(1) Sous prétexte qu'un de leurs chefs avait été tué à Surice par une jeune fille de quinze ans, les Allemands ont mis le village de Romedenne à sac. Le pillage a été général ; 120 maisons ont été incendiées. De nombreux habitants ont été assassinés. Parmi eux se trouvent M. Collard, vieillard de soixante-quinze ans, père du commandant Collard, aide de camp du général Leman, Mme Penasse et sa fille, âgée de treize ans. Dans l'église de Romedenne se trouvaient plusieurs blessés français couchés sur de la paille ; les Allemands achevèrent tous ceux-ci et incendièrent l'église.

(2) 5 personnes ont été fusillées, dont le curé du village et une fillette de six ans (Léa Collignon) ; 4 personnes ont été tuées accidentellement. 114 maisons ont été brûlées ; 30 seulement sont demeurées intactes.

(3) 16 personnes ont été fusillées, dont l'abbé Piret, curé du village, le docteur Jacques, assassinés à Surice, et une femme, Céline Crépin ; sur 83 maisons, 72 ont été incendiées.

(4) Tout a été brûlé, sauf l'église, le château et une ferme. Deux personnes ont été tuées.

de Surice, d'Hastière-par-delà et d'Hermeton, dont s'occupe notre onzième rapport, de nombreux villages ou hameaux ont été presque totalement détruits.

Il en est ainsi d'Auvelais ([1]), de Spontin ([2]), Maurenne ([3]), Willersée, Villers-en-Fagne, Franchimont, Frasnes, Morville, Dourbes ([4]).

Les localités suivantes sont, en outre, partiellement incendiées : Monceau, Louette-Saint-Pierre, Bourseigne-Neuve, Bièvre, Biesme, Silenrieux, Ermeton-sur-Biert ([5]), Stave, Oret, Mariembourg, Bonnines ([6]), Bouge, Waulsort, Arsimont et Saint-Gérard. Un nombre très important d'autres localités comptent un chiffre parfois très élevé de maisons incendiées.

En dehors de quelques cas fort rares où l'incendie a été causé par des obus au cours des combats, tous ces sinistres sont criminels; le feu a été mis volontairement avec intention de détruire.

Un grand nombre d'églises, dans le diocèse de Namur, ont été volontairement incendiées, notamment celles de Dinant (Notre-Dame), de Walcourt (Notre-Dame), de Spontin, de Saint-Nicolas (Dinant), de Saint-Pierre (Dinant), de Frasnes, de Porcheresse (Wellin), d'Ethe, de Surice, d'Évrehailles, de Romedenne, de Willersée.

Beaucoup de maisons presbytérales, avec leurs archives locales parfois si intéressantes, ont été détruites, notamment à Izel, Hermeton-sur-Meuse, Jamoigne, Hastière-par-delà, Ethe, Assenois, Dorinnes, Tintigny, Louette-Saint-Pierre, Aisemont, Villers-en-Fagne, Saint-Vincent, Biesme, Spontin, Framont, Jehonville, Houdemont, Willersée.

De nombreuses profanations d'églises, d'objets sacrés ont été commises, notamment dans le Luxembourg, à Porcheresse, Ethe, Ortho, Musson, Maissin, dans la province de Namur, à Bonnines,

---

(1) 55 personnes ont été fusillées à Auvelais et 124 maisons incendiées. De nombreuses habitations ont été pillées. A la Maison du Peuple, plus de 47.000 francs en espèces et valeurs, se trouvant dans deux coffres-forts, ont été dérobés.

(2) 45 personnes ont été massacrées, dont le curé du village, le bourgmestre et 8 femmes ou jeunes filles. 130 maisons ont été incendiées. Une soixantaine d'habitants ont été emmenés, la plupart nu-pieds, à travers les chaumes, les mains liées derrière le dos, les bras relevés dans le dos par une corde passée autour du cou, ils ont été injuriés, brutalisés et martyrisés de toutes les manières.

(3) 44 maisons ont été brûlées.

(4) Trois personnes ont été tuées, 45 maisons ont été incendiées.

(5) Six personnes ont été fusillées, 87 maisons ont été incendiées.

(6) 42 maisons ont été complètement détruites, 22 l'ont été partiellement.

Anthée, Maizeret, Cognelée, Foy-Notre-Dame, Évrehailles, Lesve, Lisogne, Awagne, Sorinne, Romedenne, Hastière-par-delà.

Dans le même diocèse de Namur, vingt-cinq prêtres et religieux ont été assassinés.

Environ deux cent cinquante prêtres et religieux ont été blessés, mis au mur, sans qu'on allât finalement jusqu'à les fusiller ou ont subi des voies de fait et le traitement le plus cruel.

Près de cent localités des provinces de Namur et du Luxembourg ont été le théâtre de massacres de civils. Dans beaucoup d'endroits, on compte des vieillards, des femmes, des jeunes gens, des jeunes filles et des petits enfants parmi les victimes de ces exécutions. Celles-ci ont été accompagnées de raffinements de cruauté vis-à-vis non seulement des victimes, mais des mères, des épouses et des enfants.

ANNEXE

PREMIÈRE LISTE DE VIEILLARDS, DE FEMMES ET D'ENFANTS ASSASSINÉS PAR LES TROUPES ALLEMANDES A DINANT.

VIEILLARDS

Émile Arès, 66 ans.
Léopold Barzin, 71 ans.
Charles Biètlot, 76 ans.
Célestin Bon, 74 ans.
Théophile Bouchat, 68 ans.
Alexandre Bourdon, 71 ans.
Émile Collard, 75 ans.
Jean-Joseph Collard, 77 ans.
Auguste Couillard, 72 ans.
Joseph Culot, 68 ans.
Désiré Denty, 74 ans.
Julien Disig, 68 ans.
Adelin Dony, 69 ans.
François Fastrès, 68 ans.
Florent Gaudinne, 80 ans.
Félicien Genot, 65 ans.
Henri Georges, 68 ans.
Joseph Gérard, 77 ans.
Léopold Gonze, 66 ans.
Remy Himmer, 65 ans.
Eugène Houbion, 75 ans.
Nicolas Hubin, 77 ans.

Alexandre Jacquet, 70 ans.
Pierre Jacquet, 65 ans.
Pierre Lisoir, 71 ans.
Edmond Manteaux, 70 ans.
Alphonse Martin, 68 ans.
Jules Materne, 70 ans.
Eugène Mathieu, 70 ans.
Nicolas Mercenier, 72 ans.
Lucien Milcamps, 68 ans.
Jules Mornard, 80 ans.
Joseph Morelle, 69 ans.
Léon Naus, 70 ans.
Léon Nicaise, 75 ans.
Gustave Nicaise, 77 ans.
Olivier Piérard, 67 ans.
Adrien Piette, 73 ans.
Simon Raskin, 78 ans.
Charles Rouffiange, 68 ans.
Émile Ronvaux, 65 ans.
Jules Seghin, 67 ans.
Étienne Simon, 78 ans.
Félix Simonet, 73 ans.

FEMMES ET JEUNES FILLES

Marie Alardo, 18 ans.
Mélanie Anciaux-Laverge, 38 ans.
Marie Battoux, 40 ans.
D. Beaussart, 78 ans.
Zoé Betemps-Burnay.
G. Bolleux-Moulin, 22 ans.
Henriette Betemps-Poncelet.
Adèle Bovy, 28 ans.
Héloïse Bovy, 23 ans.
Marie Bovy-Defays, 50 ans.
Veuve Bourdon, 80 ans.
Clotilde Bourdon-Bourguignon, 70 ans.
Anna Bourdon-Raes, 50 ans.
Jeanne Bourdon, 33 ans (d'Anse-remme).
Marie Bourguignon-Bultot, 39 ans.
Augustine Chabottier, 61 ans.
Euphrasie Collard, 75 ans.
Héloïse Collin, 79 ans.
Veuve Dauphin-Mouton, 76 ans.
Veuve Delcet-Marlier.
Marie Dishoeuvre.
Clémentine Dupont-Dumont, 36 ans.
Veuve Géron-Fastrez, 42 ans.
Mme Camille Fievez.
Marie Florin-Laloux, 32 ans.
Pauline Fondine, 18 ans.
Mélanie Saudinne-Minet, 45 ans.
Mme Gérard-Bovy, 23 ans.
Mme Joseph Guery-Wartigue, 20 ans.
Mme Guerry-Patard.
Marguerite Gustin, 20 ans.
Juliette Herman.
Appoline Hottelet-Georges.
Hortense Jacquet-Sarrazin, 70 ans.

Mme Jadot-Boussard, 78 ans.
Félicité Javaud-Polet, 46 ans.
Marie Joris-Lamard, 31 ans.
Mme Kinique.
Louise Kinique, 24 ans.
Joséphine Lahaye, 75 ans.
Jeanne Lempereur, 16 ans.
Elvire Maquet, 20 ans.
Madeleine Marsigny, 22 ans.
Henriette Martin, 19 ans.
Marie Martin, 17 ans.
Mme Jules Materne.
Mme Meurat-Delieux, 38 ans.
Mme Meurice-Henenne, 60 ans.
Marie Minet-Gaudinne.
Léopoldine Monin-Van Heden.
Margueritte Morelle, 11 ans.
Marie Morelle-Pinsmaille.
Joséphine Naus, 67 ans.
Marie Paquet, 19 ans.
Adèle Pinsmaille, 44 ans.
Veuve Pinsmaille, 78 ans.
Julie Polet-Deskène, 36 ans.
Léopoldine Rameux, 20 ans.
Nelly Rodrigue-Ninitte, 24 ans.
Théodorine Tassogne.
Marie Thonon-Legros, 51 ans.
Marie Toussaint, épouse Schram, 66 ans.
Félicie Toussain-Pirlot, 67 ans.
Victorine Toussaint-Delimoy, 81 ans.
Hélène Toussaint, 33 ans.
Mme Stevaux-Anciaux, 85 ans.
Marie Struvay-Polet, 36 ans.
Clotilde Van Loen-Matagne.

ENFANTS

Félix Bolleux, 20 mois.
Auguste Bara, 15 ans.
Marie Beaujot, 5 ans.
Marthe Beaujot, 16 ans.
Maurice Bétemps, 19 mois.
Henri Bourdon, 16 ans.
Jeanne Bourdon, 13 ans (de Dinant).
Edmond Bourguignon, 16 ans.
Marcel Bovy, 5 ans.
Camille Bultot, 14 ans.
Norbert Bultot, 2 ans et demi.
Louis Chabottier, 15 ans.
Anna Charlier, 16 ans.

Georgette Charlier, 9 ans.
Maurice Charlier, 16 ans.
Léon Colle, 16 ans.
Georges Collignon, 16 ans.
Georges Delaey, 16 ans.
Eugène Deloge, 15 ans.
René Dupont, 10 ans.
X. Dupont, 8 ans.
Joseph Firmin, 16 ans.
Félix Fivet, 3 semaines.
Marcel Fondine, 15 ans.
Robert Fondine, 14 ans.
Réné Gaudinne, 18 ans.

Gilda Genon, 2 mois et demi.
Eugène Goffin, 15 ans.
Edmond Gustin, 3 ans.
Georges Hennuy, 14 ans.
Marcel Hennuy, 15 ans.
Charles Lemaire, 13 ans.
Benjamin Louis, 15 ans.
Gilda Marchot, 14 mois.
Émile Meurat, 7 ans.
Éva Meurat, 6 ans.
Joséphine Meurat, 2 ans et demi.
Andrée Michat, 3 ans et demi.

Alphonse Migeotte, 14 ans.
Jules Morelle, 16 ans.
Nelly Pollet, 18 mois.
Édouard Pollet, 15 ans.
Jean Rodrigue, 6 mois.
Maurice Roucoux, 16 ans.
Henriette Roulin, 12 ans.
Vital Sorée, 15 ans.
Nelly Struvay, 2 ans et demi.
Maurice Thibaut, 15 ans.
Jules Vinstock, 15 ans.
Georges Zvollen, 14 ans.

Les Secrétaires,

Ch^{er} ERNST DE BUNSWYCK,
ORTS.

Le Président,

COOREMAN.

Le Vice-Président,

Comte GOBLET D'ALVIELLA.

VINGT ET UNIÈME RAPPORT

Rapport de la délégation de la Commission d'enquête siégeant à Londres.

Le Havre, le 1er septembre 1915.

A Monsieur CARTON DE WIART, Ministre de la Justice.

Monsieur le Ministre,

La délégation de la Commission d'enquête, qui siège à Londres ('), nous adresse le rapport suivant :

Londres, le 29 juillet 1915.

A Monsieur G. Cooreman, Ministre d'État, Président de la Commission d'enquête sur la violation des règles du droit des gens, des lois et des coutumes de la guerre.

. Monsieur le Président,

Depuis le rapport que nous avons eu l'honneur de vous adres-

---

(1) La délégation de la Commission d'enquête siégeant à Londres est composée comme suit :

Sir Mackenzie Chalmers, K. C. B., ancien Sous-Secrétaire d'État pour le Home

ser dans les derniers jours de décembre 1914, nous avons continué à entendre des témoins parmi les réfugiés belges en Angleterre. Nous nous sommes surtout attachés à faire comparaître les
plus récemment arrivés, susceptibles de nous fournir des précisions directes sur les faits déjà rapportés devant la Commission
d'enquête.

Les constatations établies par le comité d'examen constitué
par le Gouvernement britannique, sous la présidence de lord
Bryce, ont confirmé, d'autre part, sur la plus large échelle, le
contrôle de votre Commission pour les excès de l'invasion ennemie en Belgique, particulièrement en ce qui regarde la région
entre Louvain, Aerschot, Malines et Vilvorde. L'enquête qui a
rassemblé les dépositions des réfugiés belges devant le Comité
anglais, s'est arrêtée au début de cette année. Nous avons cherché
à enregistrer subséquemment des témoignages relatifs aux violations les plus incontestables des lois de la guerre et des règles
de l'humanité concernant le respect des civils désarmés et la
protection des soldats blessés ou prisonniers. C'est le résultat de ces investigations que nous avons l'honneur de vous apporter.

La grande masse des réfugiés en Angleterre sont des paysans
flamands. Leur témoignage collectif, uniforme, exempt de verba-
lisme et de passion, accumule une terrible évidence à charge des
armées allemandes dans les régions rurales piétinées et ensan-
glantées par elles. Le rapport Bryce, avec ses annexes, est à cet
égard un document certain. Nous avons tourné notre attention
vers des témoins d'un état social plus instruit, nous permettant
un interrogatoire plus serré, en vue d'un contrôle minutieux de
leurs déclarations. Les gens de professions libérales et particulièrement les prêtres que nous avons entendus nous permettent
de vous apporter quelques éléments supplémentaires de confirmation sur des faits déjà établis à vos yeux par les enquêtes antérieures, mais dont le nombre et la nature demeurent une source
d'étonnement pour le monde civilisé.

Nous ne nous référons à aucun témoignage qui ne soit direct.
Nous n'avons point accueilli les autres, si ce n'est dans la mesure

---

Department, ancien membre du Conseil des Indes, président ; MM. de Cartier des
Marchienne, Envoyé extraordinaire et Ministre plénipotentiaire de S. M. le Roi de
Belges ; Henri Lafontaine, Sénateur, membres ; Henri Davignon, Docteur en droit,
secrétaire.

où ils nous assuraient la possibilité d'aboutir à des témoignages
directs.

I

Les faits d'**Aerschot**, établis par le témoignage de victimes
elles-mêmes, nous ont été exposés par un prêtre appartenant à
une congrégation religieuse et ayant résidé dans la ville depuis
le jour de l'entrée des Allemands jusqu'au jour où il fut emmené,
avec 22 autres prêtres et religieux, en captivité en Allemagne.
Nous ne retenons de sa déposition que son expérience personnelle.

Le 19 août, au matin, les troupes allemandes ont pénétré dans
le couvent où le témoin résidait. Ce couvent avait été aménagé
en ambulance, régulièrement enregistrée sous l'égide de la Croix-
Rouge de Belgique. Des blessés belges s'y trouvaient. Bien que
la porte principale au-dessus de laquelle flottait le drapeau de la
Convention de Genève fût ouverte, les soldats allemands ont
brisé à coups de hache les portes latérales. Baïonnette au canon,
précédés d'officiers revolver au poing, les soldats envahirent
l'ambulance, prétendant que des soldats et officiers s'y cachaient.
Ils voulurent faire enlever et arrachèrent eux-mêmes les bandages
des blessés et déclaraient ouvertement : « Nous ne tenons aucun
compte de la Croix-Rouge. »

Le personnel de l'ambulance, prêtres, frères, laïques, avec
quelques civils arrêtés au dehors, fut rangé le long de la façade
pour être fusillé. L'ordre ne fut cependant pas exécuté, bien que
des balles tirées dans la direction de l'ambulance fussent venues
tuer trois civils. Le personnel de l'ambulance réussit à s'enfuir,
tandis que les soldats occupaient le couvent, tirant au hasard ; et,
traversant les rues de la ville en pleine fusillade, il se réfugia à
l'hôpital civil.

Dans la soirée, les ambulanciers réintégrèrent le couvent, où
on leur confia à soigner un grand nombre de victimes civiles ;
celles-ci furent visitées régulièrement par un médecin allemand
dont on n'a eu qu'à se louer.

Le 22 ou le 23 août, une nouvelle et très nombreuse troupe de
soldats allemands fut cantonnée dans le couvent, malgré les protestations du supérieur. Les officiers y firent un festin. Des
centaines de bouteilles vides furent trouvées dans le corridor.

Le 26, le curé de Gelrode amena à l'ambulance trois de ses paroissiens, blessés par des soldats allemands dans son village. Malgré les avis des ambulanciers, il voulut regagner sa paroisse. On ne le revit plus et on apprit plus tard qu'il avait été saisi, torturé et finalement mis à mort par les troupes allemandes.

Les officiers allemands cantonnés dans l'ambulance se servirent de la maison comme poste d'observation.

Dans la soirée du 27 août, une fusillade nourrie fut entendue à proximité du couvent. Vers 3 heures de la nuit, un officier ordonna d'éteindre toute lumière dans les salles d'ambulance. Le 28, au matin, deux officiers, revolver au poing, envahissent le couvent avec une quarantaine de soldats. Ils déclarent que, par ordre supérieur, la maison doit être évacuée, des coups de feu ayant été tirés et des signaux lumineux donnés. Les blessés sont alors transportés à l'hôpital de la ville et le personnel, composé à ce moment exclusivement de prêtres et de religieux — les laïques ayant été licenciés — fut conduit sous escorte à l'église. Pendant le trajet, des soldats allemands insultaient les prisonniers ; l'officier commandant l'escorte, au contraire, fit preuve de bonté et tenta d'arrêter les injures. L'église était déjà remplie de civils, hommes, femmes et enfants. Les prêtres et les religieux furent fouillés. Les calices qu'ils avaient emportés leur furent enlevés et on les plaça sur l'autel.

La captivité des ambulanciers dans l'église dura du 28 août au 6 septembre. Le chœur leur était réservé. Ils devaient coucher sur les tapis de l'autel. On ne leur donna que du pain et de l'eau, parfois un peu de soupe. Le 29, les femmes et les enfants purent se retirer. Le 30, un religieux américain et un autre, hollandais, furent libérés. A diverses reprises, des officiers allemands vinrent insulter les prêtres. Le 30, un feldwebel, questionné par ces derniers au sujet de la fusillade entendue dans la nuit du 27 août, et dont il leur faisait un grief, répondit : « *Es war eine Schweinerei...* C'étaient nos soldats, ils ont été punis. »

Le 6 septembre, on permit aux prêtres de célébrer la messe. On commença ce jour-là à donner des passeports aux prisonniers de moins de dix-huit et de plus de quarante-cinq ans ; prêtres et religieux ne furent pas compris dans cette mesure. Vers 4ʰ 30, gros émoi. Voici ce qui se passa. Nous reproduisons textuellement les paroles d'un témoin, signées par lui après lecture :

« Vers 4ʰ 30, tout d'un coup, arrive l'ordre de se mettre en rang et d'aller à la gare. En route nous avons été grossièrement insultés par un officier devant les femmes en pleurs et les enfants. Tous les soldats faisaient chorus. Nous étions 22 et nous avions une garde énorme. Un frère âgé de soixante-quinze ans a été frappé à coups de crosse. Arrivés à la gare, nous avons rejoint 300 civils. Les hommes avaient été ramassés tels quels dans l'église, et c'est dans cet équipage, primitif pour plusieurs, qu'ils ont été emmenés. »

Ces déclarations du témoin sont confirmées presque à la lettre par le passage du carnet d'un soldat allemand cycliste, cité déjà en partie par le cinquième rapport (¹). Ce carnet, que nous avons eu entre les mains, ne porte pas de nom de propriétaire. Voici la traduction intégrale du passage probant :

« Le 6 septembre fut une journée de repos. Nous avons seulement envoyé en Allemagne 300 Belges, parmi lesquels il y avait 22 prêtres. C'était terrible à voir comment les femmes et les enfants leur faisaient leurs adieux. Tous ces gens sont excités par les prêtres, qui ont prêché dans les églises qu'ils devaient tirer sur les Allemands et les tuer pour entrer au Ciel. »

Le témoin nous a fait le récit de ce voyage vers l'Allemagne. Les ambulanciers portaient toujours leur brassard de la Croix-Rouge. On finit par le leur enlever, malgré leurs protestations. Aux gares, les populations étaient conviées à insulter les prisonniers. Le 8 septembre, à l'arrivée au camp de Sennelager, près de Paderborn, des ordres sont donnés pour que les prêtres soient traités convenablement. Malgré cela, ils sont logés dans une écurie. On leur enlève leur soutane. On les oblige à revêtir un costume de prisonnier de droit commun, en toile, et qu'ils doivent payer 9 marks. Le lendemain, un juge d'instruction en interroge quelques-uns et leur déclare que leur arrestation doit être attribuée à une erreur. Alors tous les prêtres et religieux ont été conduits, toujours avec leur livrée d'infamie, à Munster, où ils furent internés dans le grand séminaire.

Leur détention y dura jusqu'au 20 décembre. Le 19, des passeports allemands leur furent octroyés, mais on refusa de leur rendre leurs papiers, notamment les papiers constatant leur qualité d'ambulanciers.

(¹) Voir annexe 1.

II

Nous avons entendu sur les faits de **Louvain** plusieurs nouveaux témoignages qui précisent certains détails selon l'endroit d'où les témoins ont assisté à la fusillade, à l'incendie, au pillage et à l'évacuation de la ville.

Un professeur de l'Université nous a déclaré que le 25 août, après 7 heures du soir, étant sorti avec sa femme de sa maison, à la porte de Tirlemont, et tandis qu'il parlait avec un groupe de soldats allemands qui lui demandaient le chemin, il vit une automobile militaire, arrivant du boulevard de Tirlemont et s'apprêtant à enfiler la rue de Tirlemont, s'arrêter un instant et lancer des signaux lumineux. Peu après, une fusillade éclate, partant de la rue de Tirlemont. La femme du professeur a ses jupes traversées; lui-même l'emmène à la hâte, et ils sont obligés de se cacher dans la cave d'une maison, rue de la Plaine.

Un témoin, ouvrier aisé, a vu le même jour, dans l'après-midi, de la fenêtre d'une maison, au coin de la rue de l'Entrepôt et de la rue du Sel, dans le quartier du canal, arriver, de la porte de Diest, l'infanterie allemande. Tout à coup, de la direction du Mont-César, une mitrailleuse allemande a ouvert le feu à une cinquantaine de mètres sur les fantassins. Un de ceux-ci, touché à la tête, est tombé sous les yeux du témoin. Les autres balles de la mitrailleuse se sont perdues dans les maisons. Un civil a été tué.

Un père Dominicain, du couvent de la rue Juste-Lipse, revenu d'Allemagne où il avait été emmené avec tous ses confrères, nous a fait un récit détaillé de ce qu'il a pu voir pendant les journées et les nuits du 26 au 29 août. Son témoignage nous semble à retenir pour les points suivants:

1° Avant que rien ne se fût passé à Louvain et dès le début de l'occupation allemande, chaque jour, dans l'église des Dominicains comme dans toutes les églises de la ville, une pressante recommandation était faite, sur l'ordre de l'autorité allemande, à peu près en ces termes: « Les autorités civiles, militaires et ecclésiastiques prient les habitants de la ville de continuer à demeurer calmes comme ils l'ont été jusqu'à ce jour. L'autorité militaire, dans ce cas, ne prendra plus d'otages. » Cette proclamation fut faite dans les deux langues.

2° Dans la nuit du 25 au 26 août, les religieux entendent de l'intérieur du couvent une fusillade désordonnée, aperçoivent des lueurs d'incendies et voient arriver chez eux des blessés allemands et belges, dont un petit garçon âgé de huit ans, l'épaule fracassée. Un des soldats allemands blessés, Polonais d'origine et catholique, déclare aux Pères qu'il a été blessé par une balle allemande au cours d'un échange de coups de fusil entre deux groupes de soldats allemands.

3° Pendant la journée du 26 août, les religieux assistent du toit du couvent à l'embrasement de la ville et à la destruction de l'église Saint-Pierre. Le Père maître des novices, qui est sorti depuis la veille à la recherche d'un médecin, revient au couvent accompagné du vice-recteur de l'Université. Ils sont environnés de soldats allemands ; toute la communauté est réunie dans une des salles ; les religieux sont obligés de lever les bras en l'air ; les officiers braquent sur eux des revolvers. Le Père maître fait ses adieux aux religieux, à qui il annonce qu'il est obligé de parcourir la ville en feu avec le vice-recteur de l'Université pour faire une proclamation au peuple. Cependant, vers le soir, ils seront ramenés par un médecin militaire allemand qui les a pris sous sa protection, mais qui déclare que la ville sera rasée. Deux religieux sont requis pour continuer les proclamations au peuple. Ces proclamations ont pour but d'empêcher les gens de tirer, mais ceux-ci répondent invariablement dans les larmes : « Mais nous ne tirons pas. »

4° Le 27 août, toute la communauté est dirigée sur la gare. Au moment où elle quitte le couvent, un vieillard y est amené, blessé grièvement au ventre ; il n'a plus que quelques heures à vivre. Un officier allemand veut l'achever ; il en est empêché par le Père prieur. Un religieux s'apprête à relever un paralytique tombé dans la rue ; des soldats l'en empêchent à coups de crosse. Une population éplorée et terrorisée se presse à la gare. On l'évacue bientôt dans la direction de Tirlemont, où elle est chassée par les soldats. Le médecin allemand qui a pris les Dominicains sous sa protection les fait enfin embarquer pour Cologne, où ils seront hospitalisés dans le couvent de leur ordre.

Il existe peu de témoins de ce qui s'est passé à Louvain après le 27 août. La grande partie de la population avait fui à ce moment sur l'injonction des Allemands annonçant que la ville allait être bombardée. C'est à partir de cette date que le pillage

proprement dit commença, pillage décrit par le carnet de campagne du soldat allemand Gaston Klein, dont vous avez publié un
extrait dans votre cinquième rapport (¹).

Un témoin belge apporte une confirmation précise à cette
phrase de Klein : « **Le bataillon allait en rangs serrés en
ville, pour entrer par effraction dans les premières
maisons pour marauder du vin et autre chose.** »

C'est un témoin fonctionnaire des chemins de fer belges, père
de famille. Réfugié à Gand avec sa famille, il se décide, le 27 août,
à regagner Louvain où il réside. Il est arrêté en cours de route
par un peloton du 162ᵉ d'infanterie allemande et conduit avec sa
famille dans une étable d'un hameau de Rotselaer, où se trouvent
déjà beaucoup d'habitants de la région, dont un vieillard de
quatre-vingt-douze ans, tuberculeux. Après que le hameau a été
incendié par les soldats allemands, les prisonniers sont conduits,
le 28 août, à Louvain. Ils étaient à ce moment environ 2.000. A
la hauteur de Wilsele, l'officier du 162ᵉ, commandant l'escorte,
fait ouvrir le feu sur trois cultivateurs au travail dans les champs.
Au passage à niveau de Louvain-bassin, l'officier ayant remarqué
une ombre dans l'une des maisons de la chaussée de Diest, fait
tirer une salve sur les fenêtres.

Les soldats de l'escorte, une fois arrivés dans la rue de la Station, ont pillé diverses maisons, notamment un magasin d'objets
de cuivre. Les prisonniers sont conduits au Manège, place du
Manège, où ils ont séjourné de 3 à 5 heures. Pendant ce temps,
le témoin et ses compagnons ont vu transporter sur des charrettes
et à bras d'hommes toutes sortes d'objets provenant du pillage.

Des coups de feu étaient encore entendus par moments et il y
eut une panique parmi les soldats. Ceux-ci cependant se remirent
bientôt à vider des bouteilles de vin, notamment de vin de Champagne, sous la vue de leur officier. Les prisonniers furent logés
sur le pavé d'une école, femmes et enfants d'un côté, hommes de
l'autre. Ils n'eurent rien à manger ni à boire, et le lendemain, 29,
on rassembla les hommes seulement pour les emmener à travers
la ville, les femmes et les enfants étant autorisés à rentrer dans
leur village. Rue Saint-Martin, rue du Canal, rue de l'Entrepôt,
le témoin a vu des cadavres de civils se trouvant là depuis le
25 août. Les soldats allemands ricanaient devant ce spectacle.

_____

(1) Voir annexe 2.

Vers le soir, les hommes au-dessus de quarante ans furent relâchés, sauf le curé de Wespelaer, âgé de cinquante-sept ans, qui fut forcé de marcher avec les autres hommes dans la direction de Malines, vers l'armée belge.

A Campenhout, le vicaire du village fut emmené après avoir été obligé de faire, attaché à une charrette attelée d'un cheval, le tour de la paroisse au pas de course. Entre Boortmeerbeek et Hever, les prisonniers — ils étaient 1.700 — furent poussés en avant, et les troupes d'escorte s'arrêtèrent, prêtes à tirer sur ceux qui se retourneraient. Après une nuit de marche, les malheureux parvinrent à se mettre en sécurité. Ils avaient marché pendant dix-sept heures sans être nourris.

Nous avons reçu communication d'une lettre adressée à un prêtre de la Maison des Pères Jésuites de Sydney par un religieux belge, témoin de la mort du père Dupiéreux, exécuté par les troupes allemandes entre Louvain et Bruxelles. Nous en extrayons les passages suivants :

Enfin le jour arrive, jour de pluie heureusement, qui vint diminuer la fureur des flammes. Vers 8 heures du matin, j'étais dans ma chambre quand j'entends dans le corridor la voix de....., criant à tue-tête : « Tout le monde à la porte; dans une heure la ville doit être évacuée. »

Quelque temps après, la route de Tervueren présentait un aspect lamentable. Les pauvres habitants avaient noué en hâte en un petit paquet ce qu'ils avaient de plus précieux; beaucoup fuyaient sans rien emporter; d'aucuns portaient des malades, des infirmes, de petits enfants. Moi-même je portai tout un temps un pauvre mioche qui était nu-pieds. De distance en distance nous rencontrons des postes allemands; les bras levés, montrant des mouchoirs blancs, nous approchons. On nous reçoit avec des injures : « *Schweinepriester*, *Hallunken* (vauriens) qui excitez le peuple à tirer sur nous. » D'autres, plus modérés, nous expliquent : *Die Unschuldigen müssen mit den Schuldigen leiden.*

Après avoir passé sans dommage quelques-uns de ces postes nous arrivons enfin à Tervueren, après deux heures environ de marche. Bientôt nous serons à Bruxelles et sauvés.

Mais voilà la route barrée par de nombreux soldats. On nous arrête. Il faut montrer tout, vider toutes ses poches et déposer tout par terre dans la boue. Nous étions placés sur une rangée avec les soldats devant nous, nous lançant leurs injures avec l'habituel refrain *Schweine*. L'officier leur avait ordonné de ne pas s'approcher de nous. Mais à peine eut-il le dos tourné qu'ils s'avançaient pour nous maltraiter; ce n'est qu'en braquant sur eux son revolver que l'officier put les retenir. Quelques soldats étaient chargés de nous fouiller pour voir si nous n'avions pas d'armes ou de cartouches ; un ou deux prêtres, prétendaient-ils, avaient été trouvés porteurs de revolvers. J'avais ouvert ma soutane par le haut, pensant que cela suffirait, mais le soldat, d'un mouvement brutal, l'ouvre jusqu'en bas, faisant sauter les boutons — il en restait deux.

Pendant qu'il me fouillait, il avait en main une cartouche et allait me la mettre en poche quand le père P... remarqua la chose et avertit l'officier. Je n'ai pas su que ce soldat ait été puni.

Après nous avoir fouillés, ils nous conduisent dans une grande prairie à côté de la route ; on nous fait asseoir dans l'herbe mouillée par la pluie ; des soldats se mettent à notre garde. Tous les religieux, tous les prêtres qui arrivaient attendaient là, même des religieuses, en tout une centaine. Nous restons là une demi-heure ou une heure. Puis on nous range sur deux rangs le long d'une palissade de planches qui coupait en deux la prairie. Tous nous croyions qu'on allait nous fusiller. Nous mettons autour du cou notre chapelet, nous prenons en main notre crucifix, les prêtres donnent l'absolution.

On nous sépare en groupes d'une vingtaine. Le mien est conduit derrière la palissade dans l'autre moitié de la prairie.

Un certain temps s'était écoulé, je ne saurais dire combien, voilà que deux soldats amènent le père Dupiéreux. Un autre vient tenant un papier dont il demande le propriétaire. Le Père se nomme. On demande quelqu'un qui connaisse l'allemand. On me désigne. Que vois-je ? Le Père avait une croix blanche dans le dos et en mains son crucifix des vœux : il le regardait fixement. Un soldat me présente le papier ; l'officier me dit : « Voilà ; vous lirez ce papier d'abord en français, ensuite vous le traduirez en allemand. Gare à vous si vous omettez un mot, vous serez fusillé avec lui. » Mon cœur battait bien fort. Le pauvre Père est condamné. Que faire ? Ne pas lire ? La mort du Père allait suivre cette lecture ? Voici à peu près le contenu de ces notes : « Les Allemands ont envahi la Belgique, mettant tout à feu et à sang. Comme des hordes de barbares, ils ont promené partout le ravage. Quand Omar eut incendié la bibliothèque d'Alexandrie, on n'aurait guère cru que pareil fait pouvait se reproduire. Et cependant il s'est reproduit à Louvain : la bibliothèque est livrée aux flammes. La voilà donc, cette fameuse *Germanische Kultur* dont ils se sont tant vantés ! »

Arrivé là, l'officier me dit : *Genug, ab.* Quelqu'un veut intercéder : *Kein Wort mehr.* Alors le Père, qui avait écouté la lecture avec calme, en pleine possession de lui-même, demanda à recevoir l'absolution. On explique cela à l'officier qui comprend péniblement et accorde. Le Père met un genou à terre, le père Fernand Willaert le confesse. Puis le Père se relève ; le père W... lui donne la main. L'officier crie : *Vorwärts für den Front.* Le Père s'avance sans hésiter un instant, ses yeux ne quittent pas le crucifix qu'il porte sur la poitrine. A une quinzaine de mètres devant notre rangée, le Père s'arrête sur l'ordre de l'officier. Celui-ci fait venir quatre soldats et les place entre le Père et nous. Le Père montrait le dos avec la croix blanche marquée dessus. L'officier commande : *Legt an* (visez). *Feuer !* Les quatre coups portent, ne faisant qu'une détonation, et le Père s'abat sur le dos. Les bras remuaient encore légèrement. On fit faire alors seulement demi-tour aux spectateurs parmi lesquels le frère jumeau de la victime. Un confrère se retourna pour voir ce qui suivrait ; l'officier s'approcha du corps et appliqua un fusil à l'oreille, si bien que la balle sortit par l'œil.

L'officier me fit alors traduire la proclamation suivante : « Vous serez conduits avec nous sur nos chariots. Quand nous arriverons devant un village, deux ou trois d'entre vous seront choisis pour aller avertir le bourgmestre d'avoir à calmer la population. Si des coups de feu partent de quelque maison, on brûlera tout le village, on massacrera les habitants, en même temps que vous tous. »

Nous montons tous sur les chariots, nous installant comme nous pouvons, qui sur des sacs d'avoine, qui sur des planches.

Il y avait là entre autres M⁰ʳ Ladeuze, recteur magnifique de l'Université de Louvain, M⁰ʳ De Becker, président du Séminaire américain.

Nous traversâmes tout Bruxelles, la foule amassée sur les boulevards se demandait avec anxiété ce que signifiait ce singulier convoi de prêtres. Vers 8 heures du soir, grâce à l'intervention du Père Provincial, nous fûmes relâchés.

III

Les massacres et l'incendie de **Tamines** ont fait, Monsieur le Président, l'objet d'une narration objective dans votre onzième rapport. Nous avons entendu deux témoins qui ont vécu à peu près toute l'atroce succession d'événements et d'autres qui ont assisté à une partie seulement.

Vous savez que M. l'abbé Hottlet, révérend curé des Alloux, à Tamines, a été tué ainsi que l'abbé Docq, dans le massacre systématique et par ordre d'au moins 450 hommes, le soir du 22 août. Pendant tout le temps que dura le combat entre les troupes françaises postées au delà de la Sambre et les troupes allemandes venant de Velaines et arrêtées au pont de Tamines, une grande partie de la population avait été saisie, sans distinction d'âge ni de sexe, et exposée successivement dans les prairies et les champs au sud de l'église des Alloux, à l'est du Charbonnage Sainte-Eugénie. Ce rempart vivant ayant arrêté le feu des Français, les civils furent enfermés dans l'église des Alloux, d'où les hommes furent extraits le soir, pour être exécutés sur la place Saint-Martin, entre la Sambre et le chemin de fer de Namur à Charleroi.

Un témoin, qui s'est trouvé à côté de l'abbé Hottlet jusqu'au moment où il a été emmené au supplice, nous a fait le récit suivant :

Le samedi 22, au matin, les Allemands sont venus au presbytère vers 4ʰ30. Ils ont tiré dans notre porte qui a été hachée; c'était la porte du jardin. Quatre soldats sont entrés, l'un a déposé sa hache à côté de M. le curé. J'ai dû monter dans toutes les chambres avec une lampe pour leur montrer s'il n'y avait pas de soldats français cachés là. Après cette visite, pendant laquelle deux autres soldats tenaient le curé en joue, celui-ci est retourné à l'église où il a pris le Saint-Sacrement et l'a ramené sous une pluie de balles.

M. le curé a donné aux soldats des fruits, de la bière et des tartines. Le vicaire et les sœurs sont venus nous rejoindre. Nous avons fini par nous réfugier à la cave, où M. le curé nous a confessés et communiés. Vers midi, nous sommes remontés pour tâcher de manger. Mais alors des soldats sont venus nous appeler pour nous mettre avec tous les civils ramassés depuis le matin et nous conduire au feu des Français. Il y avait des femmes et des enfants; nous étions plus de 800. On nous a mis dans une prairie sur la route de Velaines. Les Français ont arrêté le feu en nous voyant. L'armée allemande a alors défilé devant nous. On nous a ensuite transportés dans une autre prairie. Il était 5ʰ30 du soir. Nous avons été reconduits aux Alloux. Les Allemands nous ont fait demander pardon et crier : « Vive l'Allemagne ! » Les enfants criaient et pleuraient. Nous avons été boire l'eau du charbonnage. Des soldats pris de pitié, ont fait venir deux vaches pour nourrir les enfants. Le Saint-Ciboire était exposé sur des valises et tout le monde était couché et priait dans cette direction.

Nous sommes rentrés vers 6 heures à l'église des Alloux. Tout le monde demandait grâce... D'autres soldats sont arrivés. Un grand roux est venu chercher les clefs. On a dit que tous les hommes devaient sortir pour enterrer les morts. J'ai cherché un manteau pour M. le curé. Tous les hommes sont donc partis, y compris M. le curé, M. le vicaire et M. l'abbé Docq. Nous sommes restés toute la nuit dans l'église, les femmes, les enfants et deux vieillards... Le matin, vers 8 heures, on est venu nous délivrer. J'ai pu rentrer au presbytère. Je m'y trouvais quand un officier est arrivé avec deux ou trois soldats et une grande auto grise. Il parlait un peu français. Il a dit : « Gut bourgogne, gut champagne, gut fine-champagne. » Et sous la menace du revolver, il m'a forcé à lui donner tout le vin. Il en a rempli l'automobile ainsi qu'avec toutes mes provisions et il est parti.

J'ai gagné Baulet où le mardi seulement j'ai appris que M. le curé était parmi les fusillés.

Le massacre avait eu lieu sur la place Saint-Martin, à Tamines. Nous avons entendu le témoignage de deux personnes qui ont perdu plusieurs des leurs. Femmes de condition aisée, la mère et la belle-fille nous ont fait un récit identique des heures affreuses qu'elles ont passées avant qu'on ne leur enlevât leurs époux, père et gendre pour les mener au supplice. Deux petites filles de neuf et de sept ans étaient présentes à cette déposition, comme elles avaient assisté à toute la tragédie. Le récit de ces femmes, l'une âgée de soixante-neuf ans, l'autre de trente ans, en présence des deux fillettes, nous a fait réellement revivre une faible partie des cruautés délibérément commises par l'armée allemande à Tamines.

Le samedi 22 août, vers 3 heures du matin, des soldats, au nombre d'une dizaine, sont venus frapper à la porte de la maison habitée par la famille, place Saint-Martin. Toute la famille, depuis la veille à 5 heures, s'était réfugiée dans la cave.

Mon beau-père et ma belle-sœur, dit le témoin, ont ouvert la porte. Ils sont entrés revolver au poing en déclarant : « Vous voyez le feu autour de vous, sortez, on va brûler tout ici. » En même temps, ils cassaient tout et mettaient le feu au moyen d'une petite seringue. Ils ont brisé les pompes à eau pour qu'on ne pût éteindre. Nous nous sommes enfuis, chassés à coups de crosse ; on nous empêcha d'enlever notre argent. Nous avons franchi avec les enfants un mur de 3 mètres et nous nous sommes trouvés dans un jardin. Des soldats allemands tirèrent sur nous, du chemin qui longe le jardin. Mon beau-frère a reçu deux balles dans le bras gauche. Aux cris des enfants (il y en avait six dont quatre petits), le tir a cessé et les soldats nous ont fait mettre dans un fossé, mais, de plus loin, ils tirèrent encore sur nous. La bataille continuait pendant ce temps avec les Français. Nous nous sommes réfugiés alors dans un trou à porcs devant une ferme en feu. Nous étions dix-sept personnes. Nous sommes restés là de 11h30 du matin à 4h30 du soir.

Vers cette heure-là, les troupes allemandes sont arrivées en grand nombre sur la place. Des soldats nous ont aperçus. Nous sommes sortis. Ils nous ont conduits près d'un chef. Celui-ci tire son revolver, met les hommes de la famille en joue et déclare aux soldats qu'il faut nous fusiller tous. Nous nous sommes mis à genoux en demandant grâce pour les enfants. Les soldats nous ont alors conduits à la gare, où un autre officier a dit : « Il faut les fusiller tous » Ils nous ont fait mettre contre le mur et les soldats tenaient leurs fusils braqués. Ma belle-sœur est allée trouver l'officier. Les enfants criaient : « Pitié pour nous ! » L'officier a alors crié : Halt ! C'était un tout jeune homme. Il nous a fait mener à l'église des Alloux, où il y avait déjà 2.000 personnes. Les soldats disaient : « Vous avez tiré sur nous, vous serez tous fusillés. »

Le récit du témoin rejoint alors celui du témoin précédent. Les maris et les fils ont été emmenés avec tous les autres hommes, ce dimanche soir, et on ne les a plus jamais revus. Les femmes ont été conduites à Velaines le lendemain. « Nous ne sommes revenues à Tamines, ajoute le témoin, que le mardi 24. Nous avons été sur la place, où nous avons vu des traces de sang. Ma belle-sœur a reconnu la casquette de son mari. Nous avons longé la Sambre et nous avons vu des corps au bord de l'eau et dans l'eau. On en a repêché 47, dont mon mari. Le mercredi, ces corps ont été enterrés dans un jardin. Au commencement de septembre, l'autorité communale a demandé de pouvoir déterrer les corps et les mettre dans l'ancien cimetière autour de l'église. Cela a été autorisé et nous avons reconnu que mon beau-père et mon beau-frère se trouvaient parmi les fusillés et mon mari parmi les noyés. »

Un autre témoin nous a apporté des photographies du lieu du massacre. On distingue, sur la partie de la place longeant la rivière, de larges traces de chlorure de chaux répandu pour prévenir la putréfaction des centaines de cadavres. On voit bien, par la position de ces traces, que les soldats allemands se sont placés dos à l'église pour abattre leurs victimes, dont quelques-unes essayèrent de se sauver à la nage. La rivière, nous dit un témoin, était rouge de sang.

Nous n'avons pas entendu des témoins directs du massacre comme ceux d'après lesquels fut dressé votre onzième rapport. Mais un homme qui a pu se sauver avant l'exécution, dont le père et le frère furent parmi les victimes, et qui est revenu ensuite à Tamines, nous a fait le récit de son expérience personnelle. Celle-ci commença au moment où les Allemands, ayant rencontré la résistance française aux approches du pont de la Sambre, ont saisi tous les civils à leur portée.

Dans la cave où je m'étais réfugié, déclare le témoin, j'ai été saisi avec mon père et mon frère. Nous étions une soixantaine d'hommes. Les Allemands nous mettent devant eux comme boucliers. Les Français ne tirent pas. Ils laissent les Allemands passer le pont et se masser en rangs serrés, toujours précédés par nous. Vers 5 heures, les Français ouvrent le feu avec des mitrailleuses. Nous nous couchons, une dizaine de nous sont tués ou blessés. Les Français font tout ce qu'ils peuvent pour nous éviter. Pendant la bataille, les Allemands ont mis le feu à toutes les maisons de la rue de la Station, place Saint-Martin et rue de Falizolo. Ils ne regardaient pas s'il y avait des gens dans les maisons.

C'est après la bataille, les Français étant en retraite, que les

véritables exécutions commencèrent à Tamines : le rassemble-
ment de la population dans l'église, la sortie des hommes, leur
groupement sur la place Saint-Martin, le simulacre de sentence
lu à voix basse par un officier, et la première décharge qui tue
et blesse une partie des victimes, l'ordre de se lever à ceux qui
s'étaient laissé tomber, et le massacre de ceux-ci par une
seconde décharge, l'achèvement enfin, à coups de crosse, de
baïonnette et de madrier, des blessés et des agonisants.

Le nombre des victimes a été fixé par votre onzième rapport à
environ 450. Il semble que ce nombre puisse être augmenté si
l'on tient compte des malheureux tués chez eux, brûlés vifs, et
de ceux qui furent massacrés au hasard parmi la ville en ruines.

Un témoin nous a remis une liste imprimée à Charleroi, sur
laquelle figurent 336 noms de morts, dont les deux prêtres et neuf
femmes, et 59 noms de blessés(¹). Un autre nous a rapporté une
photographie de plusieurs cadavres, dont celui d'un petit garçon
sur les décombres d'une maison incendiée.

IV

L'horreur du massacre d'**Andenne** ne le cède en rien à celle
de la tuerie de Tamines. De part et d'autre, on trouve la trace du
même esprit de système et de méthode, la même participation
des officiers et la même absence de toute provocation de la part
de la population civile. De part et d'autre, il s'agit de faire
payer à cette population le dommage militaire causé à l'armée
envahissante par un fait de guerre des armées opposantes : à
Tamines, la défense du passage de la Sambre par les Français; à
Andenne, la destruction du pont sur la Meuse par le génie belge.

Le massacre d'Andenne est avoué par le commandant en chef
von Bülow, dont nous avons eu la proclamation sous les yeux,
proclamation que nous avons fait photographier et qui avait
pour but, affichée en plusieurs localités, d'exercer une pression
d'épouvante sur un pays trop décidé à persévérer dans la résis-
tance(²). Seulement il s'agit de bien autre chose que de l'exécution de cent personnes, en manière de représailles et en contradiction avec l'article 50 du règlement de guerre de La Haye. Le

(1) Voir annexe 3.
(2) Voir annexe 4.

chiffre des victimes à Andenne ne peut être évalué. Nous avons eu une première liste de 103 cadavres exhumés et identifiés, dont plusieurs prêtres, femmes et enfants.

Un témoin nous a raconté comment la fusillade avait commencé, sans motif. Il se trouvait à l'intersection de la grande route de Namur à Liége et de la rue principale menant au pont, le 20 août, vers le soir. Les troupes gagnaient le chemin de halage vers le pont de bateaux construit pour remplacer le pont sauté. « A un moment donné, déclare-t-il, nous avons remarqué une espèce de flottement : un mot d'ordre semblait circuler dans les rangs, et nous avons vu les soldats mettre l'arme sous le bras. A ce moment, certainement, on n'avait encore entendu aucun coup de feu. Quelques minutes après j'ai entendu quelques coups de feu provenant de l'autre côté de la Meuse. Aussitôt cela a été un déchaînement de coups de feu toujours sur l'autre rive. Mais immédiatement les soldats devant nous ont tiré vers Seilles. Nous nous sommes enfuis le long des maisons, sous une grêle de balles. Une véritable panique s'est mise dans les troupes se trouvant à Andenne. J'entendis des sonneries, des appels d'officiers ralliant leurs hommes. Des soldats se cachaient dans les écuries. Nous avons entendu des attelages galoper. Les coups de feu s'arrêtaient parfois. Le tout a duré assez longtemps. »

Le témoin s'est caché avec sa famille dans la cave de l'usine de son beau-père pour y passer la nuit. A l'aube, des soldats allemands s'emparèrent du fils de celui-ci, qui s'était hasardé à sortir. D'autres tuèrent à bout portant le beau-père du témoin lui-même, comme il allait ouvrir aux soldats qui menaçaient de briser la porte. Le témoin vit cela par une ouverture de la trappe de la cave où il était caché. Quand il se décida à sortir, il vit le cadavre dont une partie de la tête était emportée. Se hasardant dans la rue, il vit des femmes se lamentant de ce qu'on leur avait pris leurs maris. Il vit trois cadavres dans le jardin de la maison voisine. Apprenant qu'on tuait tous les hommes, il se cacha avec un autre beau-frère dans un réduit. De là, il entendit amener un petit garçon de quatorze ans, blessé, le corps transpercé de balles. Les soldats allemands placés à l'extérieur de la maison refusèrent qu'on allât chercher du secours. L'enfant mourut. Des femmes arrivaient criant qu'on mettait le feu à la ville.

Toujours caché dans son réduit, le témoin demeura sans manger ni boire jusqu'au dimanche. Il entendit des soldats allemands venir à plusieurs reprises piller la maison. Le samedi son père et son frère, qui étaient otages, racontèrent le massacre d'une grande partie de la population sur la place des Tilleuls, la veille. Il se rappela que, de sa cachette, il avait entendu des salves.

Un témoin habitant Seilles, en face d'Andenne, de l'autre côté du fleuve, nous a rapporté que, le 20 août, les troupes allemandes ayant passé le pont de bateaux, s'étaient mises à tirer au hasard, vers le soir. Une quarantaine d'habitants furent tués et 160 maisons furent brûlées. Il n'y avait plus aucune troupe belge à Seilles ni dans les environs. Les maisons épargnées ont été pillées. Le témoin a vu les meubles chargés sur des wagons à la gare. Les hommes n'étaient pas ivres et les officiers étaient avec eux et dirigeaient le pillage et l'incendie.

On nous a apporté diverses photographies de cadavres, censément prises à Andenne. Nous les avons fait soumettre à une personnalité de cette ville qui nous a signé une déclaration comme quoi elle reconnaissait sur l'une des photographies le cadavre d'un échevin de la ville, industriel, marié et père de trois enfants. Elle nous a déclaré que le malheureux avait été extrait de sa demeure et conduit, en compagnie de sept autres personnes, dans un pré, à côté de son usine, et que tous avaient été tués à cet endroit par le même soldat allemand (un grand roux) à coups de fusil. La femme du témoin a reconnu aussi formellement le cadavre.

V

Nous avons interrogé sur les faits de **Dinant** une mère et ses deux fils, échappés aux massacres. Voici comment Mme D... nous a raconté le commencement des excès des troupes allemandes :

La nuit du 21 au 22 août, des soldats allemands sont arrivés par la route de Ciney. Les Français se trouvaient sur la rive gauche. Ils n'étaient pas très nombreux. Les Allemands ont brûlé dix-sept maisons et ont tiré dans les caves. Ils étaient ivres et sont remontés ensuite. Le dimanche 23, les troupes allemandes sont arrivées en grand nombre. En ouvrant la porte de ma maison, j'ai vu les soldats descendre et, en arrivant dans la grande rue, tirer au hasard. Trois soldats ont sonné chez moi et sont entrés.

Un des fils va ouvrir. Les soldats lui enjoignent de sortir et mettent en joue l'autre fils qui se dirigeait vers le fond de la maison. Le témoin, poussé par les soldats dans la rue tandis qu'on emmenait ses fils, voit flamber des maisons et aperçoit des cadavres de civils. Il est 10 heures du matin. Ayant rejoint ses fils, on la fait entrer dans la forge de M. Bouille, dont les écuries sont déjà pleines. Elle entend un feu de salve dans un jardin voisin. Au bout d'un certain temps, on évacua les civils de la forge vers la prison. En route, le témoin aperçoit des corps de fusillés dissimulés derrière un cordon de soldats. Les maisons de la rue Léopold sont en feu.

Arrivés dans la cour de la prison, une mitrailleuse placée dans la montagne tire sur le groupe. Plusieurs civils tombent, dont Mme Stevaux, âgée de quatre-vingts ans. Des soldats allemands ouvrent alors aux prisonniers un refuge dans un local attenant à la porte de la prison. Vers 6^h 30 du soir, on ordonne aux hommes de se rendre au milieu de la cour. Le fils cadet du témoin, d'abord emmené, lui a été rendu, mais l'aîné a fait partie du groupe des condamnés. Après l'exécution en masse d'autres civils placés contre le mur de la maison de M. Tschoffen, procureur du Roi, une mitrailleuse a ouvert le feu sur le groupe de la prison. Mais le feu, mal dirigé, s'est perdu dans le mur de la cour. Des balles sont venues, à travers les briques, frapper sur le refuge des femmes et des enfants : un bébé de deux ans, tué dans les bras de sa mère. Les soldats allemands s'abritèrent derrière leurs prisonniers.

Dans le groupe de la cour, dont une partie s'est enfuie dans les couloirs et une partie s'est couchée à terre, plusieurs ont été blessés. Les soldats allemands ont rassemblé à nouveau les hommes, mais un officier est venu déclarer qu'on leur faisait grâce.

Alors les femmes et les enfants ayant été réunis aux hommes, tous ont été conduits le long de la Meuse, dont les deux rives flambaient, jusqu'au Rocher Bayard où, à nouveau, on a séparé les sexes. Les femmes et les enfants ont été emmenés sous escorte jusqu'au village voisin, d'où ils ont pu rentrer à Dinant au bout de quatre jours.

Les fils de Mme D..., après avoir confirmé en tous points le récit de leur mère, nous ont raconté ce qui s'était passé après la séparation :

Au Rocher Bayard, dépose l'un d'eux, nous étions 300 hommes,

le plus vieux avait quatre-vingt-trois ans. Il était 10 heures du soir.
Les soldats ont mis le feu, en répandant un liquide, à quelques maisons encore intactes. On nous a fait coucher dans la rue. Nous avons
été rejoints par des prisonniers français. On nous a fouillés, on nous a
pris tout notre argent, qui était remis aux officiers. On nous a fait
porter les sacs des soldats. On nous a ramenés à Dinant en feu. Devant le mur de la maison Tschoffen, nous avons vu un tas de cadavres
de civils. On nous a fait monter la montagne Saint-Nicolas, où nous
avons vu des blessés civils mourants.

Conduits jusqu'au village, les prisonniers ont pu dormir dans
un champ. Leur nombre fut grossi d'un nouveau convoi le lendemain. On les menaça de les fusiller, on les fouilla à nouveau, on
les insulta copieusement, on refusa de leur donner à boire. Après
leur avoir fait gagner Marche et Melreux à pied, les Allemands
les embarquèrent dans un wagon à bestiaux pour Coblence. Ils
étaient 40 par wagon, sans paille et insuffisamment nourris. De
Coblence, ils furent dirigés sur Cassel. Le long du trajet, la population, qui semblait prévenue de leur passage, les insultait.

Les malheureux, parmi lesquels se trouvait la magistrature de
Dinant, furent enfermés dans la prison cellulaire de Celles. Ils ne
furent jamais interrogés ni jugés. Un prêtre Dominicain fut
chargé de leur prêcher une mission ! Ils furent libérés du 18 au
23 novembre par équipes.

VI

Les assassinats de civils par les soldats allemands ont commencé, vous le savez, Monsieur le Président, dès le premier
moment de l'occupation allemande et dans la région où les
troupes belges n'ont point opposé de résistance à l'ennemi.

. Un témoin nous a dit dans quelles conditions, le 9 août, avait
été tué, à **Balen**, son mari ainsi qu'un sujet anglais, âgé, pas-
teur de l'église écossaise, le révérend M. Mackenzie. Ce dernier
s'était arrêté chez eux avec une dame anglaise et ses enfants
venant d'Allemagne, par suite de l'impossibilité de continuer leur
voyage.

La localité est toute proche de la frontière allemande. Un détachement d'infanterie y était cantonné. Vers 4ʰ 30 du matin, le
témoin, son mari et ses hôtes entendent des coups de feu dans la
maison de leur voisin. On y fusille deux hommes. Ils se sauvent

dans leur cave. « Tout à coup, nous avons entendu des coups de fusil dans la fenêtre. On nous crie : *Heraus !* Mrs B... (la dame anglaise) est montée la première avec sa bonne et ses enfants; j'ai suivi, puis notre petit garçon de dix ans et mon mari, enfin le vieux monsieur anglais. Je sors sur la rue et, tandis que je me retourne, je vois mon mari tomber en avant frappé d'un coup de feu et puis le vieux monsieur anglais. Les coups étaient tirés par plusieurs soldats commandés par un officier à cheval. Les soldats se sont dirigés ensuite vers une maison voisine où ils ont tué un autre homme. »

Le récit du témoin nous a été entièrement confirmé par Mrs B..., la dame anglaise, que nous avons pu retrouver et qui s'est exprimée en ces termes :

A 5 heures du matin, je me réveillai et, regardant par la fenêtre, je vis, à la clarté du jour naissant, un régiment venant de la direction d'Eupen et entrant dans le village.

Quelques instants plus tard, un terrible feu de mousqueterie éclatait près de la maison. Je me précipitai chez les enfants et les descendis au plus vite à la cave avec l'aide de la bonne.

A peine y étions-nous, attendant avec anxiété ce qui allait se passer, que la porte de la rue était forcée et que les vitres volaient en éclats.

J'entendis les soldats parcourant bruyamment la maison et disant que nous avions fui.

La pensée de la maison que j'avais vu brûler me revint soudainement à l'esprit. Je préférai le risque d'être tuée par une balle à celui d'être brûlée vive et remontai rapidement avec les enfants pour sortir de la maison.

A la porte je me trouvai entourée par un officier à cheval et 30 ou 40 soldats.

Je leur demandai de suite, en allemand, si nous allions être fusillés. L'officier répondit qu'on ne touchait ni aux femmes ni aux enfants; il me demanda en même temps s'il y avait encore quelqu'un dans la maison. Naturellement je lui dis qui s'y trouvait. A ce moment Mme B... apparut, ainsi que son jeune fils et on leur ordonna de se placer près de nous, sur le côté.

Un instant plus tard, M. B... apparut à son tour (j'ignore si ce fut de son plein gré ou poussé par des soldats); il n'eut pas le temps de dire une parole; il s'arrêta une seconde, regardant autour de lui d'un air égaré, reçut cinq ou six coups de feu et s'affaissa, mort.

M. Mackenzie sortit alors à son tour. Quand je vis se relever les fusils des soldats, je criai en allemand : « Vous n'allez pas tuer cet homme, c'est un Anglais ! » L'officier répliqua : « Cela n'y fait rien. On a tiré des coups de feu de cette maison sur nos soldats ! » et le pauvre M. Mackenzie fut tué sur place sans qu'il proférât une parole.

Au moment où moi-même j'étais sortie de la maison, les soldats tiraient sur un autre homme, notre plus proche voisin ; il ne tomba qu'au troisième coup. Un autre homme encore gisait, mort lui aussi, à mes pieds.

A **Chanxhe**, dans la vallée de l'Amblève, un autre témoin nous a déclaré avoir vu, à partir du 5 août, des civils attachés sur le pont de la rivière. On en a fusillé douze sans aucun motif.

Un témoin du sac de **Tongres** nous a écrit ce qu'il a vu :

Le 18 août, tout était calme dans la ville occupée. Le stadtcommandant a exprimé sa satisfaction pour l'accueil fait par les habitants aux troupes. Vers 3 heures, des mutineries éclatent parmi les soldats contre les officiers qui voulaient, disaient-ils, leur faire continuer leur marche forcée. Après 8 heures du soir, éclatent de tous les coins de la ville des coups de feu et, du côté de la gare, sept maisons sont incendiées. On entend des cris de blessés, des hurlements de soldats, des coups de sifflet d'officiers. On sonne bientôt à toutes les portes et les habitants sont chassés de chez eux. Un soldat déclare au témoin : « Nous sommes maîtres de la ville et de tout ce qui s'y trouve, et vous avez à partir de suite et à nous l'abandonner. » Le témoin essaie vainement d'obtenir de l'autorité supérieure la grâce de la ville ; on l'emprisonne pour la nuit. Au matin il est relâché et va reposer chez lui. Vers 5 heures du matin (à l'aube), déclare-t-il, je suis réveillé en sursaut par des coups de feu, le bris d'éclats de vitres et le roulement de chariots. Je me précipite à ma fenêtre, les bandits « opéraient » dans le voisinage. Par une fente, j'observe leurs manœuvres. Je vis d'abord briser à coups de crosse les vitres du magasin de M. V... S... ; puis vint un chariot de l'armée allemande sous la conduite d'un officier. Ce chariot portait les indications suivantes : 3 A R... W A G 1 (je suppose : 3ᵉ Artillerie, Régiment, Wagon 1). Les soldats et l'officier pillèrent la boutique à qui mieux mieux : genièvre d'abord, bonbons, pain d'épice, sucrerie, etc., ensuite, et déposèrent soigneusement leur butin dans le chariot. De là, ils se rendirent dans la maison S..., y prirent aunages, épicerie, liqueurs. Après, ce fut le tour de la maison D... Ils y volèrent chemises, couvertures, confection, etc. Successivement ils enlevèrent des chaussures chez V... O..., toujours pour 3 A. R. W A G 1.

Les rares habitants restés en ville essuient des coups de feu quand ils veulent sortir de chez eux. Le témoin aperçoit le cadavre d'un petit garçon de douze ans, d'un jeune homme rendu méconnaissable par un coup de fusil à bout portant. Une quinzaine d'autres personnes ont été tuées à sa connaissance. Nombre de maisons ont été pillées et brûlées.

COMMISSION D'ENQUÊTE   9

VII

Plusieurs soldats nous ont rapporté avoir vu achever des blessés par les soldats allemands. Le caporal Léopold Devis, après la bataille d'Hofstade, le 26 août, ayant reçu un éclat de shrapnell dans l'épaule droite, s'est traîné derrière un petit monticule de terre où il s'est évanoui. « Je suis revenu à moi, nous a-t-il dit lui-même, au bruit de coups de feu. A mes côtés, il y avait le soldat Van Goidsnoven, blessé dans les jambes. Il me dit : « Faisons le mort. » Des Allemands arrivent à plusieurs vers nous en criant : *Sie leben noch!* Je fermai instinctivement les yeux et j'entendis un coup de feu; le soldat Van Goidsnoven avait reçu une balle dans la tête. J'étais couché sur le ventre, ma coiffure enfoncée sur la tête et le bras sur les tempes. Des soldats allemands m'ont tiré un coup de fusil qui a traversé mon shako et m'a éraflé le sommet du crâne. J'ai reçu encore quelques coups de crosse et de pied dans le côté, et je me suis évanoui. »

Revenu à lui plus tard, le témoin, au prix d'efforts surhumains, a réussi à regagner les lignes belges. Nous avons constaté la trace visible de sa blessure au sommet du crâne.

Le soldat Joseph Ecran a été victime d'un attentat analogue le 19 août, en se retirant avec son peloton devant Aerschot.

En sautant un fossé, j'ai eu une hernie qui m'a empêché de continuer. Je me suis couché à terre et j'ai fait le mort quand les Allemands sont arrivés. Ils ont passé sans s'arrêter. Mais deux soldats, au bout d'un certain temps, sont venus qui ont commencé par retourner le cadavre d'un de mes camarades et m'ont retourné moi-même. L'un d'eux m'ayant donné un coup de crosse sur le ventre avec mon fusil qu'ils avaient ramassé, ils ont vu que je vivais. L'un d'eux dit en allemand : « Il vit encore » et armant mon fusil, il me tire un coup à travers la figure.

Ramené vingt-quatre heures plus tard à l'ambulance d'Aerschot, il y a été délivré par les Belges quand Aerschot fut repris. Il est aujourd'hui défiguré par le coup reçu au visage.

Le soldat Pierre Mertens, le 18 août, à Op-Linter, abrité avec ses camarades derrière un talus, d'où ils continuaient le feu contre les Allemands, a vu ceux-ci achever à coups de sabre le commandant et le lieutenant qui étaient blessés devant eux. Un de ses camarades, blessé à la jambe, fut traîné par lui au pied d'un arbre. Forcé de l'abandonner, il vit une patrouille de six à huit fantassins allemands l'achever à coups de crosse.

Un témoin civil a vu, à Ham-sur-Sambre, les soldats allemands jeter trois zouaves français blessés dans une maison en feu.

Une femme, de Liége, nous a donné des détails révoltants sur la manière dont les blessés transportés en Allemagne furent traités sous ses yeux. Le 27 octobre, elle revenait en train de Bruxelles à Liége. « A Landen, déclare-t-elle, je suis descendue sur le quai et je me suis approchée d'un wagon de marchandises; j'y ai vu sept soldats anglais, dont cinq blessés et deux morts. Les cinq blessés, m'ont dit les soldats allemands, étaient là depuis quatre jours. Ils se plaignaient très fort. Il y avait sur le quai une cuisine militaire. Un caporal du 57° régiment d'infanterie a pris une gamelle de soupe et s'est accroupi devant les blessés. Ceux-ci firent le geste de prendre la gamelle, mais les soldats allemands leur donnaient des coups de pied dans le ventre. Le caporal est redescendu avec la gamelle. Deux autres soldats ont pris des seaux d'eau avec une louche et les ont retournés sur les Anglais, les inondant d'eau et jetant les seaux sur eux. Je m'adressai au caporal et lui dis : « C'est ignoble, vous bruta-« lisez des blessés. » Il me répondit en bon français : « Ces « cochons-là doivent crever! » Je lui répondis : « Tuez-les tout de « suite, alors. » Il m'a répondu : « Soyez sans crainte, nous les « tuons tous, mais tout doucement. »

Le sort des prisonniers anglais dans les camps allemands est, aux dires de plusieurs témoins évadés, plus misérable que celui de tous les autres prisonniers. Les pires corvées leur sont réservées; en général, d'ailleurs, les témoignages séparés concordent sur la brutalité des gardiens, l'insuffisance de nourriture et les conditions de malpropreté des camps de prisonniers en Allemagne. Dans la plupart des camps, une punition courante est d'attacher un homme à un poteau par des cordes qui lui entourent le corps et de le laisser pendant des heures suspendu à une certaine distance du sol. Plusieurs évadés nous ont décrit ce supplice auquel ils avaient été soumis.

Ils s'accordent aussi à déclarer que les prisonniers ont été dépouillés d'une partie de l'argent qu'ils possédaient. A certains, et notamment à des soldats anglais, on a même pris une partie de leurs vêtements militaires.

Les visites de sujets neutres ont eu pour résultat d'améliorer le régime. Ainsi à Parchim, à la suite d'une de ces visites, on a cessé de donner aux prisonniers des intestins à manger. Ces intestins étaient souvent déjà en putréfaction et il s'y trouvait des excréments.

Mais toujours ces visites étaient annoncées à l'avance et des dispositions étaient prises pour que les camps offrissent un aspect présentable. Les visiteurs étaient accompagnés par des officiers du camp.

Nous avons entendu, enfin, un singulier témoignage qui nous a apporté le reflet de ce que les calomnies à l'égard de la Belgique ont produit d'aveuglement dans le peuple allemand. Un ingénieur belge, se trouvant en villégiature en Allemagne, fut arrêté le 31 juillet 1914, trois jours avant l'ultimatum allemand à la Belgique, dans une petite gare de l'Eifel. Sans qu'on lui eût jamais communiqué de jugement ni de sentence, il fut enfermé dans la prison cellulaire de Trèves jusqu'au 7 octobre et soumis au régime des prisonniers de droit commun.

Pendant ce séjour, il entendit maltraiter dans les cellules voisines de la sienne des prisonniers civils belges qui furent ensuite fusillés dans la cour de la prison, le 27 août. Relâché, le témoin fut autorisé à résider dans la ville sous surveillance et il essaya, lui qui, sujet belge, avait été arrêté avant la déclaration de guerre, de se faire une opinion sur la situation. Il se heurta, dès qu'il interrogeait les passants sur la Belgique, à une opinion unanime, systématique et obstinée. Dans cette ville proche de la frontière où, en temps de paix, des relations d'estime réciproque existaient entre les populations voisines, tout le monde racontait à charge des civils belges des histoires fantastiques d'assassinats, d'empoisonnement, de mutilations sur la personne des soldats et des blessés allemands. Par contre, la bonté, la douceur, l'honnêteté, la noblesse du soldat allemand étaient célébrées sans une réserve.

De ces qualités, vous avez eu, Monsieur le Président, des preuves évidentes au cours de l'enquête qui vous a mené à rédiger les vingt précédents rapports. Celui que nous avons l'honneur de vous remettre ne dépasse pas, sans doute, les constatations déjà acquises. Du moins, établi sur des sources diverses et que nous estimons sûres, il atteste et confirme que les agissements de l'armée allemande en Belgique ont été contraires aux lois de l'honneur militaire, aux règles du droit des gens et aux simples prescriptions de l'humanité.

Le Secrétaire,	Le Président,
Henri DAVIGNON.	M. D. CHALMERS.

Veuillez agréer, Monsieur le Ministre, l'assurance de notre haute considération.

Les Secrétaires,	Le Président,
Ch^{er} ERNST DE BUNSWYCK,	COOREMAN.
ORTS.	

Le Vice-Président,

Comte GOBLET D'ALVIELLA.

VINGT-DEUXIÈME RAPPORT

Destructions et massacres dans la province du Hainaut.

Le Havre, le 28 octobre 1915.

A Monsieur CARTON de WIART, Ministre de la Justice.

Monsieur le Ministre,

Les armées allemandes ont pénétré dans la province du Hainaut le 20 août 1914. Les localités du nord de la province, où aucune résistance n'a été opposée par la force armée à la marche des troupes d'invasion, ne paraissent guère avoir souffert. Il n'en est pas de même des villes et des villages du centre de la province où ces troupes se sont rencontrées avec les armées anglaise et française.

Dans ces localités, comme partout en Belgique où la marche des armées allemandes se heurta à des forces adverses, la population civile a été très éprouvée.

Arrondissement judiciaire de Tournai.

Les premières troupes allemandes arrivèrent dans les environs de Tournai le lundi 24 août 1914. Après un combat de tirailleurs, les Français, très inférieurs en nombre, se replièrent sur le faubourg Morelle et sur le faubourg du Château, dépendant tous deux de la ville de Tournai. Les Allemands les y suivirent.

Au faubourg Morelle, les soldats français se retranchèrent dans les maisons et ouvrirent le feu sur les Allemands. Ceux-ci, lorsque les Français se furent retirés dans l'intérieur de la ville, s'emparèrent d'un certain nombre d'habitants du faubourg et, les rendant responsables de la résistance qu'ils avaient rencontrée, les fusillèrent sur-le-champ. Ils pillèrent quelques maisons et en incendièrent une douzaine.

Au faubourg du Château et au hameau de la Tombe qui lui est contigu, les Allemands pénétrèrent dans l'intérieur des maisons ; ils en firent sortir les habitants et les alignèrent devant eux, se protégeant ainsi contre le tir des Français, qui, pour éviter d'atteindre des bourgeois inoffensifs, rompirent le combat et se replièrent.

Arrivés au centre de Tournai, les Allemands firent arrêter à leur domicile un certain nombre de conseillers communaux, le bourgmestre et les échevins restés à Tournai. Ils les réunirent à l'Hôtel de Ville où un officier leur donna lecture d'une proclamation condamnant la ville de Tournai, sous menace de destruction de la Ville et d'exécution de ses habitants, à payer dans les trois heures une contribution de guerre de 2 millions de francs, en or, et à livrer 200 otages.

Les habitants parvinrent à rassembler une somme de 1.700.000 francs. L'excédent fut couvert par une traite signée solidairement par les conseillers communaux présents.

Vers 11 heures du soir, les otages furent renvoyés, à l'exception de l'évêque et des conseillers communaux, qui, une heure plus tard, furent transportés à Ath avec quelques prisonniers français et des individus arrêtés comme détrousseurs de cadavres. Ils étaient encadrés par des soldats, baïonnette au canon. A Ath, ils furent traités d'une manière indigne. Ils restèrent sans couchette et sans nourriture. L'évêque, un vieillard de soixante-quatorze ans, fut brutalisé.

Le mardi 25 août, les troupes allemandes, au moment de leur départ pour Bury Péruwelz, se saisirent d'environ 400 habitants de Tournai. Ils les rassemblèrent autour de leur colonne et les forcèrent à les accompagner pendant trente-six heures, les injuriant et les menaçant d'être fusillés.

Arrondissement judiciaire de Mons.

Les troupes allemandes ont ravagé la région de Nimy, Mons, Quaregnon et Jemappes au moment où se livrait la bataille de Mons.

La ligne de défense occupée par les troupes anglaises s'étendait, à l'ouest, le long du canal de Condé à Mons ; à l'est, à travers Mons et Binche.

Les Allemands, suivant la route de Soignies, se dirigèrent, le 23 août 1914, d'une part sur Nimy, au nord-ouest de Mons, d'autre part sur Obourg, au nord-est de la même ville. Ils bombardèrent la gare d'Obourg et forcèrent les troupes anglaises à se replier. L'hospice des aliénés où se trouvaient plus de 200 folles fut incendié. Les religieuses qui le dirigeaient parvinrent à sauver les malades confiées à leurs soins.

Vers 3 heures de l'après-midi, les soldats allemands, attaquant les troupes anglaises qui défendaient Nimy, franchirent le pont du canal. Ils se vengèrent aussitôt sur les habitants de Nimy des pertes qu'ils avaient éprouvées. Ils mirent le village au pillage et incendièrent un grand nombre de maisons. Ils massacrèrent un certain nombre d'habitants, à coups de crosse, à coups de baïonnette ou à coups de fusil. Des femmes et des jeunes filles furent odieusement violentées.

Puis, s'emparant de tous les habitants dont ils purent se saisir, hommes, femmes, enfants, ils les firent marcher devant eux pour entrer dans Mons. Arrivés dans la ville, ils prirent comme otage le bourgmestre de Mons, M. Lescarts, et, précédés par lui et par les habitants de Nimy, ils attaquèrent les troupes anglaises retranchées au haut de l'avenue de Berlaimont. Affolés, les malheureux civils tentèrent de s'échapper. Plusieurs d'entre eux furent atteints par les balles des soldats allemands qui leur tiraient dans le dos.

Quatre-vingt-quatre maisons de Nimy ont été détruites ; 17 habitants, dont 4 femmes, ont été tués.

A **Jemappes** et à **Quaregnon** où se livrèrent des combats meurtriers, les Allemands, à l'issue de la lutte, mirent le feu à des rues entières et massacrèrent un grand nombre d'habitants. Une centaine de maisons ont été incendiées à Jemappes, près de 150 à Quaregnon. Plus de 70 civils ont été tués. Le monument élevé en commémoration de la bataille de Jemappes a été démoli.

Le village de **Péronnes** a été partiellement détruit : 63 maisons ont été brûlées; 8 personnes ont été fusillées, parmi lesquelles le bourgmestre, M. Gravis, membre suppléant de la Chambre des Représentants.

Le 29 août, arriva à **Jurbise** un train amenant de nombreux soldats allemands. Un pétard éclata; le train s'arrêta; les Allemands en descendirent. S'imaginant qu'un coup de feu avait été tiré, ils s'emparèrent de 7 personnes qu'ils tuèrent à coups de sabre et de baïonnette, ou qu'ils fusillèrent. Deux femmes, Marie Botte, épouse De Sadeler, et sa fille, furent blessées à coups de feu.

Arrondissement judiciaire de Charleroi.

L'arrondissement de Charleroi semble avoir été le théâtre des faits les plus graves.

Un rapport circonstancié, basé sur des constatations faites sur place, nous a été transmis le 17 octobre 1914. Il contient le résultat d'une enquête effectuée au lendemain de l'entrée des troupes allemandes, dans 62 des 73 communes de l'arrondissement administratif de Charleroi.

En voici le résumé.

Les premiers soldats allemands parurent le jeudi 20 août, dans la partie nord-est de l'arrondissement, tandis qu'à la même date arrivaient des troupes françaises dans la partie sud. Des troupes plus nombreuses s'établirent le lendemain matin dans les communes de Gosselies et de Manage. Les Allemands occupèrent Fleurus, Gosselies et les villages avoisinants, le vendredi 21 août dans la soirée. Le même soir, une colonne allemande occupa **Pironchamps**. Un premier incident se produisit dans ce village. Une maison fut incendiée et les quatre personnes qui l'occupaient : Pierre Vermeulen, âgé de soixante ans; Charles Vermeulen, âgé de cinquante-trois ans; une femme, Rosa Tambour, âgée de cinquante-huit ans, et une enfant, Maria Vermeulen, âgée de quinze ans et demi, furent tuées à coups de lance sans que rien pût expliquer ces crimes.

L'envahissement de la région agglomérée de Charleroi se produisit le samedi 22 août. Une première colonne quitta **Gosselies** vers 6 heures du matin et descendit vers Jumet. En quittant Gosselies, les troupes allemandes arrachèrent de leurs demeures une trentaine d'habitants et les firent marcher en tête de leur colonne. D'autres personnes furent arrêtées à Jumet et réunies au groupe des habitants de Gosselies.

A l'entrée de **Lodelinsart**, la colonne essuya le feu de mitrailleuses françaises se trouvant dans une tranchée pratiquée à travers la chaussée de Bruxelles, à l'endroit nommé « La Planche », et de soldats français embusqués avec des mitrailleuses au fond de la cour d'une maison sise à droite de la chaussée. Le désordre se mit dans les rangs allemands. Immédiatement, les troupes enfoncèrent les portes, incendièrent les maisons, tirèrent des coups de fusil dans toutes les directions, se livrant à d'odieuses brutalités sur des vieillards, des femmes, des enfants.

De là, la colonne se dirigea vers Charleroi par **Lodelinsart** et **Dampremy**, en massacrant, pillant et incendiant sur son passage.

Une autre colonne, venant de Liberchies, traversa Gosselies et atteignit Roux. Une escarmouche eut lieu dans cette commune avec des dragons français qui battirent en retraite. La colonne gagna **Monceau-sur-Sambre**, qu'elle mit à sac, et traversa **Marchienne**, qui a relativement peu souffert ; puis, poussant devant elle plusieurs centaines de civils, elle se dirigea sur **Montigny-le-Tilleul** où recommencèrent les scènes de destruction.

Le 22 août, les troupes françaises se replièrent sur Gozée où elles avaient établi d'importants retranchements.

La colonne allemande qui avait traversé Charleroi, déboucha par **Mont-sur-Marchienne** où un engagement eut lieu, et se porta au milieu des troupes qui attaquaient Gozée.

Le combat de Gozée dura toute la journée du 22 août et une grande partie de la journée du lendemain. Il fut très meurtrier. Environ 2.000 Allemands et près de 500 Français furent tués. Le front de la bataille s'étendait par Loverval jusqu'à Gerpinnes où étaient arrivées les troupes allemandes qui, débouchant de Chatelineau, avaient traversé les communes de **Couillet** et de **Loverval**, en marquant leur passage par l'incendie et le pillage.

Le rapport relate de nombreux faits de cruauté commis par les troupes allemandes à l'égard des habitants ; il nous indique les brutalités, les outrages dont la population civile a été l'objet.

Nous n'en reproduirons qu'une partie :

« Dans cette multitude d'actes de cruauté, dans ce fouillis d'horreurs, on ne trouve guère trace de pitié. Sans distinction d'âge ni de sexe, les Allemands frappaient les civils innocents. Des vieillards furent tués ou blessés par les soldats impériaux ; quatre personnes de plus de soixante ans furent tuées à **Couillet**, trois à **Bouffioulx**, trois à **Farciennes**.

« Les femmes ne furent pas davantage épargnées. Parmi les témoins de **Jumet**, se trouve une femme qui déclare avoir reçu des coups de crosse et avoir dû, avec d'autres femmes et des enfants, précéder les troupes allemandes. Une femme qui essayait de se sauver dans une prairie, essuya le feu des soldats et fut blessée au nez. Fernande Pacot s'était réfugiée dans la cave de sa maison ; les Allemands y firent irruption et tirèrent huit coups de feu sur la malheureuse. La pauvre femme est morte à l'hôpital, après avoir enduré plusieurs jours un atroce martyre. Six femmes témoignent avoir essuyé le feu des Allemands sans avoir rien fait qui pût provoquer des représailles. Rosa Frère, de Jumet, fut atteinte d'une balle dans le dos, alors qu'elle sortait de sa maison. L'épouse Pirson traversait le couloir de sa maison pour se réfugier dans la cave quand une balle l'atteignit au genou. Julia Coenen s'était rendue avec d'autres personnes dans une prairie ; les Allemands tirèrent sur le groupe et blessèrent Julia Coenen à la figure. L'épouse Nil fut blessée dans des circonstances analogues. Charlotte Deplis servit de cible à un soldat allemand et fut blessée au moment où elle fermait une fenêtre. »

Voici la déposition de cinq femmes habitant la Chaussée de Bruxelles à Jumet, la plus jeune ayant seize ans, la plus âgée soixante-huit ans :

« Les Allemands ont pénétré chez nous où nous étions cinq femmes seules, cachées dans la cour. Ils nous ont emmenées de chez nous, en face du Château d'eau. Là ils nous ont parquées dans une prairie où ils nous ont liées à cinq hommes. Ils nous ont dit que nous serions fusillées. Nous sommes restées là une vingtaine de minutes environ. Pendant ce temps, les soldats ne cessaient de nous mettre en joue et de nous menacer de leurs baïonnettes. »

A **Marchienne**, une femme de soixante-quatorze ans est fusillée, après avoir été traînée sur le front des troupes.

Des femmes de **Montigny-le-Tilleul** ont été victimes, à diverses reprises, de voies de fait.

A **Boignée**, les Allemands pénétrèrent dans une ferme isolée. Deux femmes qui s'y trouvaient prirent la fuite et se cachèrent dans un champ de betteraves. Elles y furent découvertes par quatre soldats qui tirèrent sur elles ; l'une d'elles fut tuée.

A **Gilly**, une femme, Anna Flémal, boulangère, se trouvant dans son magasin, fut tuée par un soldat qui déchargea son fusil à bout portant et lui fracassa la mâchoire.

Dans la même localité, deux femmes furent jetées dans une citerne où elles périrent.

De nombreux cas de viols sont aussi signalés dans cette commune.

D'autres cas de brutalité exercée contre des femmes sont encore relatés par un grand nombre de témoins.

Des enfants furent victimes aussi de la furie allemande. Trois enfants, dont l'un n'avait que cinq mois et se trouvait dans les bras de sa mère, furent tués à Farciennes.

. . . .

Les crimes des soldats allemands contre les lois de l'humanité sont innombrables. Des témoins affirment avoir vu les soldats allemands achever deux soldats du 112e régiment de ligne français blessés au cours d'un engagement à Montigny-le-Tilleul. Le premier blessé eut la tête fendue d'un coup de hache, pendant que deux soldats allemands lui donnaient à boire ; le second fut broyé par une pièce de canon. Dans cette même localité, un nommé Vital Arnould fut fusillé, le dimanche 23 août, à 6 heures du soir, pour avoir donné des soins à un soldat français, Louis Sohier, blessé à la cuisse et au côté. Ce soldat blessé fut fusillé lui-même.

Une affiche placardée à **Châtelet** et signée par le commandant des troupes, Freiherr von Maltzahn, imposait à « tout habitant qui tient chez lui un soldat belge ou français, blessé ou non, d'en faire la déclaration à l'Hôtel de Ville. Faute de quoi il s'expose à être pendu et sa maison sera incendiée ».

Un témoin déclare avoir vu à Lodelinsart et à Jumet « deux brancardiers allemands, qui paraissaient ivres, quitter momentanément leur civière pour aller incendier les maisons ».

Dans toutes les localités dévastées, les soldats allemands ont pillé et volé des objets de toute espèce, vivres, victuailles, linge, objets d'habillement, tableaux, bijoux, montres, sommes d'argent en monnaie ou en billets.

L'incendie et le pillage étaient méthodiquement organisés. Sur l'ordre de leurs chefs, les soldats se rangeaient de chaque côté des routes; les premiers enfonçaient les portes et les fenêtres à coups de crosse ou à coups de hache. D'autres les suivaient, projetaient dans l'intérieur des habitations un liquide inflammable et y mettaient le feu.

En général, ce sont les habitations longeant les voies parcourues par les colonnes allemandes qui furent incendiées. Peu de maisons isolées ont été brûlées.

A maintes reprises, des officiers allemands, interrogés sur les motifs qui avaient déterminé ces scènes de pillage, d'incendie et de meurtre, ont prétendu qu'elles constituaient des représailles causées par l'intervention de civils qui auraient tiré sur les troupes.

Toutes les dépositions, pourtant très nombreuses, qui ont été recueillies, contiennent indistinctement l'affirmation qu'aucun civil n'a pris part aux hostilités.

La population allait au contraire au-devant des désirs des soldats, leur offrant à boire et à manger. Au premier abord, les soldats allemands répondaient amicalement; leur attitude ne se modifiait que lorsqu'ils rencontraient de la résistance de la part des troupes françaises.

D'ailleurs, les chefs des ambulances ont tous déclaré que pas un soldat allemand soigné par eux n'a été trouvé atteint d'autres blessures que de celles causées par une arme de guerre.

.˙.

En résumé, dans les communes d'Aiseau, Bouffioulx, Gouillet, Farciennes, Forchies-la-Marche, Gilly, Coutroux, Jumet, Landelies, Lodelinsart, Loverval, Marchienne-au-Pont, Montigny-le-Tilleul, Mont-sur-Marchienne, Piéton, Pironchamps, Rive, Roselies, Roux, Thiméon, Wayaux, 110 hommes, 9 femmes, 8 enfants ont été tués; 34 hommes, 12 femmes, 3 enfants ont été blessés; plus de 300 hommes, 250 femmes, 249 enfants, et 63 familles entières ont disparu.

Sept cent soixante-neuf maisons ont été incendiées, 2.221 ont été saccagées ou incendiées partiellement, soit donc plus de 3.000 ménages sans abri ! Et quelles pertes ! Quelles ruines !

La valeur des maisons incendiées s'élève à 4.796.937 francs ; les dégâts faits aux maisons saccagées ou incendiées partiellement se montent à 1.911.799 francs, la valeur des marchandises et récoltes détruites ou volées s'élève à 2.914.014 francs, celle des meubles détruits à 2.850.529 francs, soit au total à près de 12.500.000 francs, auxquels s'ajoute le montant des dégâts causés dans d'autres localités, évalués à plus du double, sans compter la valeur des réquisitions excessives qui ont été faites dans tout l'arrondissement. Enfin, il y a lieu de tenir compte de l'énorme imposition de guerre requise sous menace d'exécution des otages et de bombardement de la ville de Charleroi et des communes de l'agglomération. Cette indemnité fut fixée à 10 millions de francs.

.*.

Comme l'indique le rapport que nous venons de résumer, bien d'autres localités de l'arrondissement de Charleroi ont eu à souffrir de l'invasion et tout particulièrement la ville de **Charleroi**, les communes de **Châtelet, Dampremy, Monceau-sur-Sambre, Montignies-sur-Sambre.**

Sur le territoire de la ville de **Charleroi**, 160 maisons ont été incendiées, rue du Grand-Central, route de Mons et boulevard Audent, dans les plus belles artères de la ville.

L'incendie a été systématiquement organisé sous les ordres d'officiers allemands.

Des habitants de la ville et parmi eux les Dʳˢ Coton et de Ponthière, ce dernier porteur du brassard de la Croix-Rouge, ont été emmenés par les troupes et contraints de marcher devant elles.

Une quarantaine d'habitants périrent. Certains furent brûlés vifs dans leurs maisons ou asphyxiés dans les caves où ils s'étaient réfugiés. D'autres ont été abattus à coups de feu au moment où ils cherchaient à s'enfuir de leurs maisons en flammes.

Les troupes allemandes arrivèrent à **Monceau-sur-Sambre** le samedi 22 août 1914, vers 9 heures du matin. Elles furent accueillies par le feu des mitrailleuses françaises établies sur le pont de la Sambre.

La commune de Monceau-sur-Sambre fut aussitôt mise à sac.

Deux cent cinquante et une maisons ont été incendiées de fond en comble ; 62 ont été saccagées. Ici, comme partout ailleurs, l'incendie a été méthodiquement organisé. Un groupe de soldats enfonçaient les portes et les fenêtres, tandis que d'autres qui les suivaient jetaient à l'intérieur des maisons des matières inflammables : pastilles, grenades, pétrole ou naphte.

D'après une évaluation sommaire faite par un architecte, la valeur des immeubles détruits et dévastés s'élève à près de 1.500.000 francs, celle des objets mobiliers, marchandises, outillages, à près de 500.000 francs, abstraction faite de la valeur des objets enlevés dans les maisons particulières.

Le général von Nürbach fit saisir, le 23 août, une somme de 7.500 francs qui se trouvait dans la caisse communale.

Huit habitants de Monceau-sur-Sambre ont été fusillés. 28 ont été massacrés au moment où ils sortaient de leurs maisons. Trente autres personnes reçurent des blessures qui devaient, par la suite, entraîner la mort. A la date du 4 novembre 1914, 70 personnes de tout âge et des deux sexes avaient péri.

Les femmes et les enfants pas plus que les vieillards n'ont été épargnés. La famille Gérard composée du père, fonctionnaire des Chemins de fer de l'État, de la mère et d'un enfant âgé de huit ans, a été massacrée. La femme fut tuée à bout portant dans la cour de sa maison. Le père, tenant son fils par la main, s'était réfugié dans son jardin ; aperçus par un soldat allemand, ils furent tous deux tués à coups de fusil.

Un vieillard de soixante-dix-sept ans fut tué au moment où il sortait de sa maison incendiée.

Les curés de **Roselies** et d'**Acoz** ont été assassinés.

D'autres localités dépendant de l'arrondissement administratif de Thuin ont été aussi fort éprouvées.

Le village de **Faurœulx** fut occupé le 21 août par les troupes anglaises qui ne battirent en retraite que le 24. Dès leur arrivée, les Allemands détruisirent le mobilier de la maison communale, celui de l'école communale et celui de la maison de l'instituteur. Toutes les maisons dont les habitants se trouvaient absents furent mises au pillage. Pendant six jours, des réquisitions furent faites sans paiement et sans remise de bons. Le 30 août, vers 1 heure de

l'après-midi, les Allemands donnèrent l'ordre d'évacuer le village.
Lorsque les habitants purent rentrer chez eux, ils trouvèrent les
maisons entièrement pillées. Sur 104 maisons que comprend le
village, 98 ont été saccagées. Une dizaine de villages avoisinants,
**Peissant, Sars-la-Buissière, Merbes-le-Château, Haul-
chin, Bienne-lez-Happart,** notamment, subirent le même
traitement. Toute la région fut dévastée, et les habitants chassés
de leurs logis pendant une quinzaine de jours.

Veuillez agréer, Monsieur le Ministre, l'assurance de notre
haute considération.

<table>
<tr><td>Les Secrétaires,</td><td>Le Président,</td></tr>
<tr><td>Ch^{er} Ernst de Bunswyck,</td><td>Cooreman.</td></tr>
<tr><td>Orts.</td><td></td></tr>
</table>

Le Vice-Président,
Comte Goblet d'Alviella.

ANNEXES

ANNEXE I

LES SÉVICES ALLEMANDS DANS LA PROVINCE DE BRABANT

TABLEAU RÉCAPITULATIF
indiquant pour chaque commune de la province :

1° Nombre total de maisons existant dans la commune avant la guerre ;
2° Nombre de maisons incendiées ;
3° Nombre de maisons pillées ;
4° Nombre total d'habitants avant la guerre ;
5° Nombre d'habitants civils tués ;
6° Nombre d'habitants envoyés comme prisonniers civils en Allemagne.

BRABANT

COMMUNES	NOMBRE total de maisons	MAISONS incendiées	MAISONS pillées	NOMBRE total d'habitants	HABITANTS tués	HABITANTS prisonniers en Allemagne
Zellick	169	»	12	971	»	»
Assche	1.258	»	3	7.264	»	9
Cobbeghem	61	1	»	328	»	»
Hamme	89	»	3	198	»	»
Maxenzeel	172	2	»	920	»	»
Merchtem	884	10	»	4.820	5	1
Opwijck	867	10	30	4.819	1	»
Releghem	90	2	»	481	»	»
Ternath	440	»	5	2.289	»	»
Bellinghen	123	2	»	602	»	»
Bierges	218	1	1	993	»	»
Leerbeck	110	»	1	507	»	»
Overyssche	1.171	»	»	5.895	1	»
Woluwe-Saint-Étienne	288	»	5	1.461	»	»
Lennick-Saint-Quentin	533	»	»	2.816	»	2
Pamel	630	»	»	3.189	»	3
Schepdael	325	»	2	1.734	1	»
A reporter	7.428	28	62	39.357	8	15

COMMUNES	NOMBRE total de maisons	MAISONS incendiées	MAISONS pillées	NOMBRE total d'habitants	HABITANTS tués	HABITANTS prisonniers en Allemagne
Report	7.428	28	62	39.357	8	15
Strijthem	140	»	20	750	»	»
Neder-Ockerzeel	224	»	3	1.280	»	1
Nossegem	122	»	24	751	»	»
Saventhem	525	»	10	3.190	»	»
Steenockerzeel	354	1	11	1.926	1	3
Bergh	230	13	31	1.196	»	1
Bueken	96	50	30	475	8	»
Campenhout	601	85	29	3.180	14	5
Elewijt	279	133	120	1.467	10	»
Eppeghem	213	176	150	1.204	8	125
Hofstade	227	56	200	1.192	6	1
Haren	258	»	14	1.536	»	»
Macholen	287	»	40	1.469	2	8
Melsbroeck	241	1	31	1.239	6	»
Muysen	347	3	450	2.354	6	»
Neder-Over-Heembeek	420	»	11	2.404	1	»
Perck	220	»	180	1.262	5	»
Sempst	498	27	200	2.827	18	34
Vilvorde	2.027	33	179	11.699	6	3
Weerde	140	34	150	699	»	»
Boyghem	105	32	60	633	»	23
Brusseghem	390	»	85	2.203	2	»
Capelle-au-Bois	371	235	50	1.878	4	»
Grimberghen (et Pont-Brûlé) . .	686	58	38	3.665	5	65
Humbeek	379	32	400	1.946	5	2
Londerzeel	905	18	400	4.707	1	15
Malderen	402	16	»	1.983	»	»
Meysse	338	3	350	1.749	2	20
Nieuwenrode	190	2	100	1.021	3	13
Ramsdonck	128	4	60	985	1	1
Steenhuffel	369	13	116	2.022	1	»
Strombeek-Bever	241	»	»	1.458	»	»
Wemmel	275	3	15	1.480	»	»
Wolverthem	667	10	18	3.051	5	34
Aerschot	1.183	386	1.000	6.409	± 150	71
Betecom	393	7	25	2.069	»	11
Beggijnendijck	248	1	107	1.401	»	13
Cortrijck-Dutzel	232	3	2	1.291	»	1
Gelrode	166	23	131	928	18	99
Langdorp	451	4	20	2.522	3	1
Nieuw-Rhode	270	1	200	1.464	1	27
Rhode-Saint-Pierre	171	1	»	931	2	»
Rillaer	448	34	300	2.306	7	»
Thielt-Notre-Dame	415	11	28	2.221	1	2
Becquevoort	297	2	38	1.584	»	»
Cortenaeken	243	3	130	1.272	»	»
A reporter	24.940	1.538	5.618	115.925	315	603

COMMUNES	NOMBRE total de maisons	MAISONS incendiées	MAISONS pillées	NOMBRE total d'habitants	HABITANTS tués	HABITANTS prisonniers en Allemagne
Report	24.940	1.538	5.618	113.926	315	603
Caggevinne-Assent	346	4	125	1.907	3	»
Diest	1.764	5	10	8.051	2	1
Molenbeek-Wers.	171	14	108	975	1	2
Molenstede	»	32	4	»	11	»
Montaigu	591	»	150	3.064	1	»
Messelbroeck	105	»	100	640	2	1
Sichem	500	2	5	2.886	5	»
Schaffen	452	164	25	2.430	22	»
Waenrode	212	»	60	1.035	»	»
Attenrode-Wever	144	17	32	745	6	»
Binckom	190	3	82	972	»	»
Buusbeek	224	20	126	1.224	4	»
Capellen	138	8	52	731	»	»
Glabbeek	145	»	210	840	3	1
Hoeleden	185	»	150	1.053	1	»
Kerckom	173	»	20	915	»	»
Kersbeek-Miscom	191	»	80	1.091	»	2
Lubbeek	501	46	58	2.876	15	»
Meensel-Kies	124	1	37	698	2	»
Roosbeek-Neerbutzel	138	42	12	770	3	»
Vissenaeken	181	2	150	985	»	1
Winghe-Saint-Georges . . .	230	1	152	1.338	1	1
Bael	220	8	153	1.259	1	10
Boortmeerbeek	118	103	300	1.822	5	4
Hever	291	35	»	1.609	2	4
Haecht	437	40	250	2.491	7	101
Holsbeek	279	35	3	1.396	1	3
Keerbergen	483	6	275	2.469	»	1
Rotselaer	408	67	540	2.348	38	120
Thildonck	243	31	15	1.346	10	16
Tremeloo	367	214	117	2.056	3	16
Wesemael	359	46	147	1.805	13	324
Wespelaer	219	47	350	1.195	21	10
Werchter	429	267	102	2.207	15	32
Budingen	264	58	160	1.486	2	»
Dormael	95	1	2	524	3	»
Drieslinter	»	»	250	»	»	1
Geet-Betz	371	8	215	1.933	1	»
Graesen	74	1	3	380	1	»
Halle-Boeyenhoven	280	3	5	1.001	»	»
Heelenbosch	»	»	»	»	7	»
Léau	408	16	»	2.087	»	»
Neerlinter	406	71	102	2.521	1	»
Orsmael-Gussenhoven . . .	164	16	15	769	4	1
Berthem	341	13	98	1.875	»	»
Bierbeek	595	2	3	2.150	2	»
A reporter	38.626	2.980	10.531	198.168	534	1.260

COMMUNES	NOMBRE total de maisons	MAISONS incendiées	MAISONS pillées	NOMBRE total d'habitants	HABITANTS tués	HABITANTS prisonniers en Allemagne
Report	38.626	2.980	10.531	193.768	534	1.260
Corbeek-Loo	207	129	»	1.256	20	62
Cortenberg	232	12	45	1.223	1	1
Erps-Querbs	394	1	19	2.256	1	»
Everberg	252	»	3	1.403	»	»
Hérent	703	312	200	4.431	22	104
Héverlé	980	95	350	5.137	6	10
Kessel-Loo	1.168	461	325	6.369	59	143
Linden	197	103	90	1.146	6	3
Louvain	7.433	1.120	± 4.000	41.003	± 100	334
Lovenjoul	142	18	100	798	»	»
Neeryssche	229	»	20	1.159	1	»
Pellenberg	147	10	»	848	1	»
Tervueren	576	»	13	2.846	3	135
Velthem-Beyssem	250	44	100	1.388	14	»
Weert-Saint-Georges	173	28	»	754	3	»
Wilsele	390	36	200	2.416	7	34
Winxele	243	57	150	1.358	5	5
Bautersem	180	19	100	965	»	»
Cumptich	238	13	207	1.314	»	1
Esemael	80	»	7	394	»	»
Gossoncourt	184	»	5	926	»	»
Hackendover	176	32	150	998	1	3
Houthem-Saint-Mar.	»	8	56	»	»	»
Hougarde	704	50	100	3.824	4	»
Neerheylissen	351	»	7	1.646	2	1
Neervelp	104	»	1	528	»	»
Oirbeek	52	»	»	285	»	1
Opheylissen	188	»	8	859	»	»
Oplinter	199	23	179	1.446	2	1
Opvelp	172	»	2	874	»	1
Tirlemont	3.074	60	386	16.635	3	1
Vertrijck	119	2	79	592	1	»
Wommersom	154	5	2	843	2	»
Willebringen	127	»	27	629	»	»
Zetrud-Lumay	326	»	12	1.504	3	1
Baisy-Thy	559	»	»	2.637	1	»
Genappe	433	»	8	1.807	1	4
Maransart	122	»	25	527	»	»
Marbais	459	»	12	2.376	»	»
Autre-Église	194	»	150	913	3	»
Beauvechain	366	»	20	1.787	2	»
Bomal	89	»	3	370	»	»
Enines	110	»	75	470	»	»
Folx-les-Caves	149	»	35	626	»	»
Glimes	153	»	17	659	»	»
Huppaye	249	»	5	1.119	»	»
A reporter	61.733	5.618	14.810	311.761	868	2.105

COMMUNES	NOMBRE total de maisons	MAISONS incendiées	MAISONS pillées	NOMBRE total d'habitants	HABITANTS tués	HABITANTS prisonniers en Allemagne
Report	61.733	5.618	14.810	321.762	868	2.105
Incourt	184	1	7	779	»	»
Jandrenouille	280	»	9	1.232	»	»
Jauche	355	»	40	1.348	4	»
Jauchelette	106	»	1	445	»	»
Jodoigne	1.098	»	15	4.352	»	1
Jodoigne-Souveraine	141	»	63	612	1	1
Linsmeau	105	7	14	526	18	»
Marilles	219	»	1	896	»	»
Melin	310	2	200	1.460	3	2
Opprebais	345	»	7	1.536	»	»
Piétrebais	219	2	7	1.024	»	»
Ramillies-Offus	161	22	150	745	»	»
Roux-Miroir	130	1	2	635	»	»
Saint-Remy-Geest	141	»	3	767	»	»
Tourinnes-la-Grosse	254	2	»	1.261	»	1
Ittre	589	»	100	2.738	»	»
Nivelles	2.514	»	3	11.204	»	»
Plancenoit	171	»	3	835	»	»
Quenast	419	»	2	2.218	»	»
Thines	62	»	20	339	1	»
Chastre-Viller	339	»	20	1.629	»	»
Corbais	130	»	5	662	»	»
Cortil-Noirmont	280	»	2	1.289	»	»
Geest-Gérompont	189	»	12	836	»	»
Nil-Saint-Vincent	305	»	20	1.252	»	»
Noville-sur-Mehaig	166	3	185	714	»	»
Perwez	586	2	10	2.524	»	»
Saint-Géry	99	»	4	508	»	1
Thorembais-Saint-Trond . . .	236	3	250	1.098	»	»
Tourinnes-les-Ourdons	347	»	4	1.838	1	»
Walhain-Saint-Paul	397	1	15	1.916	»	»
Archennes	140	»	7	654	»	»
Bossut-Gottechain	281	»	2	1.519	»	»
Céroux-Mousty	310	27	170	1.508	2	»
Grez-Doiceau	680	»	50	2.747	2	»
Limelette	155	»	14	802	1	»
Ottignies	373	73	150	1.891	2	»
Rixensart	324	»	35	1.596	»	»
Rosières	129	»	36	570	»	»
Wavre	1.647	58	200	7.808	»	»
TOTAUX	166 661	5.821	16.448	389.075	897	2.110

ANNEXE II

STATISTIQUE des maisons incendiées ou démolies dans les provinces d'Anvers, Liége et Namur.

Les renseignements relatifs à la population et au nombre de maisons de chaque commune sont puisés dans le Dictionnaire encyclopédique de géographie et d'histoire du royaume de Belgique, par A. Jourdain, L. Van Stalle et le baron de Heusch. Bruxelles, Bruylant-Christophe et Cie, éditeurs.

PROVINCE DE LIÉGE

COMMUNES	NOMBRE de maisons	MAISONS dé- truites	COMMUNES	NOMBRE de maisons	MAISONS dé- truites
Arrondissement de Liége.					
Alleur.	255	2	Fouron-le-Comte . . .	279	19
Angleur.	992	5	Grivegnée	1.724	37
Ans.	1.504	4	Haccourt	470	80
Argenteau	191	4	Hermalle-sur-Argen-		
Awans	208	3	teau.	308	9
Ayeneux.	280	2	Hermée	305	146
Barchon	117	110	Herstal	2.903	13
Beaufays	202	2	Heure-le-Romain . .	252	84
Bellaire	283	15	Hollogne-aux-Pierres .	873	86 (²)
Berneau.	103	67	Housse	203	4
Bierset	176	4	Jemeppe-sur-Meuse .	1.486	10
Bombaye	107	5	Jupille.	932	1
Boncelles	410	143 (¹)	Lantin.	82	8
Bressoux	673	2	Liége	126.796	55
Cerexhe-Heuseux. .	175	2	Lixhe	174	10
Chaudfontaine . . .	400	1	Loncin	168	5
Chênée	1.356	17	Louveigné	403	77
Cheratte. . . .	502	1	Magnée	80	18
Dalhem	234	3	Melen	191	60
Embourg	216	3	Micheroux	101	17
Esneux	694	26	Milmort.	257	2
Evegnée. . . .	59	5	Mons	5.377	3
Flémalle-Grande . .	830	36	Mortier	192	5
Flémalle-Haute. . .	545	10	Mouland.	97	73
Fleron.	398	152 (²)	Ougrée	1.813	1
Forêt	730	6	Oupeye	241	8

(¹) Dont beaucoup bombardées.
(²) Dont quelques-unes bombardées.

COMMUNES	NOMBRE de maisons	MAISONS dé- truites	COMMUNES	NOMBRE de maisons	MAISONS dé- truites

Arrondissement de Liége (*suite*).

COMMUNES	NOMBRE de maisons	MAISONS dé- truites	COMMUNES	NOMBRE de maisons	MAISONS dé- truites
Plainevaux	198	6	Seraing	5,746	12
Queue-du-Bois	354	35	Soumagne	662	104
Retinne	236	118	Sprimont	720	67
Richelle	106	1	Trembleur	491	45
Romsée	376	34	Visé	762	575
Rouvreux	250	5	Vivegnis	356	45
Saint-André	106	14	Wandre	975	33
Salve	318	12	Warsage	147	25

TOTAL. 2,703

Arrondissement de Huy.

COMMUNES	NOMBRE de maisons	MAISONS dé- truites	COMMUNES	NOMBRE de maisons	MAISONS dé- truites
Amay	950	6	Ocquier	202	2
Ben Ahin	515	1	Poulseur	144	25
Ernonheid	47	14	Seilles	636	153
Hermalle-sous-Huy	213	1	Soheit-Tinlot	80	1
Huy	3,200	30	Tihange	339	1
Landenne-sur-Meuse	404	14	Wanze	163	3
Lorcé	114	2	Werbomont	72	2

TOTAL. 255

Arrondissement de Verviers.

COMMUNES	NOMBRE de maisons	MAISONS dé- truites	COMMUNES	NOMBRE de maisons	MAISONS dé- truites
Battice	574	140	Neufchâteau-lez-Dael- hem	177	8
Bolland	118	2			
Charneux	355	1	Olne-Saint-Hadelin	444	40
Chevron	184	5	Olne	674	38
Cornesse	409	5	Rahier	108	1
Francorchamps	195	25	Spa	1,282	1
Herve	770	279	Theux	1,017	3
Julémont	770	279	Thimister	502	6

TOTAL. 581

Arrondissement de Waremme.

COMMUNES	NOMBRE de maisons	MAISONS dé- truites	COMMUNES	NOMBRE de maisons	MAISONS dé- truites
Lincent	332	2	Overspen	74	8
Merdorp	159	2	Racour	203	1
Neerhespen	73	1	Wasseiges	268	2

TOTAL. 16

RÉCAPITULATION . . .

Liége 2,703
Huy 255
Verviers 581
Waremme 16

TOTAL. 3,555

PROVINCE D'ANVERS

COMMUNES	NOMBRE de maisons	MAISONS dé- truites	COMMUNES	NOMBRE de maisons	MAISONS dé- truites
Arrondissement d'Anvers.					
Anvers (¹)	»	»	Lippeloo	131	6
Berchem	2.260	95	Mariekerke	222	58
Boom	2.430	6	Massenhoven	68	1
Borgerhout	4.526	38	Molsele	657	3
Bouchout	550	3	Mortsel	524	50
Brecht	559	10	Oeleghem	251	1
Breendonck	375	25	Oppuers	204	2
Contich	850	6	Ruysbroeck	379	6
Deurne	1.240	12	Reeth	303	4
Duffel	1.158	218	Saint-Amand	589	11
Hemixem	586	3	Terhagen	458	5
Hove	164	3	Waelhem	244	92
Kessel	412	16	Wavre-Notre-Dame	530	16
Koningshoyckt	473	27	Wavre-Sainte-Cathe-		
Lierre	3.886	762	rine	925	61
Liezele	209	181	Willebroeck	1.557	70
Linth	208	4	Wommelghem	420	3

TOTAL. 1.800

Arrondissement de Turnhout.

COMMUNES	NOMBRE de maisons	MAISONS dé- truites	COMMUNES	NOMBRE de maisons	MAISONS dé- truites
Grobbendonck	295	6	Poppel	152	4
Hersselt	757	5	Rethy	472	25

TOTAL. 40

Arrondissement de Malines.

COMMUNES	NOMBRE de maisons	MAISONS dé- truites	COMMUNES	NOMBRE de maisons	MAISONS dé- truites
Beersel	282	2	Hombeek	380	15
Berlaer	718	2	Itegen	416	1
Bevel	105	1	Leest	271	7
Blaesvelt	251	80	Malines	9.570	1.500
Hallaer	171	2	Nylen	470	3
Heyndonck	116	2	Putte	770	10
Heyst-op-den-Berg	1.035	28	Thisselt	392	65

TOTAL. 1.748

RÉCAPITULATION . . . . . { Anvers 1.800
Turnhout. 40
Malines 1.748

TOTAL. 3.588

(1) Nous ne possédons pas encore les renseignements concernant la ville d'Anvers.

PROVINCE DE NAMUR

COMMUNES	NOMBRE de maisons	MAISONS détruites	COMMUNES	NOMBRE de maisons	MAISONS détruites
**Arrondissement de Dinant.**					

Arrondissement de Dinant.

Canton de Beauraing.

COMMUNES	NOMBRE de maisons	MAISONS détruites	COMMUNES	NOMBRE de maisons	MAISONS détruites
Felenne	220	20	Hastière-par-Delà	75	66
Hadyet	220	2			

Canton de Ciney.

COMMUNES	NOMBRE de maisons	MAISONS détruites	COMMUNES	NOMBRE de maisons	MAISONS détruites
Achêne	176	1	Somme-Leuze	130	21
Durnal	140	1	Spontin (1)	130	127

Canton de Dinant.

COMMUNES	NOMBRE de maisons	MAISONS détruites	COMMUNES	NOMBRE de maisons	MAISONS détruites
Bouvignes	355	12	Onhaye	124	98
Dinant	1.375	1.203	Sorinnes	118	75
Evrehailles	164	29	Thynes	146	3
Hastière-Lavaux	190	34	Waulsort	116	15
Houx	70	39	Yvoir	240	17
Lisogne	190	3			

Canton de Gedinne.

COMMUNES	NOMBRE de maisons	MAISONS détruites	COMMUNES	NOMBRE de maisons	MAISONS détruites
Alle	149	38	Houdrémont	83	10
Belle-Fontaine	215	2	Louette-Saint-Pierre	116	38
Bièvre	164	73	Monceau	80	29
Bourseigne-Neuve	103	70	Nafraiture	76	2
Bourseigne-Vieille	51	1	Orchimont	89	4
Chairières	71	1	Patignies	62	2
Gedinne	156	10	Willerzies	138	113

Canton de Rochefort.

COMMUNES	NOMBRE de maisons	MAISONS détruites	COMMUNES	NOMBRE de maisons	MAISONS détruites
Jemelle	348	1			
		TOTAL. 2.232			

Arrondissement de Namur.

Canton d'Andenne.

COMMUNES	NOMBRE de maisons	MAISONS détruites	COMMUNES	NOMBRE de maisons	MAISONS détruites
Andenne (2)	1.398	37	Loyers (3)	125	2
Coutisse	202	4	Maizeret (3)	58	29
Faulx	»	1	Mozet	477	1
Haltinnes (3)	240	11	Ohey	251	2

(1) Plus église.
(2) Plus 128 maisons sur Seilles.
(3) Les maisons restantes sont pillées.

COMMUNES	NOMBRE de maisons	MAISONS dé-truites	COMMUNES	NOMBRE de maisons	MAISONS dé-truites
Arrondissement de Namur (*suite*).					
Canton d'Eghezée.					
Aische-en-Refail . . .	270	23	Leuze-lez-Dhuy . . .	234	22
Bierwart	98	2	Pontillas	103	1
Daussoulx	96	20	Saint-Denis	252	1
Forville	282	1	Upigny	64	1
Franc-Waret.	70	2	Waret-la-Chaussée . .	160	1
Hingeon.	156	10	Warisoulx	119	10
Longchamps.	250	10			
Canton de Fosses.					
Aisémont	156	25	Leroux	152	3
Arbre	129	2	Lesves	405	11
Arsimont	355	103	Mettet.	742	15
Auvelais.	930	123	Moignelée	250	1
Bismes	387	72	Profondeville. . . .	251	11
Bois-de-Villers. . . .	376	5	Saint-Gérard.	410	54
Denée.	162	1	Sart-Saint-Eustache. .	71	1
Ermeton.	180	86	Sart-Saint-Laurent . .	146	5
Falisolle.	780	31	Sosoye	140	3
Fosses.	790	70	Tamines.	749	276
Furnaux.	119	1	Vitrival.	202	8
Ham-sur-Sambre . . .	755	44			
Canton de Gembloux.					
Jemeppe-sur-Sambre .	550	21			
Canton de Namur-Nord.					
Beez	120	4	Marchovelette	129	12
Boninne.	159	65	Namur	76.421	119
Bouge.	150	41	Spy.	715	16
Champion(1).	208	59	Suarlée	91	4
Flawinne	531	9	Temploux	316	15
Gelbressée.	158	20	Vedrin	422	46
Marche-les-Dames . .	215	38	Vezin	385	1
Canton de Namur-Sud.					
Dave	141	1	Malonne.	681	10
Florée.	116	1	Wépion	316	6
Jambes	772	1	Wierde	189	19
			TOTAL.		1.710

(1) Plus 216 maisons pillées.

COMMUNES	NOMBRE de maisons	MAISONS dé-truites	COMMUNES	NOMBRE de maisons	MAISONS dé-truites

Arrondissement de Philippeville.

Canton de Couvin.

COMMUNES	NOMBRE de maisons	MAISONS dé-truites	COMMUNES	NOMBRE de maisons	MAISONS dé-truites
Bruly	160	8	Matagne-la-Grande	80	3
Couvin	510	6	Nismes	358	4
Dourbes	92	54	Oignies	300	1
Frasnes	185	150	Pretigny	108	15
Mariembourg	209	55	Petite-Chapelle	60	2

Canton de Florennes.

COMMUNES	NOMBRE de maisons	MAISONS dé-truites	COMMUNES	NOMBRE de maisons	MAISONS dé-truites
Agimont	127	2	Omezée	33	4
Anthée	267	72	Oret	151	73
Biesmerée	203	1	Romedenne		117
Flavion	212	4	Rosée	376	14
Florennes	603	2	Stave	184	78
Franchimont	87	52	Surice	310	130
Hermeton-sur-Meuse	105	72	Vodecée	56	2
Morville	103	41	Vodelée	60	2

Canton de Philippeville.

COMMUNES	NOMBRE de maisons	MAISONS dé-truites	COMMUNES	NOMBRE de maisons	MAISONS dé-truites
Doische	157	1	Romerée	110	12
Neuville	158	15	Villers-Deux-Églises	110	2
Philippeville	330	2	Villers-en-Fagne	57	45

Canton de Walcourt.

COMMUNES	NOMBRE de maisons	MAISONS dé-truites	COMMUNES	NOMBRE de maisons	MAISONS dé-truites
Daussois	202	25	Silenrieux	207	22
Fraire	313	2	Somzée	138	34
Hansinelle	187	73	Tarcienne	149	14
Hanzinne	191	39	Walcourt	425	13
Laneffe	182	20	Yves-Gomezée	220	11
Morialmé	312	7			

TOTAL 1.301

RÉCAPITULATION . . . .
Dinant	2.232
Namur	1.710
Philippeville	1.301

TOTAL 5.243

ANNEXE III

Liste de civils massacrés à Dinant en août 1914

Nos	NOMS	PROFESSION	DOMICILE	AGE
1	Absil (Joseph)	Ouvrier de fabrique.	Dinant.	46
2	Adnet (Ferdinand)	Cocher.	—	48
3	Arès (Armand)	Menuisier.	—	33
4	— (Émile)	Domestique.	—	66
5	Alardo (Martin)	»	Herbuchenne.	17
6	— (Marie)			18
7	— (Isidore)	Cultivateur. .	—	20
8	— (Martin)		—	53
9	Amiaux-Laverge (Robert)	Agent de police.	Dinant.	32
10	— (Mélanie)	Ménagère.	—	38
11	Angot (Émile)	Fileur.	—	48
12	Ansotte (Hector)	Étudiant.	—	18
13	Balleux-Moulin (Germaine)	Ménagère.	Neffe-Anseremme.	22
14	— (Félix)			1 1/2
15	Bailly (Félix)	Employé.	Dinant.	41
16	Barse (Gustave)	Tisseur.	—	30
17	Baras (Auguste)	Étudiant.	Anseremme.	15
18	Barré (Georges)	Employé.	Dinant.	55
19	Barthélémy (Jean-Baptiste)	Ouvrier de fabrique.	—	23
20	Barthélémy-Defagne (Gustave) . . .		—	30
21	Barzin (Léopold)	Pensionné.	—	71
22	Bastin (Herman)	Facteur.	—	33
23	Batteux (Marie)	Servante.	—	40
24	Bauduin (Édouard)	Employé.	—	42
25	Baujot (Alfred)	Carrier.	Anseremme.	46
26	Baussart (Dieudonnée)	Ménagère.	Dinant.	78
27	Beaujot (Marie)	»	Anseremme.	5
28	— (Marthe)	»		13
29	Berqueman (Gustave)	»	Dinant.	30
30	Betemps (Maurice)	»	Anseremme.	19 m.
31	Betemps-Poncelet (Henriette)	Ménagère.	—	54
32	Betemps (Auguste)	Jardinier.	—	27
33	Berthulot (Ernest)	Tisseur.	Dinant.	50
34	Bietlot (Jean)	Magasinier.	—	40
35	— (Charles)	Tisseur.	—	76
36	Binamé (Alphonse)	Carreleur.	—	37
37	Blanchart (Henri)	Tisseur.	—	48
38	Bouchat (Théophile)	Négociant.	—	68
39	Bouche (Gustave)	Cordonnier.	—	53
40	Bouille (Armand)	Maréchal.	—	36
41	Bon (Célestin)	Frère convers.	—	74
42	Boug (Jean-Antoine)	Religieux.	—	(?)
43	Bourdon (Joseph-François) . . .	Cafetier.	—	36
44	— (Henri)	Étudiant.	—	17
45	— (Jeanne)	»	—	13
46	Bourdon-Baes (Emma)	Ménagère.	—	50
47	— (Edmond)	Greffier.	—	62
48	Bourdon (Jeanne)	Couturière.	Anseremme.	33
49	Bourdon-Bourguignon (Alexandre) .	Négociant.	Dinant.	74
50	— (Célestine) . .	Ménagère.	—	70
51	Borgnet (Eugène)	Journalier.	—	32
52	Bourguignon (Jean-Baptiste)	Voiturier.	—	29
53	Bourguignon-Bultot (Marie)	»	—	30
54	Bourguignon (Edmond)		—	16
55	Bovy (Constant)	Chauffeur.	—	23
56	— (Adèle)	Ménagère.	—	29

N^{os}	NOMS	PROFESSION	DOMICILE	AGE
57	Bovy-Defays (Marie)	»	Dinant	(?)
58	Bovy (Marcel)	»	—	(?)
59	Bulince (Martin)	Tisseur.	—	(?)
60	— (Louis)	Ouvrier de fabrique.	—	51
61	— (Alfred)	Fileur.	—	26
62	Bultot (Norbert)	Ouvrier de fabrique.	Neffe-Anseremme.	(?)
63	— (Norbert)	Voiturier.	—	36
64	— (Joseph)	Agriculteur.	Dinant.	29
65	— (Laurent)	—	—	34
66	— (Jules)	—	Malaise.	31
67	— (Émile)	Tisseur.	Dinant.	39
68	— (Alphonse)	Employé.	—	20
69	— (Camille)	»	Neffe.	14
70	Bultot-Defrenne (Irénée)	»	Anseremme.	37
71	B... (?) (Ernest)	—	—	36
72	Bralt (Julien)	Cordonnier.	Dinant.	33
73	Brihaye (Alfred)	Garçon d'hôtel.	—	25
74	Broutoux (Emmanuel)	Employé.	—	55
75	Calson (Alfred)	Menuisier.	—	61
76	Capelle (Jean)	Cultivateur.	Lisogne.	62
77	Cartigny (Henri)	Journalier.	Dinant.	25
78	— (Hubert)	Tisseur.	—	53
79	— (Léon)	Ouvrier de fabrique.	—	28
80	Capelle (Joseph-Martin)	Facteur.	—	44
81	Casaguy (Auguste)	Ouvrier de fabrique.	—	49
82	Cassart (Hyacinthe)	—	—	43
83	— (Alexis)	—	—	17
84	Chabottier-Delimier (Augustine)	Ménagère.	—	61
85	Chabottier (Jean)	Ouvrier de fabrique.	—	38
86	— (Jules)	—	—	18
87	Charlier (Louis)	—	Bouvignes.	16
88	— (Jules)	Journalier.	Dinant.	35
89	— (Saturnin)	Employé.	Neffe-Anseremme.	40
90	— (Maurice)	»	—	16
91	— (Anna)	»	—	15
92	— (Georgette)	»	—	9
93	— (Théodule)	Vitrier.	Dinant.	48
94	— (Auguste)	Journalier.	—	50
95	Charlot (Henri)	Tisseur.	—	40
96	Clette (Léon)	—	—	25
97	Collard-Burton (Léopold)	Garde.	Dréhance.	32
98	Collard (Euphrasie)	»	Anseremme.	75
99	— (Jean-Joseph)	»	—	77
100	— (Noël-Émile)	Cordonnier.	Dinant.	76
101	— (Florent)	Plafonneur.	—	39
102	— (Henri)	—	—	37
103	Colle (Léon)	Étudiant.	—	16
104	— (Henri)	Peintre.	—	22
105	— (Camille)	Cordonnier.	—	47
106	Collignon (André)	Tisseur.	—	30
107	— (Louis)	Journalier.	—	38
108	— (Xavier)	Tisseur.	—	55
109	— (Arthur)	»	—	16
110	— (Georges)	Tisseur.	—	16
111	— (Victor)	—	—	46
112	Couillard (Armand)	Menuisier.	—	34
113	— (Noël-Auguste)	Ébéniste.	—	71
114	Coupienne (Henri)	Ouvrier de fabrique.	—	38
115	— (Joseph)	Journalier.	—	36
116	— (Émile)	Brasseur.	—	51
117	— (Émile-Nicolas)	Cordonnier.	—	54
118	— (Camille)	Journalier.	—	32

N⁰ˢ	NOMS	PROFESSION	DOMICILE	AGE
119	Coupienne (Guillaume)	Cordonnier.	Dinant.	58
120	Corbian (Paul)	Rentier.	—	61
121	Corbisier (Frédéric)	Appareilleur.	—	17
122	— (Joseph)	Gazier.	—	42
123	Culot (Henri)	Ouvrier de fabrique.	—	48
124	— (Gustave)	»	—	24
125	— (Florent)	Entrepreneur.	Lisogne.	24
126	— (Joseph)	Menuisier.	Dinant.	68
127	— (Édouard)	Négociant.	—	59
128	Croni (Lambert)	Tisseur.	—	46
129	Dachelet (Camille)	Domestique.	Thynes.	30
130	— (Zéphirin)	»	—	17
131	Dandois (Gustave)	Ouvrier brasseur.	Dinant.	44
132	Daroille (Arthur)	Employé.	—	26
133	Deaty (Désiré-Joseph)	»	Anseremme.	74
134	Dauphin (Désiré)	»	Dinant.	36
135	— (Camille)	»	—	28
136	— (Léopold)	Tisseur.	Neffe-Anseremme.	49
137	— (Joséphine)	»	Dinant.	20
138	Dauphin-Mouton (Justine)	Journalière.	Neffe-Anseremme.	70
139	Dehez (Sylvain)	Pensionné.	Dinant.	43
140	Debu (Victorien)	»	—	48
141	Deleet-Merlier (Flore)	Primeurs.	—	68
142	Delay (Camille)	Tisseur.	—	48
143	— (Georges)	—	—	16
144	— (Arthur)	—	—	20
145	— (Émile)	—	—	24
146	— (Camille)	Rattacheur.	—	23
147	— (Ferdinand)	Contremaître.	—	44
148	Dellot (Jules)	Journalier.	—	29
149	Deloge (Eugène)	»	—	15
150	— (Alphonse)	»	—	58
151	— (Edmond)	Boucher.	—	23
152	Delot (Charles)	Journalier.	—	32
153	Delvigne (Jules)	Menuisier.	Bouvignes.	48
154	Demuyter (Constant)	Magasinier.	Dinant.	60
155	Dernotte (Modeste)	Ouvrier de fabrique.	—	45
156	— (Élisée)	—	—	41
157	Defrenne (Jean)	Cantonnier.	Anseremme.	39
158	Dessys (Jules)	Magasinier.	Dinant.	38
159	Denez (François)	Maréchal.	Lisogne.	32
160	Disig (Vital)	Tisseur.	Dinant.	48
161	— (Georges)	Ouvrier de fabrique.	—	34
162	— (Jacques)	Journalier.	—	55
163	— (Luc)	Ouvrier de fabrique.	—	35
164	— (Julien)	Marbrier.	—	68
165	Diffrang (Émile)	Tisseur.	—	49
166	Dobbelere (Jules)	Confiseur.	—	38
167	Dôme (Adolphe)	Professeur.	—	48
168	Domine (Ernest)	Cantonnier.	Anseremme.	61
169	Donné (Camille)	Tisseur.	Dinant.	36
170	Donnay (Léon)	Peintre.	—	36
171	Dony (Adelin)	Concierge.	—	70
172	Dubois (Xavier)	Colporteur.	—	44
173	— (Henri)	Journalier.	—	62
174	Duchêne (Émile)	Carrier.	—	43
175	— (Ernest)	Tisseur.	—	55
176	Dujeu (François)	Journalier.	—	39
177	Dupont (fils)	»	—	10
178	— (Léon)	»	—	38
179	— (fils)	»	—	8
180	Dury (Émile)	Cordonnier.	—	49

N^{os}	NOMS	PROFESSION	DOMICILE	AGE
181	Eliet (Arthur)	Tisseur.	Bouvignes.	56
182	Elvy (Waldor)	Instituteur.	Lisogne.	37
183	Englebert (Alexis)	Journalier.	Dinant.	61
184	— (Victor)	—	—	60
185	Étienne (Auguste)	Voiturier.	—	23
186	Eugène Émile	Domestique.	Fosses.	29
187	Even-Matagne (Clotilde)	Ménagère.	Neffe-Anseremme.	71
188	Evrard (Jean-Baptiste)	»	Dinant.	38
189	Fabry (Albert)	Menuisier.	Anseremme.	44
190	Fallay (Jacques)	Négociant.	Dinant.	44
191	Fastrès (François)	Maçon.	—	68
192	Fauconnier (Auguste)	Magasinier.	—	39
193	— (Théophile)	Employé.	—	44
194	Fauquet (Louis)	Coiffeur.	—	30
195	— (Théophile)	Tisseur.	Bouvignes.	52
196	— (Antoine)	—	—	22
197	Fecheulle (Henri)	Plombier.	Dinant.	41
198	— (Marcel)	Tisseur.	—	17
199	— (Henri)	—	—	40
200	— (Joseph)	—	—	33
201	Féret (Alphonse)	Cocher.	—	38
202	— (Louis)	—	—	18
203	Fénier (Georges)	Tisseur.	—	31
204	— (Eugène)	Magasinier.	—	33
205	Fievez-Baudart (Auguste)	Peintre.	—	59
206	Finfe (Julien)	Ouvrier de fabrique.	—	32
207	— (Jean-Joseph)	Journalier.	—	23
208	Finfe-Didier (Jean-Joseph)	Carrier.	—	60
209	Firmin (Alexis)	Tailleur.	—	19
210	— (Léon)	—	—	23
211	— (Joseph)	—	—	16
212	— (Léon)	—	—	18
213	Fisette (Auguste)	Négociant.	—	50
214	Fivet (Auguste)	Comptable.	—	36
215	— (?)	»	Anseremme.	3 sem.
216	Flostroy (Émile)	Boulanger.	Dinant.	36
217	Flassing-Lelong (Marie)	»	Neffe-Anseremme.	32
218	Fondine (Pauline)	»	Dinant.	18
219	— (Marcel)	»	—	15
220	— (Robert)	Tisseur.	—	15
221	Fonder (Jean-Baptiste)	Architecte.	—	31
222	— (François)	Négociant.	—	62
223	Fortuné (Désiré)	Cafetier.	—	32
224	Gaudinne-Minet (Marie)	Ménagère.	—	45
225	Gaudinne (Alphonse)	Maçon.	—	47
226	— (Florent)	»	—	80
227	— (René)	—	—	18
228	— (Jules)	Tisseur.	—	16
229	— (Remacle)	Menuisier.	—	54
230	— (Édouard)	—	—	24
231	Géline (Gustave)	Carrossier.	—	28
232	— (Georges)	Ouv. du chemin de fer	—	27
233	Genette (Alfred)	Tisseur.	—	35
234	Genon-Fastrès (Odile)	Ménagère.	Anseremme.	42
235	Genon (Gilda)	»	—	1 1/2
236	Genot (Félicien)	Tourneur en fer.	Dinant.	64
237	Georges (Alfred)	Tisseur.	—	36
238	— (Armand)	Employé.	—	53
239	— (Joseph)	Tisseur.	—	44
240	— (Henry)	Serrurier.	—	68
241	— (Camille)	Boulanger.	—	36
242	— (Jean-Baptiste)	Employé.	—	28

Nᵒˢ	NOMS	PROFESSION	DOMICILE	AGE
243	Georges (Alexandre)	Menuisier.	Dinant.	36
244	— (Auguste)	Tailleur.	—	39
245	— (Adelin)	Menuisier.	—	34
246	Gérard-Bovy (Anna)	Ouvrière de fabrique.	—	23
247	Gérard (Joseph)	Journalier.	—	77
248	Gendvert (Albert)	»	—	17
249	— (Émile)	Cordonnier.	—	54
250	Graux (Victor)	Menuisier.	—	49
251	Gillain (Charles)	Mécanicien.	—	64
252	— (Robert)	Tisseur.	—	14
253	Gillet (Jules)	Marbrier.	—	28
254	Goard (Auguste)	»	Bouvignes.	60
255	Goduin (Clément)	Mouleur.	Dinant.	48
256	Godinne (Georges)	Journalier.	—	17
257	Goffaux (Pierre)	—	Godinne.	48
258	— (Marcel)	—	Dinant.	18
259	Goffin (Eugène)	Ouvrier brasseur.	»	47
260	— (Eugène)	»	—	15
261	Gonge (François)	Magasinier.	Dinant.	25
262	— (Léopold)	Cordonnier.	—	65
263	Grandjean (Désiré)	—	—	56
264	Grenier (Jean)	Journalier.	—	46
265	Grignot (François)	Employé.	—	26
266	Guérry-Patard (épouse) (?)	Ménagère.	Neffe-Anseremme.	(?)
267	Guérry-Wartique (Joseph)	Employé.	—	31
268	— (Rachel)	Ménagère.	—	20
269	Guillaume (Émile)	Instituteur.	Dinant.	44
270	Guillaume-Melot (Charles)	Négociant.	—	38
271	Guillaume-Bénard (Charles)	Garde.	—	41
272	Gustin (Marguerite)	Couturière.	Anseremme.	20
273	Habron (Émile)	Tonnelier.	Dinant.	31
274	Halloy (Gustave)	Maçon.	—	48
275	Hamblénne (Hubert)	Menuisier.	—	45
276	Hansens (Alexis)	Manœuvre.	—	54
277	Hardy (Édouard)	Tisseur.	—	50
278	— (Octave)	Contremaître.	—	39
279	Haustenne (Émile)	Carrier.	—	30
280	Hautot (Émile)	»	»	31
281	— (Joseph)	»	»	34
282	Hénenne (René)	Tisseur.	Dinant.	21
283	Hénenne-Menisse (Marceline)	Ménagère.	—	59
284	Hennuy (Constant	Tisseur.	—	36
285	— (Marcel)	—	—	15
286	— (Alexis)	—	—	43
287	— (Jules)	»	—	18
288	Henrion (Alphonse)	Tisseur.	—	41
289	Henri (Désiré)	—	—	27
290	Herman (Alphonse)	—	—	48
291	— (Juliette)	»	Neffe-Anseremme.	(?)
292	— (Joseph)	»	Dinant.	85
293	Hiernaux (Jules)	Pâtissier.	—	41
294	Himmer (Remy)	Directeur.	—	66
295	Hoprard (Émile)	Employé.	—	29
296	Hottelet (Jean)	Ouvrier de fabrique.	—	36
297	— (Georges-Marie-Catherine)	Ménagère.	—	54
298	Houbien (Joseph)	Ouvrier de fabrique.	—	18
299	Houbien-Nanquette (Eugène)	Propriétaire.	—	76
300	Huberland (Camille)	Gérant.	—	28
301	Hubert (Octave)	Agent de police.	—	36
302	Hubin (Nicolas)	Tourneur en bois.	—	77
303	Jacquemin (Auguste)	Tailleur.	—	61
304	Jacquet (Gustave)	Cultivateur.	—	23

N°°	NOMS	PROFESSION	DOMICILE	AGE
305	Jacquet (Théophile)	Boulanger.	Dinant.	41
306	— (Alfred)	Ouvrier.	—	29
307	— (Louis-Joseph)	Tisseur.	—	55
308	— (Gustave)	Meunier.	—	53
309	— (Victor)	Tailleur de pierres.	—	60
310	— (Alexandre)	Journalier.	—	70
311	Jacquet-Sarrazin (Hortense)	Ménagère.	—	70
312	Jacquet (Louis)	Tisseur.	»	36
313	— (Joseph)	Garde.	Herbuchenne.	45
314	— (Pierre)	Voyageur.	Dinant.	65
315	Jassogne (Célestin)	Cordonnier.	—	26
316	— (Théodonné)	Ouvrier de fabrique.	—	27
317	Jauniaux (Camille)	Tisseur.	—	44
318	— (Georges)	—	—	18
319	Jaumot (Alexandre)	Fileur.	—	36
320	Javaux-Polet (Félicité	Ménagère.	Anseremme.	46
321	Joris-Lamard (Marie)	—	Dinant.	31
322	Junius (Jean)	Mécanicien.	—	43
323	— (Prosper)	Professeur.	—	51
324	Kestemont (François)	Garçon de café.	—	28
325	Kinif (Joseph)	Pâtissier.	—	61
326	Kinique (Edmond)	Négociant.	—	56
327	— (Edmond) (épouse) .	Ménagère.	—	55
328	— (Louise)	—	—	24
329	Laffùt (Isidore)	Contremaître.	Bouvignes.	48
330	Laforêt (Louis-Alphonse)	Brasseur.	Dinant.	55
331	— (Alphonse)	—	—	31
332	— (Joseph)	Tisseur.	Bouvignes.	37
333	— (Camille)	Journalier.	Dinant.	18
334	— (Alphonse)	Tisseur.	—	34
335	— (Auguste)	Ouvrier de fabrique.	—	23
336	Lagneau (Ernest)	—	—	67
337	Lahaye (Joséphine)	—	—	76
338	Lahaye (Joseph)	Pâtissier.	—	55
339	— (Joseph-Eugène)	Journalier.	—	47
340	Lambert (François)	Tisseur.	—	45
341	— (Victor)	Ouvrier brasseur.	—	43
342	— (Louis)	Tonnelier.	—	32
343	Lamour (Émile)	Ébéniste.	—	27
344	Lebrun (Alphonse)	Tailleur.	—	33
345	— (Henry)	Facteur.	—	48
346	— (Joseph)	Tailleur.	—	19
347	Leclerc (Olivier)	Cultivateur.	Lisogne.	53
348	— (Pierre)	—	—	25
349	Lecocq (Louis)	Organiste.	Dinant.	53
350	Legros-Thonon (Marie)	Ménagère.	—	51
351	Lejeune (Charles)	Tourneur.	—	20
352	Lemaire (Jean)	Tailleur.	—	41
353	Lemer (François)	Plafonneur.	—	53
354	Lemaire (Edmond)	Boucher.	—	42
355	— (Camille)	Employé.	—	17
356	— (Charles)	»	Anseremme.	13
357	Lemineur (Jules)	Serrurier.	Dinant.	44
358	Lempereur (Jeanne)	»	Neffe-Anseremme.	16
359	Lensin (Théodule)	Employé.	Bouvignes.	17
360	— (Théodule)	Tisseur.	Dinant.	40
361	Lenel (Auguste)	Coiffeur.	—	21
362	Lenoir (Hector)	Journalier.	—	58
363	Lepage (Camille)	Domestique.	—	53
364	Lupsin (Alphonse)	Carrier.	—	59
365	Libert (Florent)	»	—	21
366	— (Nestor)	Cocher.	Dorinnes.	30

Nᵒˢ	NOMS	PROFESSION	DOMICILE	AGE
367	Limet (Alphonse)	Tisseur.	Dinant.	46
368	Lion-Lepas	Tailleur.	—	40
369	Lion-Naus (Joséphine) .	Ménagère.	—	67
370	— (Joseph)	Typographe.	—	69
371	Lion (Alexis)	Plafonneur.	—	41
372	— (Arthur)	Tisseur.	—	26
373	— (Amand)	Horloger.	—	63
374	— (Joseph)	Employé.	—	28
375	— (Jules)	»	—	27
376	Lisoir (Camille)	Tonnelier.	—	33
377	— (Pierre)	Cultivateur.	—	71
378	Longirle (Félix)	Commissaire de police.	—	63
379	Louis (Vital)	Ouvrier de fabrique.	—	18
380	— (Désiré)	»	—	20
381	— (François)	Tisseur.	—	50
382	— (Benjamin)	—	—	18
383	— (Xavier)	»	—	50
384	Mouteau (Edmond)	Cafetier.	—	70
385	Marchal (Jules)	Magasinier.	—	27
386	— (Henry)	Tailleur.	—	18
387	— (Michel)	—	—	50
388	— (Camille)	Tailleur.	—	44
389	Marchot (Gilda)	»	Anseremme.	2
390	— (Joseph)	Carrier.	—	46
391	Marette-Sanglier (François)	Tisseur.	Dinant.	42
392	Marette-Gaudine (Hubert) . .	Employé.	—	38
393	Marine (Lambert)	Brasseur.	—	55
394	Marsigny (Madeleine)	»	—	22
395	Martin (Alphonse)	»	Evrehailles.	68
396	— (Joseph)	Ouvrier de fabrique.	Dinant.	23
397	— (Pierre)	Coutelier.	—	60
398	— (Marie)	Ouvrier de fabrique.	—	17
399	— (Henriette)	—	—	19
400	Masson (Camille)	Contremaître.	—	42
401	— (Victor)	»	—	39
402	Materne (Jules)	Journalier.	—	70
403	Materne-Taton (Ferdinande) . .	Ménagère.	—	62
404	Mathieux (François)	Tailleur.	—	23
405	— (Auguste)	Commissionnaire.	—	67
406	— (Émile)	Mécanicien.	—	51
407	— (Eugène)	Brasseur.	—	69
408	Maudoux (Armand)	Encalleur.	—	46
409	Mauris (Octave)	Ouvrier brasseur.	—	31
410	Maury (Édouard)	Maréchal.	—	48
411	Masy (Joseph-Julien)	Maçon.	—	55
412	Mazy (François)	Menuisier.	—	49
413	— (Lucien)	Tisseur.	—	26
414	— (Ulisse)	Tailleur d'habits.	—	41
415	Mena (Charles)	Débardeur.	—	39
416	Mercenier (Nicolas)	Domestique.	—	72
417	Meurat (Émile)	»	Neffe-Anseremme.	7
418	— (Eva)	»	—	6
419	— (Joséphine)	»	—	2 ¹/₂
420	Meurat-Delieux (Marie-Thérèse) . .	Ménagère.	—	38
421	Meurat (Alfred)	Cordonnier.	Dinant.	40
422	Michat (Andrée)	»	—	3 ¹/₂
423	Michel (Léon)	Chiffonnier.	—	49
424	— (Lambert)	Boulanger.	—	63
425	— (Léon)	Employé.	—	36
426	— (Jules)	Magasinier.	—	39
427	— (Émile)	Tailleur.	—	27
428	Migeotte (Adolphe)	Ouvrier brasseur.	—	62

Nᵒˢ	NOMS	PROFESSION	DOMICILE	AGE
429	Migeotte (Émile)	Cocher.	Dinant.	32
430	— (Constant)	»	—	14
431	— (Louis)	Journalier.	—	50
432	— (Camille)	Tisseur.	—	19
433	— (Henri)	»	—	16
434	Milcamps (Lucien)	Pensionné.	Bouvignes.	68
435	— (Jules)	Éclusier.	Dinant.	35
436	Modaur (Nestor)	Cultivateur.	Lisogne.	40
437	Monard (Jules)	Rentier.	Dinant.	79
438	Monin (Nicolas)	Boulanger.	—	56
439	— (Jean-Baptiste)	Tisseur.	—	47
440	Monin-Vanheden (Pauline)	Ménagère.	—	56
441	Monin (Alphonse)	»	—	14
442	— (Henri)	Ouvrier de fabrique.	—	28
443	— (Félix)	Tisseur.	—	53
444	— (Raphaël)	Ouvrier de fabrique.	—	26
445	— (Hyacinthe)	Tisseur.	—	53
446	— (Eugène)	Ouvrier de fabrique.	—	19
447	— (Jules)	Brasseur.	—	40
448	— -Légo (Arthur)	Tisseur.	—	25
449	Monty (Alexandre)	Rejointoyeur.	—	39
450	Morelle (Joseph)	Charron.	Neffe-Anseremme.	69
451	Morelle-Pinsmaille (Marie)	Ménagère.	—	49
452	Morelle (Marguerite)	»	—	11
453	— (Jules)	Étudiant.	—	17
454	Massiat (François-Jules)	Sommelier.	Dinant.	38
455	Morsiat (Frédéric)	Confiseur.	—	27
456	Mosty (Isidore)	Brasseur.	—	58
457	Mouton (Jules)	Ouvrier de fabrique.	—	48
458	— (René)	»	—	19
459	Neuret (Auguste)	Tisseur.	—	22
460	Nans (Charles)	Mécanicien.	—	57
461	Nepper (Louis)	Négociant.	—	42
462	— (Émile)	»	—	16
463	— (Émile)	Boucher.	—	41
464	Nicaise (Léon)	Rentier.	—	75
465	— (Gustave)	—	—	77
466	Noël (Alexis-Joseph)	»	—	40
467	Pairoux (Alfred)	Boucher.	—	45
468	Panier (Fernand)	Pharmacien.	—	38
469	Paquet (Louis)	»	—	34
470	— (Armand)	Tourneur.	—	27
471	— (Armand)	Manœuvre.	—	30
472	— (Marie)	»	Anseremme.	19
473	Patigny (Henri)	Employé.	Dinant.	47
474	— (Jean-Baptiste)	Camionneur.	—	43
475	Pécasse (Joseph)	Carrier.	—	38
476	— (Florent)	Tourneur.	—	56
477	Péduzy (Désiré-Joseph)	Tonnelier.	—	50
478	Peres (Vilazo-Viceste)	Domestique.	—	20
479	Perreux (Nicolas)	Religieux.	—	40
480	Pestiaux (?)	»	Sorinnes.	(?)
481	Philippart (Jean)	Coupeur.	Dinant.	59
482	Piérard (Olivier)	Rentier.	—	67
483	Piette (Jean-Baptiste)	Boulanger.	—	46
484	— (Adrien)	Journalier.	—	73
485	— (Adrien)	Voyageur.	—	20
486	Pinsmaille (Charles)	Pressier.	—	84
487	— (Andrée-Marie)	Maraîchère.	Neffe-Anseremme.	88
488	— (Adèle)	Couturière.	Dinant.	44
489	Piraux (Adelin)	Marchand de bestiaux.	Lisogne.	32
490	Pire (Hubert-Émile)	»	Dinant.	53

Nos	NOMS	PROFESSION	DOMICILE	AGE
491	Pire (Antoine)	Tisseur.	Dinant.	21
492	Piret (Victor)	Facteur des postes.	—	63
493	— (Victor)	Ouvrier de fabrique.	—	47
494	Pirot (Joseph)	Matelassier.	—	38
495	Polito (Léon)	Tisseur.	—	37
496	— (Joachim)	Menuisier.	—	32
497	Pollet (Auguste)	Carrier.	Anseremme.	43
498	Pollet-Deskéne (Julie)	Ménagère.	—	36
499	Pollet (Nelly)	»	—	1
500	— (Édouard)	»	Neffe-Anseremme.	15
501	Poncelet (Victor)	Fondeur.	Dinant.	41
502	— (Élie)	Journalier.	—	61
503	— (Pierre)	Tisseur.	—	32
504	— (Gustave)	Gazier.	—	22
505	Prignon (Octave)	Receveur communal.	—	40
506	Poncin (Jules)	»	Spontin.	48
507	Questiaux (Fernand)	Tisseur.	Dinant.	51
508	Quoilin (Anselme)	Employé.	—	53
509	— (Anselme)		—	28
510	— (Antoine)	Contremaître.	—	55
511	— (Fernand)	Employé.	—	33
512	— (Nicolas)	Contremaître.	—	59
513	Rameux (Léopoldine)	Tisseuse.	—	20
514	Ravet (François)	Menuisier.	—	50
515	— (Jean-Joseph)	Tourneur.	—	39
516	— (François)		—	37
517	Remaille (Victor)	Journalier.	—	66
518	Renard (Albert)	Cocher.	—	27
519	Rifflard (Nestor)	Tisseur.	—	55
520	Roba (Simon)	Agent de ville.	—	18
521	Rodrique-Muite (Nelly)	Ménagère.	—	24
522	Rodrique (Jean)	»	—	5 m.
523	Rolin (Jules)	Croupier.	—	43
524	Romain (Henri)	Domestique.	—	30
525	— (Camille)	Journalier.	—	40
526	Ronvaux (Émile)	Menuisier.	—	65
527	— (Jean)		—	38
528	Roucoux (Edmond)	Écolier.	—	17
529	— (Maurice)		—	16
530	Rouffonge (Charles)	Maçon.	—	68
531	— (Désiré)	Tisseur.	—	32
532	Roulin (Henriette)		Neffe-Anseremme.	12
533	— (Joseph)	Magasinier.	—	23
534	Rousseau (Léon)	Substitut.	Dinant.	32
535	Sanglier (Gérard)	Ouvrier de fabrique.	—	37
536	Sauvage (Joseph)	Tisseur.	—	28
537	— (Auguste)	»	—	22
538	Scholback (Jules)	Bourrelier.	—	59
539	Schram-Toussaint (Marie)	Ménagère.	—	66
540	— (Égide)	Tourneur.	—	64
541	Schram (Arthur)	»	—	28
542	Seghuin (Jules)	Tisseur.	Bouvignes.	67
543	Seha (Vital)	Tailleur.	Dinant.	59
544	Servais (Georges)	Ébéniste.	—	26
545	Servais (Louis)	»	—	18
546	— (Jules-Adolphe)	Pensionné.	—	63
547	— (Léon)	Boulanger.	—	23
548	Sollerun (Zénobe)		—	33
549	Somme (Grégoire)	Cordonnier.	—	48
550	— (Paul)	Menuisier.	—	39
551	— (Léon)	Électricien.	—	18
552	— (Adelin)		—	25

Nos	NOMS	PROFESSION	DOMICILE	AGE
553	Somme (Hyacinthe)	»	Dinant.	26
554	Sorée (Vital)	»	—	15
555	Sonet (Émile)	Cuisinier.	—	32
556	Stévaux-Anciaux (Euphrosine)	Rentière.	—	85
557	Struvay-Pollet (Marie)	Cabaretière.	Anseremme.	36
558	Struvay (Claire)	»	»	2
559	Bibret (Alfred)	»	Dinant.	18
560	Simon (Auguste)	Vannier.	—	22
561	— (Florian)	Ouvrier de fabrique.	—	39
562	— (Étienne)	Contremaître.	—	78
563	— (Léon)	Peintre.	—	65
564	Simonet (Arthur)	Employé.	—	47
565	— (Félix)	Marbrier.	—	72
566	Sinzot (Léon)	Ouv. de chemin de fer.	—	43
567	Texhy (Jean)	Rattacheur.	—	39
568	Thianche (Joseph-Désiré)	Ouvrier fondeur.	—	30
569	Thibaut (Maurice)	Écolier.	—	15
570	Thyrifaye (Lambert)	Rentier.	—	33
571	Thomas (Joseph)	Boulanger.	—	33
572	Toussaint-Delimoy (Marie)	Ménagère.	—	81
573	Toussaint-Pirlot (Félicie)	»	—	67
574	Toussaint (Louis)	Tisseur.	—	32
575	— (Joseph)	Fontainier.	—	24
576	— (Benoît)	Tisseur.	—	56
577	— (Hélène)	Ménagère.	Neffe-Anseremme.	33
578	Trinteler (Eugène)	Journalier.	Dinant.	47
579	Van Buggenhout (Jean)	Bétonnier.	—	37
580	Vanderhaegen (Arthur)	Ouvrier de fabrique.	—	36
581	Vaugin (Augustin)	Cocher.	—	64
582	Verenne (Arthur)	Tisseur.	—	24
583	— (Marcel)	Ébéniste.	—	17
584	— (Georges)	Employé.	—	20
585	— (Arthur)	Voiturier.	—	48
586	Vilain (Alexandre)	Négociant.	—	40
587	— (Fernand)	Professeur de musique.	—	34
588	Vinstock (Jules)	Écolier.	—	15
589	— (Frédéric)	Brasseur.	—	57
590	— (Fernand)	»	—	25
591	— (Louis)	»	—	20
592	Warnont (Alzire)	Journalier.	—	34
593	— (Félix)	»	—	24
594	— (Pierre)	Forain.	—	(?)
595	Warzée-Servais (Octave)	Contremaître.	Anseremme.	47
596	Wasseige (Jacques)	»	Dinant.	19
597	— (Pierre)	»	—	20
598	— (Xavier)	Banquier.	—	43
599	Watrice (Émile)	Ouvrier de fabrique.	—	28
600	Wilmotte (Camille)	Caissier.	Schaerbeek.	23
601	Winand (Victor)	Cordonnier.	Dinant.	30
602	— (Antoine)	Tailleur.	—	36
603	Zuollen (Henri)	Tisseur.	—	43
604	— (Georges)	»	—	15
605	— (Édouard)	Ouvrier de fabrique.	—	38
606	(?) (Calixte)	Garçon d'hôtel.	Celles.	(?)

Photographie de l'affiche du général von Bülow
relative aux massacres d'Andenne.

Armee - Oberkommando

LE 22 AOUT 1914

Abteilung II b. Irn. N 150

Aux Autorités communales

DE LA

VILLE DE LIÉGE

Les habitants de la ville d'Andenne après avoir protesté de leurs intentions pacifiques. ont fait une surprise traitre sur nos troupes. C'est avec mon consentement que le Général en chef a fait brûler toute la localité et que cent personnes environ ont été fusillées.

Je porte ce fait à la connaissance de la Ville de Liége pour que les Liégeois se représentent le sort dont ils sont menacés. s'ils prenaient pareille attitude

Ensuite. il a été trouvé dans un magasin d'armes à Huy des projectiles « dum-dum » dans le genre du spécimen joint à la présente lettre. Au cas que cela arrivât. on demandera rigoureusement compte chaque fois des personnes en question.

Le Général-Commandant en chef.
(s) von **BULOW**.

imp. Le Monde

ANNEXE V

Traduction du carnet d'un lieutenant allemand blessé mortellement à Gozée, le 23 août 1914 (¹).

14 août 1914.

En ce moment je me trouve dans une étroite chambre de ferme, toute ornée d'images saintes, de crucifix, etc. Le village de Rohan est un des plus petits de l'Eifel, comme Dreiborn et Hellenthal que j'ai appris à connaître hier. La population — qui ici aussi ne se compose pour le moment que des femmes — s'adonne à l'élève du bétail. Il ne semble y avoir dans cette région ni fabriques ni grande industrie. Mais ce pays est merveilleusement pittoresque, avec ses habitations basses, couvertes de chaume et toutes en angles. Quel dommage que ce ne soit pas le moment de dessiner. Mais le devoir nous appelle, il faut pénétrer plus avant dans le territoire ennemi. Quelles perspectives avons-nous? Ce matin de bonne heure l'appel du clairon a retenti plein de confiance en la victoire, mais en même temps, combien sérieux, sur la bruyère où nous campions. Nous allons entrer pour y chercher l'ennemi sur son territoire, là où devant Liége les régiments d'infanterie de

---

(1) *Voici le texte original de ce carnet :*

14. August 1914.

Augenblicklich sitze ich in einer engen Bauernstube, die mit vielen Heiligenbildern, Kruzifixen, u. s. w., ausgeschmückt ist. Das Dorf Rohan ist einer der kl. Eifelorte wie Hellenthal und Dreiborn, die ich gestern kennen lernte. Die Einwohnerschaft, die jetzt auch hier fast nur aus dem weiblichen Geschlecht besteht, beschäftigt sich mit Viehzucht. Fabriken oder andere grössere Unternehmungen scheint es in dieser Gegend nicht zu geben. Aber wundervoll malerische Fleckchen : Strohdachbauernhäuser, niedrig und winklig. Schade, dass keine Zeit zum zeichnen ist. Die Pflicht ruft : weiter ins Land des Feindes! Was wird uns bevorstehen? Der Armeebefehl klang heut früh in der Heide, wo wir uns lagerten, recht siegeszuversichtlich aber auch sehr ernst : Wir werden ins Feindesland ziehen, in dem vor Lüttich die Kölner Inf. reg. geblutet haben, den Feind aufsuchen, sofort angreifen und in der Flucht schlagen. Schnell weiter nach Frankreich hinein, um dann die Hauptgegner fassen zu können. Schon gestern wurde zum II. Male das Gerücht laut dass Belfort gefallen sei. Ich glaube es noch nicht.

15. August 1914.

Das Gerücht ist wieder eingeschlafen.

Jalhay, 16. August 1914.

Gestern kamen wir nach einem sehr anstrengendem Marsche von Rohan hier an. Der Ort — 2.000 Einw. — liegt etwa 10 Km. von der belgischen Grenze. Die Leute waren sehr entgegenkommend ; schon unterwegs brachten sie den dürstenden, verschwitzt und verstaubten Soldaten Wasser. Wir wurden eingekwartiert mit voller Verpflegung. Modest Defraiture-Mohin war, mit seiner Frau zusammen, sehr darauf bedacht, uns gut zu verpflegen. Wir konnten gute Butter aufs Brot streichen, die wir seit unserer

Cologne se sont couverts de gloire; nous allons les attaquer sans retard et les
mettre en fuite; puis, passant vivement en France, nous nous y attaquerons à
notre principal adversaire. Déjà hier a circulé pour la première fois le bruit
que Belfort serait tombé. Pour moi, je ne le crois pas encore.

15 août 1914.

Ce bruit n'a pas été confirmé.

Jalhay, 16 août 1914.

Hier *nous sommes arrivés ici*, venant de Rohan, après une marche
éreintante. La localité — 2.000 habitants — se trouve à environ 10 kilomètres de la frontière belge. Les habitants se sont montrés très accueillants;
déjà le long de la route les gens apportèrent de l'eau à nos hommes assoiffés,
couverts de poussière et de sueur. Nous fûmes reçus avec une véritable
attention. Modeste Defrature-Mohin et sa femme eurent particulièrement à
cœur de nous bien soigner. Nous pûmes étendre sur notre pain de l'excel-
lent beurre; il ne nous était plus arrivé d'en manger depuis la mobilisation.
J'eus même l'occasion de dormir quelques heures sans uniforme. Comme
jusqu'ici, *la communication des ordres s'était toujours faite à une heure
incertaine de la nuit, nous n'avions en général que fort peu ou même point
de sommeil. Plusieurs ont eu et ont encore beaucoup à souffrir de cet effort.*
Le Dr Loergel est devenu fourrier, ce qui lui permet de mettre son bagage
sur la voiture et de s'habituer tout doucement à ces marches à pied. Hier le
capitaine m'avait désigné pour un poste de faveur du même genre, je devais
être conducteur du chariot aux cartouches. Comme je ne désirais pas m'é-
loigner du front, j'ai demandé au commandant d'en choisir un autre à ma
place. C'est le gros sous-officier Wille qui trône aujourd'hui sur le char à
munitions et était heureux de n'avoir pas à faire à pied cette longue traite. A
Rohan je me suis rencontré avec Henri Wartmann qui est sous-officier dans
la colonne légère de munitions. Nous sommes à 30 kilomètres de Liége; hier
nous avons entendu sans discontinuer le roulement du canon, qui s'éloignait

---

Mobilmachung nicht gegessen hatten. Sogar hatte ich die Gelegenheit, einige Stunden
ohne Uniform zu schlafen. Da die Bekanntmachung der Befehle bis jetzt immer zu einer
ungewisse Nachtzeit stattfand, bekamen wir wenig *Schlaf*, ja manche Nacht gar nicht.
Manche hatten, und haben noch, unter diesen ungewohnten Anstrengungen viel zu
leiden. Dr. Loergel ist Furier geworden — *er kann sein Gepäck auf den Wagen legen
und sich auf diese Weise allmählig an Fussmarsche gewöhnen. Gestern hatte mich der
Hauptmann zu einem ähnlichen Druckposten ausersehen : ich sollte Führer des Patro-
nenwagens werden. Weil ich nicht gern aus der Front heraus wollte, bat ich den Häupt-
ling, einen anderen dafür auszuersehen. Der dicke Untffz. Wille tronte heut auf dem
Munitionswagen und war froh, diesen weiten Marsch nicht mitgemacht zu haben. — Zu
Rohan traf ich mit Heinr. Wartmann zusammen, der Unterffz. der leichten Munitions-
Kolonne ist. — Wir stehen 30 Km. vor Lüttich; gestern hörten wir andauernden Ka-
nonedonner, der nur immer weiter in die feindlichen Linien hineinführt. Heute ist noch
Marschtag; was morgen wird?

17. August 1914.

Biwack! Regen! Verbrannte Dörfer : Louveigné. Im Regen marschierten und biwa-
kierten wir in einem mit hoher Hecke umgebenen Grasgarten mit vielen Obstbäumen.
Ein verlassenes Haus stand davor. Die verschlossene Tür wird mit einer Axt zerschlagen.
Die Stube wird das Quartier des Hauptmanns. Die Spuren des Krieges : verbrannte
Häuser und weinende Frauen und Kinder, Executionen an Franktireurs, zeigten uns
die Rücksichtslosigkeit der Zeit. Es musste so gemacht werden. Eine Husaren-Patrouille
wurde Nachts in den Quartieren ermordet, ferner ein Oberst mit Adjudant beim durch-

toujours plus dans les lignes ennemies. — Aujourd'hui a encore été une journée de marche; que sera demain?

                                                        17 août 1914.

Bivouac! Pluie! Villages brûlés : Louveigné!

Nous avons marché, puis bivouaqué dans un vaste verger planté de nombreux arbres fruitiers et entouré d'une haie élevée. A l'entrée se trouvait une maison abandonnée. La porte fermée en fut enfoncée à coups de hache. Le capitaine y établit son logement. Les suites de la guerre : maisons brûlées, femmes et enfants en pleurs, exécutions de francs-tireurs, témoignent de la rigueur des temps. Il a bien fallu agir de la sorte. Une patrouille de hussards avait été assassinée une nuit dans son cantonnement; de plus un colonel et son adjudant avaient été abattus d'une fenêtre par des civils au cours de la traversée du village. Que de malheureux condamnés à pâtir ainsi avec les autres! Que d'innocents fusillés séance tenante parce que le temps fait défaut pour une enquête(¹)! Nous voici dans la ville conquise de Lüttich, Liége comme on l'appelle ici.

                                                        18 août 1914.

A Liége nous avons eu une alerte sans raison. Elle fut occasionnée par une violente fusillade des nombreux francs-tireurs, qui rendent surtout les nuits peu sûres. Nous pûmes rentrer dans nos quartiers, mais déjà au bout d'une heure il fallut se remettre en route; de nouveau une marche forcée, au cours de laquelle beaucoup furent semés le long de la route. A 5 heures, arrivée à Ligney où nous logeâmes dans un séminaire catholique. Nous sommes tout proches de l'ennemi; demain nous l'attaquerons.

---

(1) En réalité, la population de Louveigné n'a en rien pris part aux hostilités. L'auteur du carnet n'a d'ailleurs pas assisté à la destruction du village qui a eu lieu le 7 août 1914. Il se borne à une pure affirmation basée sans doute sur des racontars et qui est démentie par les faits et contredite par les enquêtes.

---

reiten des Ortes vom Fenster aus durch Zivilisten erschossen. Wie mancher aber muss mit anderen leiden, wie mancher wird unschuldig standrechtlich erschossen, weil keine langen Untersuchungen vorangehen. — Jetzt sind wir in dem eroberten Lüttich, oder Liège — wie es hier genannt wird.

                                                        18. August 1914.

In Lüttich wurden wir alarmiert ohne Ursachen. Eine heftige Schiesserei die von den vielen Franktireurs, die besonders die Nächte unsicher machen, verursacht. Wir rückten wieder in die Quartiere, aber schon nach einer Stunde gings los : wieder ein ungeheuerer Marsch, bei dem viele unterwegs liegen blieben. — Gegen 5 Uhr, in Ligny, wo in einem Katol. Priesterseminar Quartier gemacht wurde. — Nahe vor dem Feind. Am nächsten Morgen, greifen wir ihn an.

                                                        19. August 1914.

Schon gestern spät wurden die Feldwachen eingezogen, weil der Feind seine befestigte Stellung von Namur bis Ligny aufgegeben hatte. 1/2 4 Uhr wurde aufgestanden — nun nach 1 St. den Marsch gegen den Feind fortzusetzen. Ein heisser Tag : solch eine Anstrengung hatte ich vorher noch nicht kennen gelernt. Von Ligny, über Hannut, Jauche, nach Jordoigne. Hier liegen wir, und wissen nicht was wird. Vorhin feuerte die Artillerie mit grosser Heftigkeit. Sie schien den Feind also gefasst zu haben. Der Geschützdonner hört auf, ein Zeichen, dass der Feind wieder weiter zurückgegangen ist. — Gestern standen 1 Div. Belgier und 2 Div. Franzosen zwischen Namur und

19 août 1914.

Hier assez tard les sentinelles furent retirées, parce que l'ennemi avait abandonné sa ligne (position) fortifiée de Namur à Ligney. Lever à 3h30. Plus qu'une heure à poursuivre la marche contre l'ennemi. Journée bien lente, jamais encore je n'ai fourni pareil effort. De Ligney par Hannut, Jauche vers Jodoigne. Nous y voici sans savoir ce qui va suivre. Tantôt l'artillerie a entretenu un feu nourri, elle semble donc avoir rejoint l'ennemi. Le bruit des canons cesse, signe que l'ennemi s'est encore une fois retiré plus loin. Hier une division de Belges et deux divisions de Français se trouvaient entre Namur et Hannut, dans une forte position que nous voulions prendre aujourd'hui. L'ennemi s'était *malheureusement* aperçu à temps que, s'il était resté, il aurait été encerclé et peut-être pris en très grande partie. Les résultats de nos marches sont remarquables, si l'on songe qu'un régiment de réserve n'a pas d'entraînement et qu'il règne en ce moment une chaleur extraordinaire. C'est dans un nuage de poussière jaune que la masse humaine avance lentement, mais sans arrêt. Aujourd'hui néanmoins la chaleur était telle que les hommes n'avaient pour ainsi dire plus l'énergie de garder l'ordre de marche. En ce moment nous faisons un repos dans un champ de seigle. Tout d'un coup je me sens mal. V. F. Fleischmann me donne un cognac qui *me rappelle à moi,* et après qu'un caporal docteur m'eut donné une couple de pastilles, je me sens de nouveau bien, de sorte que j'espère pouvoir faire la longue route de 9 kilomètres qu'il *nous* reste encore à parcourir. Malgré l'effort considérable, l'humour ne perd pas ses droits chez nos hommes. Ayant trouvé un uniforme belge, ils l'ont bourré de foin et l'ont pendu à un haut tilleul. A la joie de tous, il se balance maintenant au gré du vent. Uniforme : pantalon bleu clair, vareuse noire, bonnet de police noir galonné de rouge. Ce fut avec des peines inouïes que j'atteignis le cantonnement. Nous couchons dans la grange d'une grande ferme à Thorembais-les-Béguines.

20 août 1914.

Thorembais-les-Béguines. — Ce matin, à 3 heures, j'ai quitté ma paille passablement regaillardi. L'ennemi (les Belges) bat toujours plus en retraite. A notre droite et à notre gauche s'avancent devant nous des corps d'armée qui sont sur les talons de l'ennemi (à droite les Belges, à gauche les Français). Ils voudraient opérer leur jonction : notre tâche est de les en empêcher, c'est là le motif de nos terribles marches. Nous nous *faufilons* de la sorte entre les colonnes ennemies. Toujours nous espérons pouvoir engager enfin le combat qui mettrait un terme à cette course effrénée à laquelle cependant le commandement de l'armée ne cesse de prodiguer sa satisfaction. Il y a un moment, je viens d'apprendre du capitaine qu'une partie de notre armée

---

Hannut, und zwar in fester Stellung, die wir eigentlich heute nehmen wollten. Der Feind hatte soeben früh genug gemerkt dass er — wenn er geblieben — umklammert und vielleicht zum grossen Teil gefangen gewesen wäre. Unsere Marschleistungen sind bewundernswert, da man bedenken muss, dass ein Reserve-Rgt. nicht trainiert ist, und augenblicklich eine ungeheuere Hitze herrscht. In einer gelben Staubwolke eingehüllt, walzt sich die Truppenmasse ganz langsam, aber unaufhaltsam vorwärts. Heute allerdings, waren die meisten Leute so schlapp, dass sie nicht die Energie besässen auch nur einigermassen Marschordnung zu halten. Wir lagern jetzt auf einem Roggenfelde, mir wurde plötzlich das übel zu Mute. V. F. Fleischmann gab mir einen kl. Cognac, der mir half; nachdem auch ein San. Gefs. mir ein Paar Tabletten gegeben, gehts mir wieder gut, so dass ich hoffe, den 9 Km. langen Weg zurücklegen zu können. Trotz den übergrossen Anstrengungen, war bei den Leuten der Humor nicht eingeschlafen;

aurait déjà dépassé Bruxelles. Malheureusement nous n'avons aucune nouvelle. Encore un bruit : Namur serait tombé et les Italiens seraient entrés en France. Dans le dernier village où nous sommes passés, à Ottignies (¹), le premier lieutenant de réserve von Hagden a été tué avec quatre uhlans par les civils : on leur a tiré dans le dos. Aujourd'hui a lieu le terrible châtiment. De plus, on avait coupé le doigt de l'officier pour lui voler son alliance ; de telles profanations se sont déjà produites précédemment. Les habitants étaient sur la place, sous la garde de soldats. Plusieurs hommes furent condamnés à mort par le Conseil de guerre et aussitôt passés par les armes. Les femmes vêtues de noir, comme à une procession solennelle, s'en vont ensuite. Parmi ceux qui viennent de tomber, que d'innocents frappés par les balles ! Le village a été littéralement pillé : la brute blonde s'est montrée telle qu'elle est. Les Huns et les lansquenets du Moyen Age n'auraient pu faire mieux. Les maisons brûlent maintenant, et là où l'action du feu n'est pas suffisante, nous rasons ce qui reste debout (¹). Nous bivouaquons de nouveau. Je me sens de nouveau passablement d'aplomb. Nous logeons dans une magnifique villa à Court-Saint-Étienne, au delà de Wavre.

21 août 1914.

Nous nous dirigeons sur Nivelles par Thy.

La marche en avant semble achevée. Là où, il y a cent ans, nous vainquîmes Napoléon sous le commandement de Blücher et de Wellington, nous livrons en ce moment combat. L'artillerie a commencé. Pas moyen de contenir nos gars westphaliens. Ils sont tout heureux d'entrer enfin dans la danse pour échapper une fois pour toutes aux terribles marches. Lorsque nous avons été chercher notre repas aux cuisines de campagne, le major croyait que de nouveau nous n'aurions pas l'occasion de tirer. Espérons que nous allons

(1) Voir ci-après un rapport qui relate comment les faits se sont réellement passés (Annexe : Incendies et pillages à Ottignies et Mousty).

sie fanden eine belgische Uniform, stopften sie aus und hingen sie an eine hohe Linde. Zur Freude aller, baumelt sie jetzt im Winde. Uniform : hell blaue Hose, schwarzer Rock ; Schirmmütze : schwarz mit rotem Streifen.

Ich schleppte mich mit Not und Mühe ins Quartier. Wir wohnten in einer Gutsscheune : Charambais-les-Béguins.

20. August 1914.

Heut früh 3 Uhr stand ich ziemlich erfrischt aus dem Stroh auf. Der Feind (die Belgier) zieht sich immer mehr zurück. Rechts und links von uns marschieren Armeekorps, die rechts den Belgiern, links den Franzosen hart auf den Fersen sind. Beide wollen sich vereinigen, dieses zu verhindern ist unsere Aufgabe, aus diesem Grunde müssen wir solch furchtbare Marsche machen. Wir schieben uns also zwischen die feindlichen Heeressäulen. Immer hoffen wir, endlich ins Gefecht zu kommen, da dieser Lauferei, die von der Heeresleitung immer wieder lobend anerkannt wird, enthoben zu sein. — Vorhin hörte ich vom Hauptmann, dass ein Teil unseres Heeres bereits Brüssel passiert habe. — Wir erfahren ja leider gar nichts. — Soeben wieder neue Gerüchte : Namur soll gefallen, und die Italiener in Südfrankreich eingefallen sein. Im letzten Dorfe, Attignies, als wir passierten, wurden gestern abend 1 Oberltnt. D. R., v. Hagden mit 4 Ulanen von der Zivilbevölk. hinterrücks erschossen. Heute folgt das schreckliche Strafgericht. Uebrigens waren dem Offz. Finger abgeschnitten, um den Ehering zu rauben ; ähnliche Schandungen waren früher schon vorgekommen. — Die Einwohner standen, von Soldaten bewacht, auf dem Markte. Mehrere Männer wurden vom Kriegsgericht zum Tode verurteilt und sofort erschossen. In schwarzen Kleidern — wie zu einer

avoir aujourd'hui le baptême du feu. Il est 2ʰ 30, voilà trois heures et demie que nous sommes ici. Les bataillons et les compagnies de la colonne marchent en avant. Vers 6 heures, nous avons gagné nos cantonnements parce que les Français n'ont de nouveau pas attendu. Les uhlans ont rencontré dans la cavalerie ennemie leurs adversaires et ont combattu avec eux. En ce moment nous sommes de nouveau sur le point de combattre.

22 août 1914.

Le combat n'a pas eu lieu.

22 août 1914.

Cantonnement à Rêves, non loin et dans la direction nord de Quatre-Bras. Départ le matin à 6 heures, de nouveau perspective de combat. Deux heures d'arrêt dans la ville de Courcelles, il est certain maintenant que nous allons au feu. Les premières maisons de la ville étaient abandonnées, mais bientôt nous rencontrons plus d'animation. Les habitants placent de l'eau devant leurs portes et s'entretiennent amicalement avec nous; on écorche le français. Une jeune fille va m'acheter pour 1 franc un grand morceau de chocolat. Nos soldats (plusieurs régiments d'infanterie, un régiment de cavalerie, des pontonniers et des pionniers, etc.) sont dans les meilleures dispositions. Nos chants de soldats : *Deutschland ! Deutschland !* — *Wacht am Rhein*, sortent de milliers de poitrines. A quelques kilomètres au sud nous joindrons enfin les Français et les battrons en rase campagne.

Un bataillon du 15ᵉ régiment d'infanterie avait traversé la localité voisine, Monceau-sur-Sambre, sans être molesté. Vint ensuite une patrouille de uhlans

---

feierlichen Prozession — gingen die Frauen fort. Wie mancher Unschuldige stirbt unter den Schüssen, die soeben zufallen sind. Das Dorf wurde buchstäblich geplündert : die blonde Bestie zeigt sich. Die Hunnen und Landsknechte des Mittelalters haben es auch nicht besser können. Die Häuser brennen jetzt und werden, wo des Feuers Wirksamkeit nicht genügte, die Reste dem Erdboden gleichgemacht. — Wir biwakieren heut mal wieder. — Mir gehts wieder einigermassen. Wir logieren in einer wundervollen Villa in Court-Saint-Etienne, über Wavre.

21. August 1914.

Wir gehen auf Nivelles, durch Thy.

Der Aufmarsch scheint vollendet zu sein. Wo wir vor 100 Jahren unter Blücher und Wellington über Napoleon siegten, schlagen wir augenblicklich eine Schlacht. Die Artillerie hat angefangen. Die Westfalenjungens sind gar nicht zu halten. Sie freuen sich endlich dran zu sein, damit die furchtbaren Märsche aufhören. Als wir uns vom Küchenwagen Essen holten, meinte der Major, dass wir wohl wieder keine Gelegenheit hätten Schüsse zu wechseln. — Hoffentlich bekommen wir heut die Feuertaufe. — Es ist 1/2 3 Uhr, schon 3 1/2 St. liegen wir hier. Die Batl. u. Komp. Kol. aufmarschiert. — Gegen 6 Uhr marschierten wir ab in die Quartiere, weil die Franz. wieder nicht halten wollten. Ulanen hatten in feindl. Kavallerien ihre Gegner gehabt und sich mit diesen herumgeschlagen. — Augenblicklich wieder vor dem Gefechte. h.

22. August 1914.

Aus dem Gefechte wurde nichts.

22. August 1914.

Quartier : in Rêves in der Nähe nordl. von Quatre-Bras. Abmarsch morgens früh 6 Uhr; wieder Gefecht in Aussicht. In der Stadt Courcelles wurde 2 St. halt gemacht, jetzt sollte es bestimmt ins Feuer gehen. — Die ersten Häuser der Stadt waren verlassen : bald allerdings belebte sich das Bild. Die Einwohner stellten Wasser heraus und unter-

qui fut accueillie par un feu nourri, tiré de plusieurs maisons. Encore une fois la population civile nous a tiré dans le dos. Plus d'une douzaine de cavaliers sont ainsi renversés de cheval. L'infanterie qui suivait, marchant en formations serrées, essuya à son tour — spécialement d'une fabrique — une telle fusillade que nous dûmes emporter quinze morts et bien cinquante blessés. Notre travail achevé, nous restâmes devant la ville où toute la population rassemblée fut jugée, et tous ceux qui furent trouvés ayant en leur possession des armes furent fusillés (1).

23 août 1914.

Je viens justement d'entendre que c'est dimanche. Nous sommes de garde dans la ville de Monceau. Sur la route, notre compagnie.....

---

(1) Voir *supra*, 22ᵉ rapport de la Commission d'enquête, *comment les faits se sont passés : la population n'est pas intervenue. La fusillade à laquelle fait allusion l'auteur du carnet provenait de l'action des mitrailleuses françaises.*

---

hielten sich in fröhlicher Weise mit uns, man radebrechte französisch. — Ein junges Mädchen holte mir für 1 Frank ein grosses Stück Chokolade. *Auch unter allen Soldaten* (mehrere Reg. Inf., 1 Reg. Kav., Brückentrain, Pioniere, u. s. w.) *herrschte die froheste Stimmung. Unsere deutschen Soldatenlieder, unser : Deutschl. Deutschl., Wacht am Rhein, dröhnte aus viel 1.000 Soldatenkehlen. — Ettliche Km. südlich wollten wir endlich die Franzosen fassen und im offenen Felde schlagen.*

Ein Batl. Inf. Reg. 15 war durch den anliegenden Ort, Monceau unbehelligt hindurchmarschiert. — Dann kam eine Ulanenpatrouille, die aus mehreren Häusern heftiges Feuer bekam : wieder hinterrücks von der Zivilbevölkerung beschossen. Ueber 1 dtz. Reiter stürzten von ihren Pferden. Die folgende Inf., die selbstverständlich in geschlossener Ordnung hindurchmarschierte, erhielt besonders aus einer Fabrik ein solches Feuer dass 15 Tote und wohl 50 verwundete fortgeschaft werden mussten. Wir lagen nach getaner Arbeit vor der Stadt, wo die zusammen getriebene Bewohner abgeurteilt und alle erschossen wurden, die mit Waffen in der Hand betroffen worden waren.

23. August 1914.

Soeben höre ich dass es Sonntag ist. — Wir waren auf Wache in der Stadt Monceau. — Auf dem Wege, unsere Komp.

ANNEXE VI

Incendies et pillages
à Ottignies et à Mousty (Brabant).

Le mercredi 19 août, dans l'après-midi, une avant-garde de uhlans est attaquée par l'armée belge, au hameau de Lacroix, dépendant de la commune d'Ottignies. Le capitaine allemand et un soldat sont tués; un autre soldat est blessé et conduit à l'ambulance établie à Ottignies.

Le lendemain, 20 août, les uhlans reviennent à Ottignies. Ils se rendent à la morgue où étaient déposés les corps du capitaine et du soldat tués la veille. Après avoir brisé la porte pour y pénétrer, ils ont procédé à l'ensevelissement des cadavres, ont enlevé une croix de bois et deux couronnes déposées sur la tombe d'un défunt de la localité et les ont placées sur celle du capitaine.

Le même jour, vers 7h 30 du matin, de très nombreuses troupes allemandes — cavalerie, infanterie, artillerie — arrivent à Mousty de toutes parts, tirant des milliers de coups de fusil dans le but évident d'effrayer la population. Certains habitants tentent de fuir; les uhlans tirent sur eux et se mettent ensuite à piller et à incendier les maisons, de préférence celles qu'ils trouvent inoccupées. Les habitants chez lesquels les soldats se présentent mettent à la disposition de ces derniers ce qu'ils possèdent de vivres. Cela ne leur suffit pas; nous sommes arrêtés en même temps que tous les civils rencontrés à Mousty et nous sommes conduits sur la place communale, où nous trouvons, arrêtés comme nous, de nombreux habitants d'Ottignies, de Bruxelles, de Nivelles, et où nous allons avoir à répondre des coups de feu tirés à Ottignies.

Mais nous avons beau expliquer à l'officier instructeur que c'est l'armée qui a tiré à Lacroix, une localité distante de Mousty de trente minutes; il n'entend pas nos raisons et malgré les affirmations du blessé allemand conduit à Ottignies, qui confirme nos dires, il nous est signifié à la suite d'un conseil de guerre que nous serons passés par les armes.

Vers midi cependant, on vient nous annoncer que nous sommes libres, qu'il n'y aura comme représailles à Mousty que le pillage, et que les incendies allumés peuvent être éteints. Malheureusement pendant que les habitants éteignaient ici, les soldats couraient allumer plus loin. Vingt maisons sont brûlées au hameau de Mousty, avec tout ce qui n'avait pas été enlevé par les soldats. Lacroix et Ottignies ont ensemble soixante-six demeures incendiées.

La liberté est rendue aux femmes et aux enfants le jeudi 20 août, à 16 heures.

Le but principal des Allemands en faisant piller les habitations était de s'approprier l'argent, les bijoux, les objets de valeur. Des coffres-forts ont été extraits des maisons et fracturés sur la place communale en présence de l'officier chargé d'interroger les prisonniers lors de leur arrestation.

Toutes les caves ont été vidées.

Nous restons cent cinq hommes à qui on a pris la liberté également, mais que l'on continue à retenir. Or, Mousty brûle sous nos yeux et nous voyons dans le ciel la lueur qu'y met l'incendie des localités voisines; de plus les soldats, ivres pour la plupart, achèvent de nous affoler par des coups de feu sans nombre.

Nous sommes tenus prisonniers à Mousty pendant six jours; le septième jour, soit le mercredi 26 août, nous sommes envoyés à pied, à 6 heures du soir, à Gembloux, distant de Mousty de 22 kilomètres. Nous sommes gardés par un peloton de cinquante cavaliers et fantassins, commandé par un officier, et nous arrivons à Gembloux à 11 heures du soir. Nous passons la nuit dans le parc de l'hospice, couchés dans l'herbe, par une pluie battante qui ne cesse que le lendemain à 10 heures du matin. Les Allemands nous arrachent nos pardessus et nos foulards et nous forcent à rester découverts par ce mauvais temps.

L'intervention de M. le comte Félix Goblet d'Alviella et de M. Henricot, industriel, tous deux de Court-Saint-Étienne, finit par nous obtenir la liberté, laquelle nous est rendue le jeudi 27 août, à 1 heure de relevée.

Nota. — Il est à remarquer que, lors de l'arrivée des Allemands vers Mousty—Ottignies, ils disaient, en passant dans les villages voisins, que nous serions brûlés pour avoir tué l'officier. Sans faire la moindre enquête à ce sujet et sans faire l'autopsie des deux cadavres, ils donnèrent suite à leur projet.

L'autopsie, faite longtemps après le 20 août, a révélé que les tués avaient été atteints par des balles de mauser, ce qui confirmait nos déclarations que la population civile était innocente.

ANNEXE VII

Une page du carnet d'un soldat allemand cycliste relatant l'emprisonnement et l'envoi en Allemagne de vingt-deux prêtres d'Aerschot.

« Le 5, nous avons de nouveau fait une course de 50 kilomètres jusqu'à Diest pour y chercher des vivres. La 1re compagnie reçut les restes. J'ai tué trois hommes et en ai blessé quatre. Le 6 septembre fut une journée de repos. Nous avons seulement expédié en Allemagne trois cents Belges parmi lesquels il y avait vingt-deux prêtres. C'était terrible à voir comment les femmes et les enfants leur faisaient leurs adieux. Tous ces gens sont excités par les prêtres qui ont prêché dans les églises qu'ils devaient tirer sur les Allemands et les tuer pour entrer au ciel. »

COMMISSION D'ENQUÊTE

ANNEXE VIII

Trois pages du carnet du soldat Gaston Klein
relatant le sac de Louvain.

« A partir de Roosbeek nous commencions à avoir un aperçu de la guerre : maisons incendiées, murs troués par des balles, cadran de la tour enlevé par un obus, etc... Quelques croix isolées indiquaient la tombe des victimes.

« Nous arrivons à Louvain qui était une véritable fourmilière militaire. Le bataillon de la landsturm de Halle arrive traînant après lui toutes sortes de choses, surtout des bouteilles de vin, et, parmi eux, il y en avait beaucoup qui étaient ivres. Un peloton de dix cyclistes roulait à travers la ville pour chercher du logement, et en montrait une image de dévastation telle qu'il est impossible de s'en faire une idée pire. Des maisons brûlant et s'effondrant entouraient les rues ; quelques rares maisons demeuraient debout. La

course se poursuivait sur des débris de verre ; des morceaux de bois brûlaient, etc. Les fils conducteurs du tram et ceux du téléphone traînaient dans les rues et les obstruaient.

« Les stations encore debout étaient remplies de « logés ». De retour à la gare, personne ne savait ce qui devait se faire. D'abord quelques groupes seulement se seraient rendus en ville, mais alors le bataillon allait en rangs serrés en ville, pour entrer par effraction dans les premières maisons, pour marauder du vin et autre chose aussi, pardon, réquisitionner. Ressemblant

à une meute en débandade, chacun y alla à sa fantaisie. Les officiers précédaient et donnaient le bon exemple.

« Une nuit dans une caserne, de nombreux ivrognes, ce fut fini.

« Cette journée m'inspira un mépris que je ne saurais décrire. »

Photographie d'une liste des victimes de Tamines.

CORRESPONDANCE ÉCHANGÉE

ENTRE SON ÉMINENCE LE CARDINAL MERCIER

ARCHEVÊQUE DE MALINES

ET L'AUTORITÉ ALLEMANDE

Der Kreischef
Tgb. Nr. 268/II   Mecheln, den 20. I. 1915.

An Seine Eminenz den Kardinal Erzbischof von Mecheln.

Nach einer Zeitungsnotiz sollen in dem Bistum Mecheln mehrere Priester unschuldig getötet worden sein.

Um eine Nachforschung einleiten zu können, bitte ich Euer Eminenz um gefällige Mitteilung, ob und welche Priester des Bistums Mecheln unschuldig getötet worden sind.

Es wäre mir sehr erwünscht, zu erfahren, welche Umstände hierzu geführt haben, welche Truppen eventuell in Betracht kommen und an welchen Tagen dieses geschehen ist.

Der Kreischef,
(Gez.) Wengersky,
Oberst.

.˙.

Archevêché de Malines, le 24 janvier 1915.

Monsieur le Kreischef,

J'ai l'honneur de vous accuser réception de la lettre 268/II, datée du 20 janvier, que vous avez bien voulu me faire parvenir.

Les noms des prêtres et des religieux du diocèse de Malines, qui, à ma connaissance, ont été mis à mort par les troupes allemandes, sont les suivants : Dupierreux, de la Compagnie de Jésus; les frères Sébastien et Albert, de la Congrégation des Joséphistes; le frère Candide, de la Congrégation des frères de la Miséricorde; le père Maximin, Capucin; le père Vincent, Conventuel; Carette, professeur; Lombaerts, Goris, de Clerck, Dergent, Wouters, Van Bladel, curés.

A la date de la Noël, lorsque je publiai ma lettre pastorale, je ne savais pas encore avec certitude quel sort avait subi le curé de Hérent ; depuis lors, son cadavre a été retrouvé à Louvain et identifié.

D'autres chiffres cités dans ma lettre pastorale devraient être aujourd'hui majorés : ainsi, pour Aerschot, j'avais donné le chiffre de quatre-vingt-onze victimes ; or, le total des Aerschotois déterrés s'élevait, il y a quelques jours, au chiffre de cent quarante-trois. Mais le moment n'est pas venu d'appuyer sur ces faits particuliers. Leur relation trouvera place dans l'enquête que vous me faites espérer.

Ce me sera une consolation de voir la pleine lumière se faire sur les événements que j'ai dû rappeler dans ma lettre pastorale et sur d'autres du même ordre.

Mais il est essentiel que les résultats de cette enquête apparaissent à tous avec une indiscutable autorité.

A cet effet j'ai l'honneur de vous proposer, Monsieur le Comte, et de proposer, par votre obligeante entremise, aux autorités allemandes, que la Commission d'enquête soit composée, en parties égales, de délégués allemands et de magistrats belges, et présidée par le représentant d'un pays neutre. Je me plais à penser que S. Exc. M. le ministre des États-Unis ne refuserait pas d'accepter cette présidence ou de la confier à un délégué de son choix (¹).

Agréez, je vous prie, Monsieur le Kreischef, les assurances de ma haute considération.

(s.) D. J. cardinal MERCIER, archevêque de Malines.

---

(1) Aucune suite n'a été donnée à cette proposition.

PROTESTATION SOLENNELLE DE M⁰ʳ HEYLEN
ÉVÊQUE DE NAMUR

Contre le Mémoire officiel du ministère de la Guerre de Prusse,
du 22 janvier 1915, rééditant la légende des francs-tireurs belges.

———

Le 22 janvier 1915, le ministre de la Guerre de Prusse a transmis au chancelier de l'Empire allemand un mémoire dans lequel l'autorité militaire allemande, tout en admettant que le clergé belge se fût, dans l'ensemble, conduit correctement vis-à-vis des armées d'invasion, persistait à élever, sans preuves, contre la population civile belge et contre certains membres du clergé belge, en particulier, l'accusation tant de fois réfutée d'avoir participé en francs-tireurs aux hostilités.

Ce mémoire officiel, soigneusement tenu secret en Belgique, mais répandu à l'étranger sous forme de notes d'ambassade (notamment du 7 février de l'ambassade allemande de Madrid), est parvenu fortuitement et tardivement à la connaissance de l'épiscopat belge.

Celui-ci a aussitôt pris des mesures pour arrêter la calomnie.

On trouvera ci-dessous la protestation solennelle que M⁰ʳ Heylen, évêque de Namur, y a opposée, en date du 10 avril 1915, pour ce qui concerne son diocèse.

Le nom de M⁰ʳ Heylen est bien connu du public des pays neutres. L'évêque de Namur préside depuis quinze ans le Comité international des Congrès eucharistiques, et il a dirigé, en cette qualité, outre les réunions tenues dans les pays alliés, les congrès de Rome, de Madrid, de Cologne et de Vienne.

Les amitiés qu'il noua dans ces circonstances et l'autorité qu'on lui reconnut unanimement viennent s'ajouter à son caractère pour garantir l'impartialité de son témoignage.

———

Réponse, pour le diocèse de Namur (provinces de Namur et de Luxembourg), à la note du 22 janvier 1915, transmise par le ministre de la Guerre de Prusse au chancelier von Bethmann-

Hollweg et publiée, en texte flamand, dans le *Nieuwe Rotter-damsche Courant* du mardi 23 mars 1915 (*Avondblad B*), et dans le *Rheinisch-Westfalische Zeitung* du samedi 3 avril 1915, n° 264, sous le titre : *Ein gestolenes Schriftstück.*

I

Aux termes de la note, la population civile belge, du consente-ment des autorités dont les proclamations l'auraient induite en erreur, se serait laissée aller, et cela dans une mesure très étendue, à des attaques sournoises, à une guerre populaire illicite. Ce fait serait établi par des centaines de témoins entendus sous serment ; il ne serait d'ailleurs mis en doute sérieusement par aucun Belge. Conséquemment, les atrocités allemandes ne seraient pas des monstruosités, mais une juste répression de la guerre des francs-tireurs.

En plus d'une circonstance antérieure, des affirmations simi-laires ont reçu un démenti formel. Nous trouvant aujourd'hui, semble-t-il, en présence d'une intervention officielle de l'autorité allemande, nous renouvelons le démenti avec plus de fermeté et d'énergie encore.

Nous affirmons, avec *tous les habitants de nos villages, sans exception, avec le peuple belge tout entier, que l'histoire des francs-tireurs belges est une légende, une invention, une calomnie.*

Il est évident que l'armée allemande a foulé le sol belge et opéré l'invasion avec l'idée préconçue qu'elle rencontrerait des groupes de l'espèce, une réminiscence de la guerre de 1870. Mais l'imagination allemande ne suffira pas à créer ce qui n'existe pas.

Il n'a jamais existé un seul corps de francs-tireurs en Belgique.

C'est tellement certain que nous n'hésitons pas à *mettre solen-nellement l'autorité allemande au défi de prouver l'existence d'un seul groupe de francs-tireurs, constitué soit avant, soit après l'in-vasion du territoire.*

On ne connaît même pas de « fait isolé » de civils ayant tiré sur les troupes, encore qu'il n'y aurait pas lieu d'être surpris d'une faute individuelle. Dans plusieurs de nos villages, la popu-lation a été exterminée parce que, disaient les chefs, on aurait tué un major ou parce qu'une jeune fille aurait voulu tuer un officier, etc... *Jamais le prétendu coupable n'a été découvert et désigné nommément.*

Que l'on ne compte donc pas altérer la vérité à l'aide de ces affirmations générales et clichées, qui ont été d'abord débitées dans nos villages au passage des troupes, qui ont ensuite fait le tour de la presse allemande et qui, maintenant encore, s'étalent dans une littérature allemande de bas étage, qu'on ne saurait appeler qu'ignoble, illustrée de prétendues scènes de francs-tireurs (¹).

Il faut citer des faits, donner des preuves : quel est le village, quelle est la maison d'où un Belge a tiré sur les soldats? Quel est le nom du civil belge surpris les armes à la main? Quels sont ces témoins entendus par centaines et sous serment?

Que l'on organise ensuite, sur ces données, l'enquête qui a été maintes fois proposée, une enquête menée par les délégués belges, allemands et présidée par un neutre.

Une enquête unilatérale, telle que la poursuit en ce moment l'autorité allemande, est sans valeur probante. Ses résultats sont récusés d'avance. Elle ne réunit pas les conditions voulues d'impartialité ; les dépositions sont viciées soit par l'intimidation, soit par le manque de liberté ; il n'est même pas certain que les dépositions soient fidèlement enregistrées, les témoins devant signer leurs déclarations écrites dans une langue qui leur est étrangère.

Le peuple belge, confiant dans l'absolue vérité et dans la justice de sa cause, ne redoute nullement le résultat d'une enquête sérieuse. En attendant, « il est, et ne cessera de se proclamer innocent ».

En ce qui concerne les proclamations du Gouvernement, dans lesquelles la partie peu instruite de la population aurait vu un appel à la guerre populaire générale : il suffit, pour juger du mal fondé des allégations de la note, de relire le texte de ces proclamations, si claires et si honnêtes, qui furent reproduites et affichées par les soins de la plupart des administrations communales. Il est trop naïf, et c'est avoir une opinion vraiment singulière du peuple belge, de croire qu'il aurait lu dans ces instructions *juste le contraire de ce qu'elles disent*. C'est, à un autre point de vue, mal connaître les populations de nos deux provinces, nullement belliqueuses, au caractère très doux et qui, avant la guerre, ne ressentaient aucun sentiment d'hostilité contre l'Allemagne.

_____

(1) Voir : *Lüttich, Krieg und Sieg*, 1914 (Berlin, Leipzig, Hermann Hullger Verlag). Major Viktor von STRANTZ, *Die Eroberung Belgiens*, 1914 (Wilhelm Roler, Minden in Westfalien).

II

Aux termes de la note, serait mensongère toute affirmation concernant les martyres, les outrages et les traitements indignes infligés par les Allemands.

A vouloir ainsi « tout nier », l'auteur de la note se met dans la plus fâcheuse posture. La vérité historique a ses droits. Loin de nous la pensée de vouloir exagérer quoi que ce soit. Nous ne prétendons pas que toutes les troupes qui ont passé par nos deux provinces ont commis des crimes : le peuple a donné, maintes fois, à des chefs et à des troupes, les éloges que méritaient leur modération et leur correction ; mais, à côté de cela, il est certain et de toute notoriété que les troupes allemandes ont commis, dans les provinces de Namur et de Luxembourg, ces crimes divers niés par la note.

Et il est non moins certain que les troupes les ont commis, non pas en l'un ou l'autre cas isolé, mais d'une manière presque générale et comme par système. Car, comment considérer comme des actes « individuels » des faits qui se retrouvent presque partout, aux mêmes jours, sur un front de 3o lieues ?

Légitime défense, répression de francs-tireurs, proclame le ministre allemand.

Il a été répondu à cette allégation au I°.

Toutefois, plaçons-nous un moment dans cette hypothèse d'une répression légitime de francs-tireurs (ce qui n'est pas admis, mais supposé) : nous prétendons qu'il résultera de l'examen de chaque cas particulier de destruction d'un village et d'extermination des civils, que le châtiment est tellement hors de proportion avec la faute imputée qu'aucune raison ne pourrait jamais le légitimer. Il en est ainsi des scènes d'Andenne, de Tamines, de Dinant, de Leffe, de Neffe, de Spontin, de Surice, d'Ethe, de Tintigny, de Houdemont et de bien d'autres lieux, scènes si atroces qu'elles soulèveront un jour la conscience universelle et seront flétries par la justice allemande elle-même, quand elle en aura une conscience exacte et qu'elle aura recouvré son sang-froid.

En outre, toujours dans cette hypothèse d'une répression de francs-tireurs en certains lieux : quel homme civilisé osera justifier chez des soldats les actes suivants : coups et blessures, atrocités de tout genre, procédés barbares et sanguinaires, traitements cruels ou indignes, parfois à l'égard de simples otages ou prisonniers ; achèvement de blessés, traque aux civils paisibles et sans armes ; pillage à main armée et dans des proportions à peine croyables ; utilisation de prêtres, de jeunes gens, de vieillards, de femmes et d'enfants comme d'un rempart contre les balles et les projectiles ennemis ; imputation à la population civile et répression sanguinaire de faits de guerre légitimement posés par des soldats belges ou français ; fusillades sommaires, sans aucune espèce d'enquête et de jugement régulier ; extermination de familles entières, de villages entiers ; incendies volontaires dans près de deux cents villages des deux provinces, indépendamment des destructions qui sont l'œuvre de la bataille elle-même ; tortures morales prolongées infligées aux êtres faibles, et parfois aux populations entières ; viols, meurtres de femmes, de jeunes filles, d'enfants à la mamelle, etc...

Or, ces crimes sont si nombreux qu'il s'en présente d'une espèce ou de l'autre, souvent de toutes les espèces à la fois, dans des centaines de nos villages.

Nos populations qui ont vécu ces scènes atroces et en ont souffert plus qu'on ne pourra jamais dire, en ont conservé l'impression d'épouvante et d'horreur que provoque la barbarie. C'est, disent-elles, une guerre monstrueuse, faite non aux soldats, mais aux civils désarmés. On a unanimement oublié les faits, horribles en eux-mêmes, de la guerre proprement dite, pour ne se rappeler que les souffrances ressenties, au cours de moins d'une semaine, par toute une population désarmée, terrifiée, livrée à la merci de soldats farouches. On a dit (serait-ce vrai ?) que le nombre des civils tués n'est pas loin d'atteindre celui des soldats tombés à la bataille. Ce qui étonne, c'est qu'il n'y a pas eu plus de victimes encore. Et on ne saurait qu'admirer l'ingéniosité avec laquelle les habitants de localités comme Dinant, Tamines, Spontin, Houdemont et de très nombreux villages de l'Entre-Sambre-et-Meuse ont échappé à la mesure d'extermination décrétée contre elles.

Tous ces faits, des milliers et des milliers de témoins oculaires sont prêts à les affirmer, sous la foi du serment, lorsque sera établie une commission d'enquête régulière.

III

En ce qui concerne spécialement l'attitude de l'armée allemande vis-à-vis des prêtres séculiers et des religieux :

1° Le ministre allemand considère comme mensongère toute affirmation concernant les martyres, les outrages ou mauvais traitements qui leur auraient été infligés ; et déclare que jamais un chef ou un soldat allemand n'a méchamment porté la main sur les biens ou les personnes des ecclésiastiques.

Le Gouvernement allemand a été ici induit en erreur d'une façon inconcevable. Car, voici la vérité.

Environ 250 prêtres des provinces de Namur et de Luxembourg ont été fusillés, ou blessés, ou poursuivis de coups de feu, ou mis au mur pour être fusillés, ou menacés sérieusement et longuement de la mort, ou affligés de traitements indignes et cruels, ou déportés en Allemagne, tous malgré leur complète innocence.

De plus, un nombre considérable de prêtres ont eu leurs presbytères incendiés ; d'autres ont été dépouillés de leur argent ou totalement pillés jusqu'à être privés de vêtements, de linges, de literies, de meubles, parfois d'un peu de vin pour la messe.

Nous passons ici sous silence les volontaires et regrettables destructions d'églises, les sacrilèges, au nombre de près de cinquante, qui y ont été commis.

2° Le ministre allemand se dit persuadé que le clergé belge, se faisant le guide du peuple, a fait des efforts pour le ramener au calme et pour le détourner des attaques.

Il lui est donné acte de cette affirmation, qui marque un important et singulier retour en arrière.

Les armées allemandes se sont donc trompées lorsqu'elles accusaient individuellement nos prêtres — presque sans exception — d'avoir tiré, d'être francs-tireurs, chefs de francs-tireurs, d'avoir excité la population, organisé la résistance des civils, etc.; elles se sont trompées lorsque, en suite de ces accusations, elles infligeaient à un très grand nombre des traitements très durs, souvent cruels, et qu'elles en tuaient vingt-six, plusieurs avec des raffinements de cruauté.

3° Pour établir que les efforts du clergé mentionnés dans la note n'auraient pas toujours été couronnés de succès, on cite le cas du curé de Hollange (diocèse de Namur), qui, le 15 août 1914, se serait plaint au général-major Kühne de ce que, à son regret, il ne réussissait pas à détourner plusieurs éléments criminels de sa paroisse de tirer sur les Allemands du haut des arbres.

On ne pourrait faire citation plus malheureuse.

Qu'on veuille faire appel aux souvenirs personnels du général-major Kühne : lui-même reconnaîtra qu'à la date du 15 août, il n'était pas à Hollange. Il n'y avait, ce jour-là, à Hollange, pas un seul soldat allemand.

Le général-major a séjourné, à une date ultérieure, à Hollange et il a eu, alors, un court entretien avec le curé de Hollange ; mais aucune parole n'a été échangée qui ressemble, de près ou de loin, au propos rapporté ci-dessus. Le curé donne, à ce sujet, le démenti le plus formel. Il exprime le désir qu'il soit confronté avec le général-major Kühne au sujet de ces déclarations.

Le propos rapporté est d'autant plus étrange et odieux que les troupes allemandes et leurs chefs ont été très bien reçus à Hollange, que la population, sans exception, s'est comportée d'une manière irréprochable, au point de n'inspirer la moindre inquiétude ni au curé de la paroisse, ni aux troupes allemandes. Non seulement on n'a pas tiré un seul coup de fusil contre les troupes allemandes, mais on n'a même pas songé que la chose fût possible. Il n'y avait plus une seule arme dans le village : toutes avaient été préalablement recueillies et déposées à la maison communale, conformément aux instructions du Gouvernement belge.

Bien plus, quiconque connaît les habitants de Hollange, d'un caractère très doux et très paisible, peut affirmer qu'aucun d'entre eux, eût-il eu des armes, n'aurait songé à en faire usage.

Il existe une autre preuve évidente qu'il ne s'est produit à Hollange aucun acte d'hostilité : c'est que ce village est un de ceux où il n'y a eu ni une seule maison incendiée, ni un seul civil fusillé.

Le fait concernant Hollange est donc faux dans son ensemble et dans ses détails ; qu'on juge par là du bien-fondé des conclusions.

4° Par-ci, par-là, continue la note, quelques ecclésiastiques belges se seraient rangés du côté des francs-tireurs, auraient pris les armes ou fait de l'espionnage.

Nous attendons qu'on cite, à ce sujet, des faits particuliers et qu'on apporte les preuves de culpabilité ; mais nous mettons au défi l'autorité allemande d'établir le crime, soit pour les vingt-six prêtres tués dans le diocèse, soit pour les centaines et les centaines d'autres qui ont été accusés d'avoir tiré ou qui ont été molestés ; et nous nous faisons fort de prouver l'innocence de chacun en particulier.

5° Au nombre des prêtres qui auraient rendu des comptes en particulier, la note cite un ecclésiastique du diocèse : le curé de Spontin.

L'autorité allemande ne pouvait plus mal choisir : ignore-t-elle précisément qu'il n'a pas rendu de comptes, puisqu'il a été exécuté sans enquête et sans jugement, après avoir subi des traitements inhumains ? Nous affirmons son entière innocence et nous avons la conviction fondée que s'il eût subi la justice militaire, il eût été déclaré aussi innocent que son confrère voisin, le curé de Dorinne, qui a été accusé, jugé et déclaré non coupable.

6° Pour le diocèse de Namur, il n'existe aucun cas de soldats ou de bourgeois ayant abusé du costume religieux comme déguisement pour l'exécution d'attaques sournoises. Il est absolument certain qu'aucun bourgeois, parmi les milliers de fusillés, ne portait l'habit ecclésiastique et que tous les vingt-six ecclésiastiques fusillés dans le diocèse de Namur sont, non des soi-disant prêtres ou religieux, ni des civils déguisés, mais des prêtres vrais et réels. Il est plus exact de dire que de très nombreux ecclésiastiques, menacés dans leur existence par la cruauté des troupes allemandes, n'ont dû leur salut qu'au déguisement et au port d'habits civils.

En ce qui concerne les soldats, s'il en est qui ont abusé du costume religieux, ce ne sont que des soldats allemands qui ont enlevé, dans maint presbytère et même dans des couvents, des vêtements ecclésiastiques. La population de Dinant peut témoigner qu'à plusieurs reprises, les soldats allemands ont été aperçus servant à la table des officiers et circulant en autos revêtus des robes blanches des chanoines réguliers de l'ordre de S. Norbert, qu'ils avaient enlevées à l'abbaye de Leffe.

7° Il sera répondu par l'autorité compétente au cas du Dr Coenraets, vice-recteur de l'Université de Louvain. D'après ce qu'a rapporté une personnalité qui a lu le rapport de la Commission d'enquête, le Gouvernement allemand paraît avoir fait, au sujet des allégations de ce rapport, une étrange méprise.

Les considérations ci-dessus établissent la légèreté des allégations contenues dans la note allemande. Il n'est pas un Belge qui ne les jugera fausses, outrageantes, calomnieuses et qui n'élèvera contre elles une protestation énergique et persévérante.

Le peuple belge a beaucoup souffert d'une invasion injuste qui l'a opprimé et meurtri. Il a conscience de s'être abstenu de tout crime dans la résistance légitime qui a été opposée à l'envahisseur. Il est non moins décidé à garder une attitude correcte, irréprochable durant l'occupation. Ce qu'il ne souffrira pas, c'est qu'on souille sa renommée par la calomnie.

Il adresse un pressant et suppliant appel à l'impartialité et à la justice des consciences honnêtes et des nations neutres.

Namur, le 10 avril 1915.

TABLE DES MATIÈRES

NANCY-PARIS, IMPRIM. BERGER-LEVRAULT — DÉCEMBRE 1915

BERGER-LEVRAULT, LIBRAIRES-ÉDITEURS

PARIS, 5-7, RUE DES BEAUX-ARTS — RUE DES GLACIS, 18, NANCY

PAGES D'HISTOIRE — 1914-1915

Série de volumes in-12 (87 volumes parus)

L'Allemagne et la Guerre, par Émile Boutroux, de l'Académie Française. . . . 40 c.

La Folie allemande. Documents allemands, par Paul Vérrier, chargé de cours à la Sorbonne. . . . 30 c.

La Haine allemande (Contre les Français), par Paul Vérrier. . . . 40 c.

La Guerre et les Monuments. Cathédrale de Reims, Ypres, Louvain, Arras, par Lucien Magne, inspecteur général des monuments historiques. Avec 32 illustrations. . . . 1 fr.

Les Terres meurtries, par A. de Pouvourville, membre de l'Institut. 1915. Avec 7 cartes. . . . 80 c.

La Séance historique de l'Institut de France. Préface de M. H. Welschinger, de l'Institut. . . . 60 c.

La Journée du 22 décembre (Rentrée des Chambres). Préface de M. H. Welschinger, de l'Institut. . . . 60 c.

L'Anniversaire de la Déclaration de Guerre (4 août 1914-4 août 1915). Préface de M. H. Welschinger, de l'Institut. . . . 60 c.

La Diplomatie française. — L'Œuvre de M. Delcassé, par Georges Reynald, sénateur. Avec portrait. . . . 60 c.

Paroles françaises. Diplomates, Publicistes, Académiciens, Universitaires, etc. Volumes I et II. Chacun à. . . . 60 c.

Paroles allemandes. Préface de l'abbé E. Wetterlé, ancien député d'Alsace au Reichstag. . . . 90 c.

Voix italiennes sur la Guerre de 1914-1915. Préface de Jullien Luchaire. . . . 60 c.

Les Origines historiques de la Guerre, par Gabriel Anquox, docteur en droit. Avec 4 cartes. . . . 40 c.

Les Campagnes de 1914, par Chambrelant. 1915. Brochure in-12, avec 23 cartes. 60 c.

Chronologie de la Guerre (31 juillet 1914-10 juin 1915), par S. R. 2 volumes. 1 fr.

Les Volontaires étrangers enrôlés au service de la France en 1914-1915, par M. C. Poinsot. . . . 60 c.

L'Œuvre de la France. Articles traduits du journal The Times (juillet 1915). . . . 40 c.

Les Alsaciens-Lorrains en France pendant la Guerre. . . . 60 c.

LES LIVRES DIPLOMATIQUES

Le Livre jaune français (17 mars 1913-4 septembre 1914) . . . 90 c.

Le Livre gris belge (24 juillet-29 août 1914) . . . 60 c.

Le Livre orange russe (10/23 juillet-24 juillet/6 août 1914) . . . 60 c.

Le second Livre orange russe (19 juillet/1er août-19octobre/1 novembre 1914). 80 c.

Le Livre bleu anglais (23 juillet-4 août 1914) . . . 60 c.

Documents complémentaires (20 juillet-1er septembre 1914). 60 c.

Le second Livre bleu anglais (Turquie, 3 août-4 novembre 1914). 90 c.

Le Livre bleu serbe (16/29 juin-3/15 août 1914) . . . 60 c.

Le Livre vert italien (9 décembre 1914-4 mai 1915) . . . 90 c.

Le Livre blanc allemand (21 juillet-2 août 1914) . . . 60 c.

Le Livre rouge austro-hongrois (29 juin-24 août 1914) . . . 90 c.

LES NEUTRES ET LA GUERRE

Voix américaines sur la Guerre de 1914-1915. Articles traduits ou analysés par S. R., membre de plusieurs sociétés savantes. Volumes I, II et III, chacun . . . 60 c.

Voix espagnoles. Préface de Gómez Carrillo. L'influence allemande et l'influence française. . . . 60 c.

La Suisse et la Guerre. . . . 60 c.

Les Dessous économiques de la Guerre, par Christian Cornelissen, économiste hollandais. Préface de Ch. Andler, professeur à la Sorbonne. . . . 60 c.

BERGER-LEVRAULT, LIBRAIRES-ÉDITEURS

PARIS, 5-7, RUE DES BEAUX-ARTS — RUE DES GLACIS, 18, NANCY

Publication faite par les soins du Ministère des Affaires Étrangères

LES
VIOLATIONS DES LOIS DE LA GUERRE
PAR L'ALLEMAGNE

1915. Volume in-8 de 208 pages, avec de nombreux fac-similés . . . 1 fr.
100 exemplaires sur papier vélin du Marais : 5 fr.

L'Allemagne et le Droit des Gens

D'APRÈS LES SOURCES ALLEMANDES
ET LES ARCHIVES DU GOUVERNEMENT FRANÇAIS

Par JACQUES DE DAMPIERRE, archiviste-paléographe

1915. Volume in-4 écu, avec 103 photographies et gravures (vues, portraits, fac-similés de documents) et 13 cartes . . . . 6 fr.

La Provocation allemande aux Colonies, par PIERRE-ALYPE. Préface de M. Albert SARRAUT, ministre de l'Instruction publique, ancien gouverneur général de l'Indo-Chine. Ouvrage honoré d'une souscription du Ministère des Colonies. 1915. Un volume gr. in-8 de XIX-244 pages, avec 10 cartes . . . . 5 fr.

La France aux États-Unis. Comment concurrencer le Commerce allemand, par Louis ROUQUÈTTE. 1915. Brochure in-8 . . . 1 fr. 25

L'Autriche et la Hongrie de demain. Les différentes nationalités d'après les langues parlées, par Arthur CHERVIN, ancien président de la Société de Statistique de Paris et de la Société d'anthropologie. 1915. Volume grand in-8, avec de nombreux tableaux statistiques et 6 cartes ethniques . . . . 3 fr. 50

La Valeur immobilière du Territoire français envahi au 15 novembre 1914. Communication faite à la Société de Statistique de Paris, par E. MICHEL, inspecteur principal du Crédit Foncier de France. 1915. Brochure grand in-8 . . . . 1 fr.

Avec les Français en France et en Flandre. Impressions vécues d'un aumônier attaché à une ambulance de campagne, par Owen SPENCER WATKINS, aumônier aux armées anglaises. Traduit de l'anglais par Henri DUPAS. 1915. Volume in-8, avec portrait et 6 planches. 2 fr.

Charleroi. Notes du correspondant de guerre du Times, par FLEURY-LAMURE. Préface de Gérald CAMPBELL. Un volume in-8, avec portrait, 2 gravures hors texte et 3 cartes . . . . 1 fr. 50

La Guerre à l'allemande, par Jeanne et Frédéric RÉGAMEY. 1915. Volume in-12 . . . . 1 fr. 50

Culture et Kultur, par Gaston CARLIANO. 3e édition, revue et corrigée. 1915. Volume in-8 . . . . 3 fr.

NANCY-PARIS, IMPRIMERIE BERGER-LEVRAULT

www.ingramcontent.com/pod-product-compliance
Lightning Source LLC
Chambersburg PA
CBHW071959090426
42740CB00011B/2010